# DK历史运转的秘密

英国 DK 公司　编著
罗乔音　关蕊　译
史苑　审校

中信出版集团 | 北京

# DK历史运转的秘密

DK Penguin Random House

图书在版编目（CIP）数据

DK历史运转的秘密 / 英国DK公司编著；罗乔音，关蕊译. -- 北京：中信出版社，2023.6（2024.1重印）
ISBN 978-7-5217-5303-5

Ⅰ. ①D… Ⅱ. ①英… ②罗… ③关… Ⅲ. ①世界史—少儿读物 Ⅳ. ①K109

中国国家版本馆CIP数据核字（2023）第023109号



DK历史运转的秘密

编　　著：英国DK公司
译　　者：罗乔音 关蕊
出版发行：中信出版集团股份有限公司
（北京市朝阳区东三环北路27号嘉铭中心　邮编　100020）
承 印 者：北京顶佳世纪印刷有限公司

开　　本：889mm × 1194mm　1/16
印　　张：19.75　　字　　数：1300千字
版　　次：2023年6月第1版　　印　　次：2024年1月第3次印刷
京权图字：01-2023-1292
审 图 号：GS（2023）1704号（本书地图为原文插附地图）
书　　号：ISBN 978-7-5217-5303-5
定　　价：188.00元


服务热线：400-600-8099
投稿邮箱：author@citicpub.com

出品　中信儿童书店
策划　红披风
策划编辑　刘杨
责任编辑　刘杨
营销编辑　易晓倩　李鑫橦　高铭霞
装帧设计　佟坤

出版发行　中信出版集团股份有限公司
服务热线：400-600-8099　网上订购：zxcbs.tmall.com
官方微博：weibo.com/citicpub　官方微信：中信出版集团
官方网站：www.press.citic

## 人类的起源

## 文明的曙光

## 商贸的繁荣



# 目 录

## 帝国的扩张



## 工业的兴起

## 技术的进步



## 参考信息

我们最早的**祖先**是 600 万年前生活在**非洲**的古猿。这些远古的祖先逐渐演化成许多种**远古人类**，但是我们所属的物种——智人，是唯一演化并存活至今的人类。早期人类学会了使用**工具**和**火**，创造了世界上最早的**艺术**。后来，人类开始从事农业生产，过上定居生活，于是**最早的城镇**建立起来，**人类社会**开始形成。

# 人类的起源

# 史前时期时间轴

文字记载出现之前的时期，我们称之为“史前时期”。我们对这段时期的认知，都来自那时人类的遗物和遗迹——他们使用的工具、创造的艺术作品，以及他们建造的屹立至今的建筑。史前时期末，人类开始发展农业、建造城市、驯养动物。

**约 400 万年前**

**南方古猿**

南方古猿生活在非洲东部和南部，身材矮小，能用双腿直立行走，以水果和肉类为食，会使用原始的骨质工具。

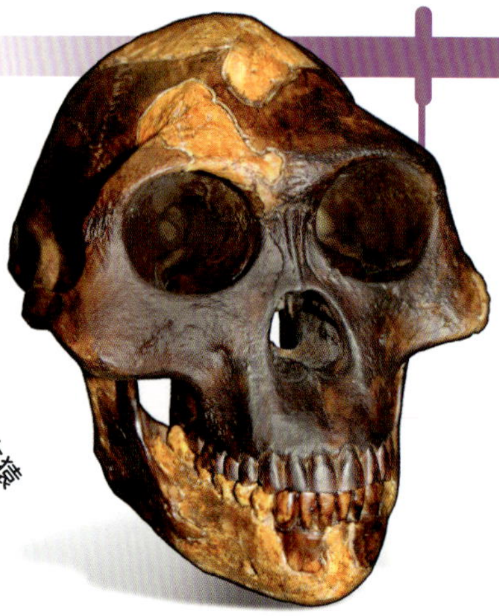

阿法种南方古猿

**约 2.4 万～1 万年前**

**跨越大陆**

人们穿过当时连接西伯利亚与阿拉斯加的陆桥，开始在北美洲定居。不久后他们又向南迁到南美洲中部和南部。

**约 1.8 万年前**

**陶器**

在中国江西，人们制作了陶罐。陶罐是手工制作的。

**约 1.3 万～1.2 万年前**

**克洛维斯矛尖**

在北美洲，人们用燧石和其他石头制作尖头，把它们固定在标枪、箭和飞镖的一端，作为武器。

克洛维斯矛尖

**约公元前 1 万年**

**哥贝克力石阵**

人们在如今土耳其的安纳托利亚一带建造了一个石阵。石阵中有大量围成圈的 T 字形石柱。

**约公元前 9700 年**

**冰期**

地球最近的一次冰期暂时结束，覆盖在西伯利亚、欧洲北部、北美洲的冰川逐渐消退。

**约公元前 9000 年**

**栽种麦子**

在伊朗西部的扎格罗斯山脉，人类培育出适合种植的大麦、二粒小麦和单粒小麦。

单粒小麦

**约公元前 7300 年**

**定居生活**

在西亚，人们普遍建立起固定的农业村落。艾因加扎勒遗址中发现的村落，是世界上最大的史前聚落之一。

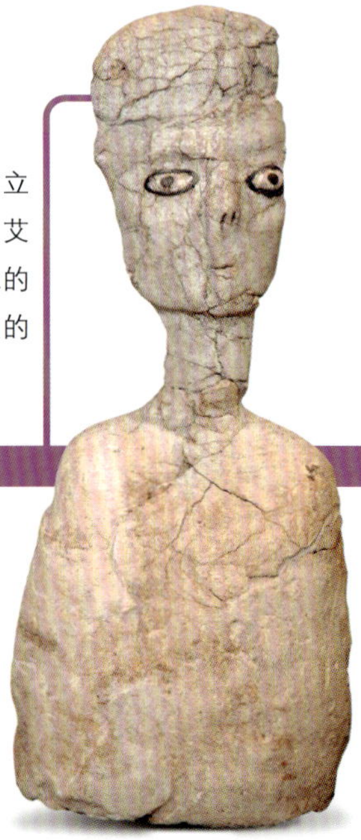

艾因加扎勒遗址中的石灰膏人像

**约公元前 7100 年**

**加泰土丘**

加泰土丘位于土耳其的安纳托利亚，曾是一座繁荣的城镇。约 7000 人在此生活，人们的房屋紧密相连。

加泰土丘复原图

**约公元前 7000 年**

**纺织品**

中东黎凡特地区的人们用亚麻制成纺织品。

亚麻

**约公元前 7000～公元前 6500 年**

**栽种水稻**

生活在中国长江流域的人们已经掌握了种植水稻的技术。中国的稻谷种植历史可以追溯到公元前 1 万年前。

**约 240 万年前**
**能人**
能人出现在非洲东部。他们制作较为粗糙的工具来捕杀动物并剥下皮毛，或切割木材。

原始的手斧

**约 30 万年前**
**智人**
留在非洲的直立人一代代繁衍，演化成智人。现代人类亦属于晚期智人范畴。

**约 10 万年前**
**走出非洲**
智人开始走出非洲，慢慢向亚洲西部移动。大约 7 万年前，智人又沿着南亚海岸进行了一次更大规模的迁徙。

直立人

**约 200 万年前**
**直立人**
直立人首先出现在非洲，然后缓慢地扩散到欧洲和亚洲。直立人是最早具有明显人类外形的古人类。

印度尼西亚苏拉威西岛的洞穴壁画
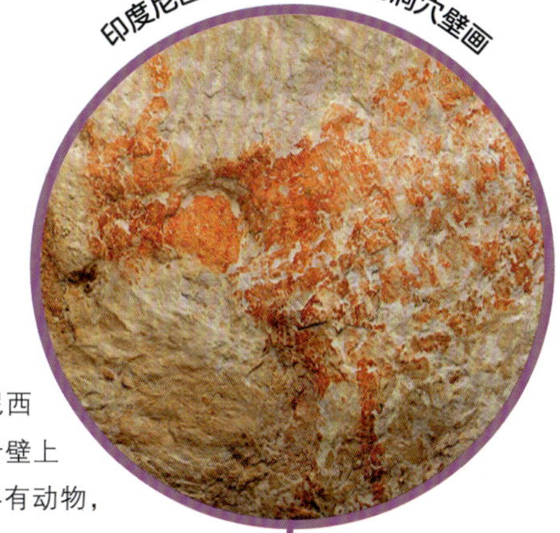

**约 7 万年前**
**穿上衣服**
有科学家认为人类从此时开始穿衣服，以御寒保暖。

**约 4 万年前**
**早期雕刻**
欧洲人用猛犸象牙、鹿角和骨头雕刻雕像、制作长笛和制造工具。

**约 4.5 万年前**
**洞穴中的艺术**
在西班牙、法国、印度尼西亚，人们开始在洞穴的岩壁上画一些简单的图像，内容有动物，也有人类手印。

**约 6.5 万年前**
**到达澳大利亚**
亚洲东南部的人类乘着木筏航行至新几内亚岛，然后通过陆桥到达澳大利亚。

**约 4 万年前**
**尼安德特人**
尼安德特人是早期智人的一类，被认为是现代人的“亲戚”，已在欧洲灭绝。

墓室壁画中的家畜

**约公元前 6000 年**
**驯养家畜**
在亚洲，人们驯养了山羊、绵羊和家猪等动物。

卡纳克石阵中耸立的巨石

**约公元前 4000 年**

**约公元前 6200 年**
**铜制品**
在加泰土丘，人们利用高温和连续的锤打，制造出各种铜质器具。

**约公元前 4500 年**
**犁的使用**
在巴尔干半岛，人们开始用犁耕地。新的农业技术在欧洲慢慢传播开来。

**约公元前 4300 年**
**石阵**
在法国布列塔尼半岛的卡纳克，人们建起了一片片石阵，它们排列整齐，矗立在郊野中。

# 人类的演化

大约 30 万年前，我们所属的物种——晚期智人，在非洲逐渐演化形成。我们是生物学分类中人科人属下唯一的现存物种。大约 600 万年前，非洲生活着一群古猿，他们中的一部分逐渐学会了直立行走，演化成智人。

**►古人类的演化**

在时间的长河中，古人类不断演化，形成一个个新物种。随着演化，他们身材变高，褪去猿猴的毛发，脑容量也不断增大。图中这两个头骨，一个属于阿法种南方古猿，是我们发现的最早的人类祖先之一；另一个属于 3 万年前的智人。让我们比较一下它们的不同吧。

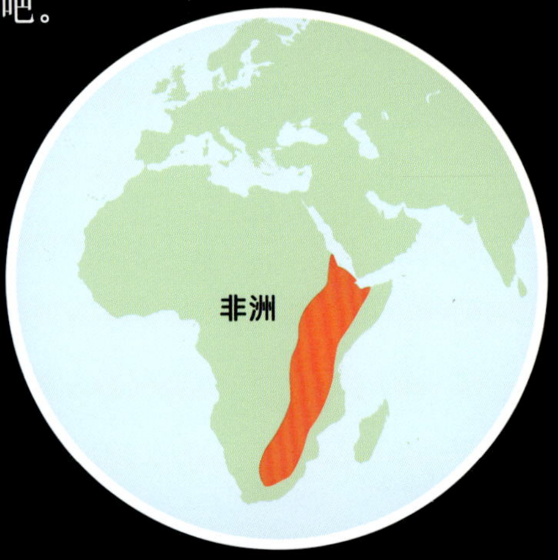


**故乡在东非**

最早的古人类大多生活在非洲东部。地图上红色的区域就是露西所在的种族——南方古猿，400 万年前生活的地方。

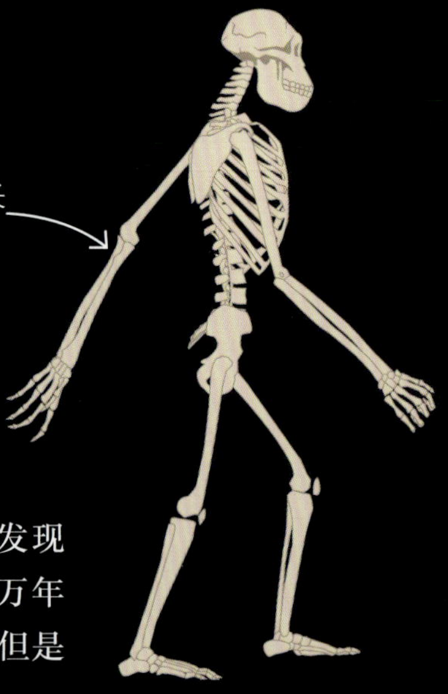


**露西**

露西是阿法种南方古猿。1974 年人们发现了她的骨骼化石，给她取名“露西”。320 万年前，露西生活在非洲东部。她能直立行走，但是她的脑容量仅相当于一只黑猩猩的。

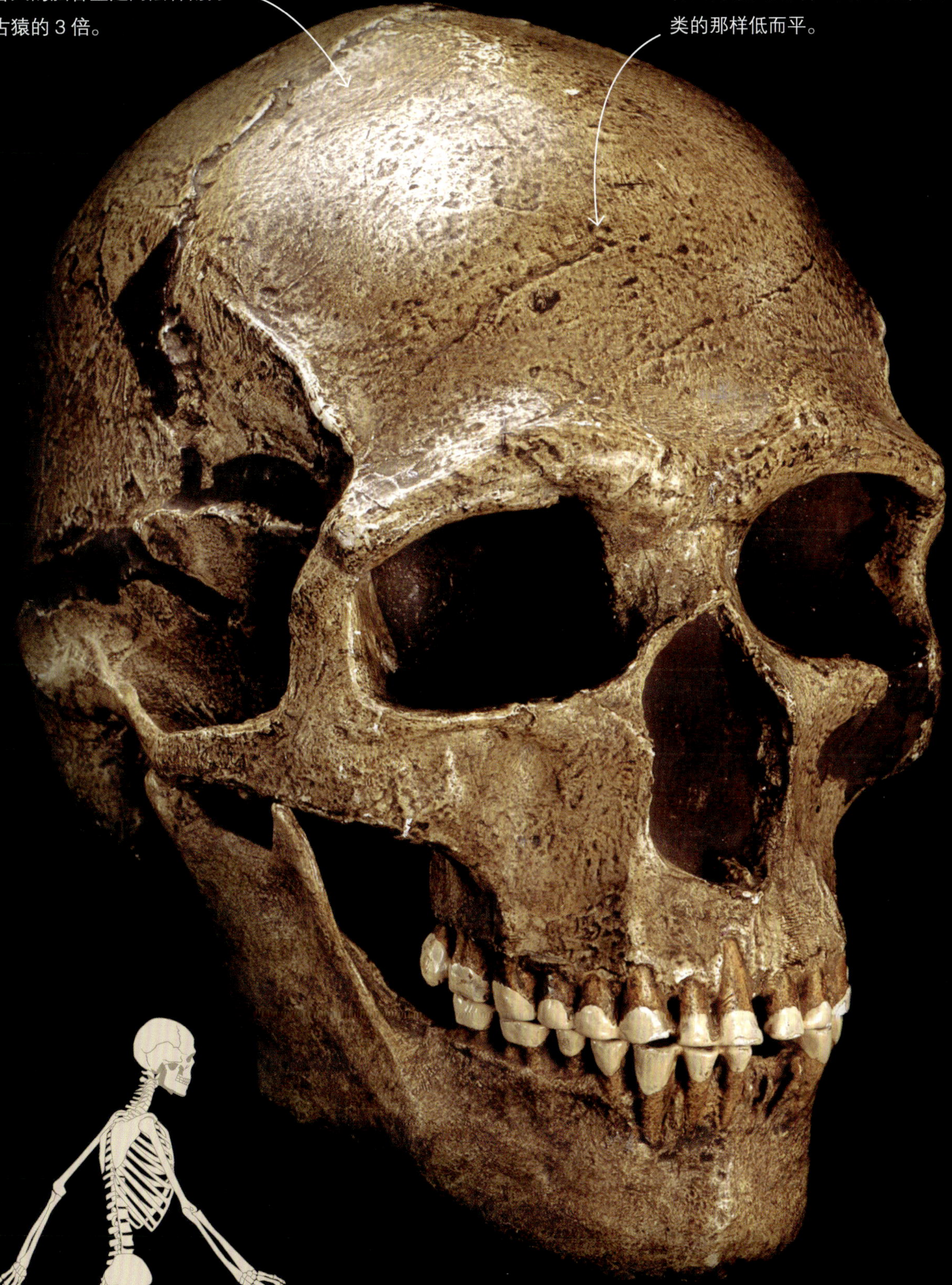


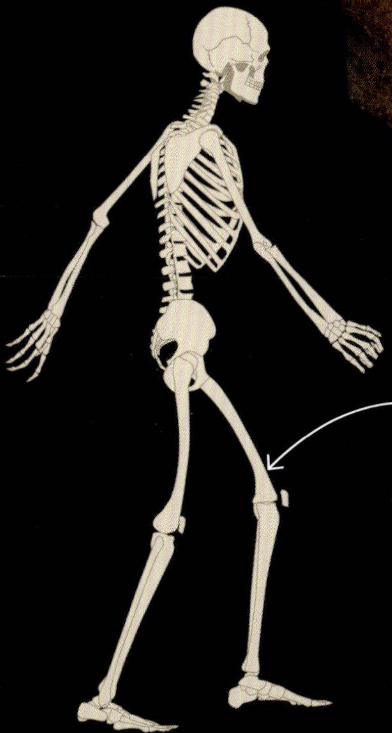


## 现代人

我们人类所属的物种，叫作智人，意为“智慧的人”（智人分为早期智人和晚期智人，人类属于晚期智人）。晚期智人形成于约 30 万年前的非洲。研究者认为，尼安德特人和晚期智人都是由海德堡人演化而来。晚期智人能够更好地适应不断变化的环境，所以当其他古人类灭绝时，他们得以存活下来。

## 人类的“亲戚”

晚期智人和另一些古人类是近亲，在生物学上都属于人属。其中一些“亲戚”和晚期智人曾生活在同一时期，比如尼安德特人。但是他们都已经灭绝了。

**直立人**

直立人（意为“能直立行走的人”）生活在大约 200 万年前，是最早的和现代人差不多高的古人类。他们学会了用火，会制作石斧，其中一部分走出非洲，到达了亚洲。

**海德堡人**

海德堡人生活在大约 70 万年前，是最早能用木材建造简陋棚屋的古人类，还会用长矛猎杀大型动物。

**尼安德特人**

尼安德特人是由海德堡人演化而来的，大约 40 万年前，他们的足迹已经遍及欧洲，抵达西亚。他们学会了用动物皮毛做衣服，还会埋葬死者。

# 使用工具

学会使用工具，意味着人类在演化之路上迈出了一大步。最早的石质砍砸器诞生于约300万年前，人类用它屠宰动物、挖掘植物根茎。随着工具越来越先进，人类也从食物的采集者变成了优秀的猎人。利用工具，人类还学会了捕鱼、建造住所、制作衣服。

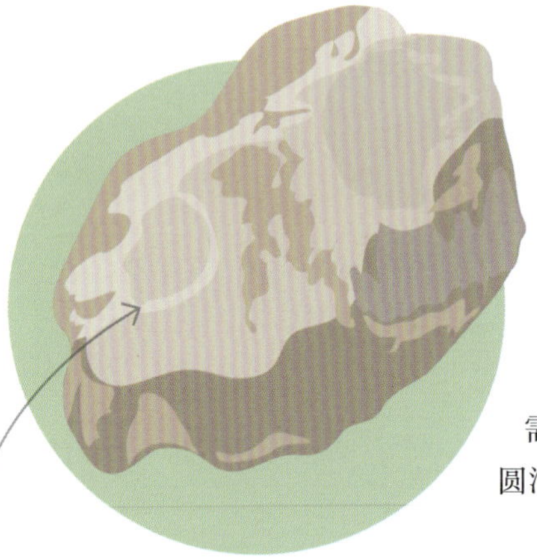

未经加工的燧石

**1 找一些燧石**

要想打造手斧，先要找一块大小适中、适合拿在手里的燧石，还需要一块锤石为燧石塑形。锤石是圆润光滑的岩石，质地坚硬。

燧石的内部多为黑色。

从燧石上凿下的碎片十分锋利。

锤石十分光滑圆润，便于拿在手中。

**2 粗略塑形**

用锤石不断击打燧石，并凿下一些大碎片。凿下的碎片非常锋利，常被用作切割和刮削的工具。

## ►石器时代的工具

石器是古人类非常重要的工具，所以我们把人类历史的最初阶段称为“石器时代”。最持久耐用的工具要数大约176万年前直立人制成的叶形燧石手斧，这种手斧被使用了约150万年。这幅步骤图展示了人类是如何用锤石把燧石打造成尖锐的手斧的。

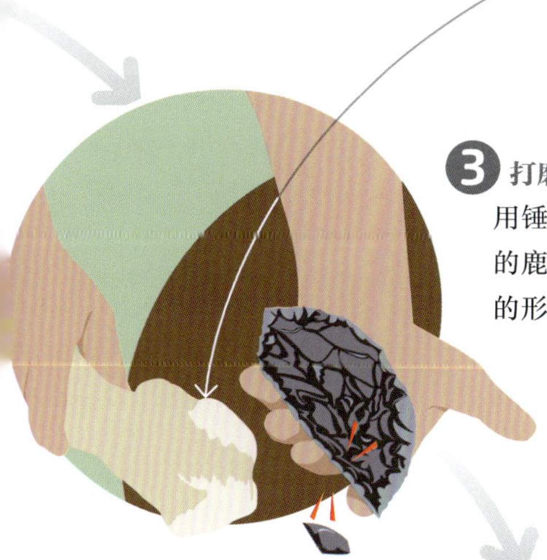


**3 打磨锋利的边缘**

用锤石将燧石大致塑形后，再用质地更软的鹿角或骨头继续击打，进一步完善手斧的形状。

**4 制作完成**

做好的手斧下部较宽，拿在手中很方便。它用途广泛，可以用来切割肉类、捕捉隐藏的动物、挖洞、劈砍木材。

**心灵手巧的能人**

大约 240 万年前，能人用河边光滑的石头制成粗糙的砍砸器，用来挖掘、砍伐植物、砸碎坚果、屠宰动物。

**用长矛打猎**

早期的人类是食物的采集者。随着工具的发明和改善，狩猎成了他们的日常活动。大约 30 多万年前，海德堡人用木质的长矛猎杀大型动物，比如大象。

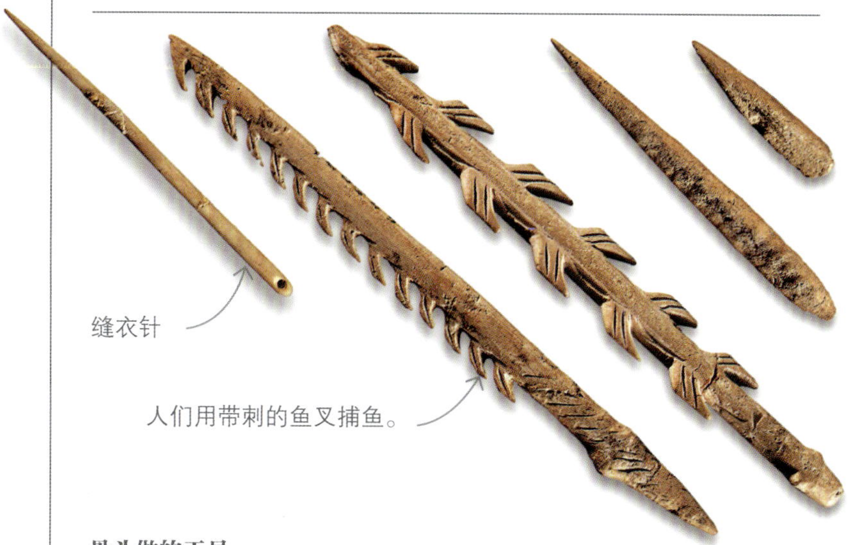


**骨头做的工具**

大约 4 万年前，晚期智人用骨头和鹿角制成一系列工具。他们用骨针缝衣服，以御寒保暖。

# 人类走出非洲

**▶化石脚印**

早期人类的迁徙，留下的痕迹很少。这个位于澳大利亚东南部蒙哥湖的人类脚印，历经了2万年的岁月，是人类迁徙罕见而宝贵的证据。早期人类留下这个脚印时，至少已在澳大利亚生活了4.5万年。

大约10万年前，智人（也就是现代人）从故乡非洲迁徙到亚洲。起初，人类只住在靠近赤道的温暖地区，为了获取丰富的食物，还常常沿海而居。后来，他们向北迁移到气候更寒冷的欧洲和亚洲北部，最后到达美洲。人类的迁徙起初靠双脚，后来靠船，他们逐渐走向世界，在我们星球上的每一处宜居之地定居下来，繁衍生息。

## 在各个大洲定居

大约30万年前，非洲的古人类演化成了现代人（即晚期智人）。大约10万年前，他们的足迹渐渐遍布世界。那时，地球的气候比现在更寒冷、更干燥。地球上的水储存在极地的大量冰川中，因此海平面比现在的低。这为智人的迁徙提供了便利，他们从非洲东部来到阿拉伯半岛，后来又穿过白令海峡，从亚洲来到美洲。最终，除了南极洲，地球上的各大洲都有了人类居住。

### 前往澳大利亚

从亚洲迁徙到澳大利亚花了人类数千年时间。旅途中，他们大部分时候都在走路，但有时也乘船渡过开阔的水域。途中他们遇见了其他古人类，这些人都是此前离开非洲的古人类的后代。

**徒步而行**

宜人的气候为智人走出非洲创造了条件，他们可以跟着成群的动物寻找新的食物来源。就这样，他们越走越远，经过许多代的努力，最终到达了澳大利亚。

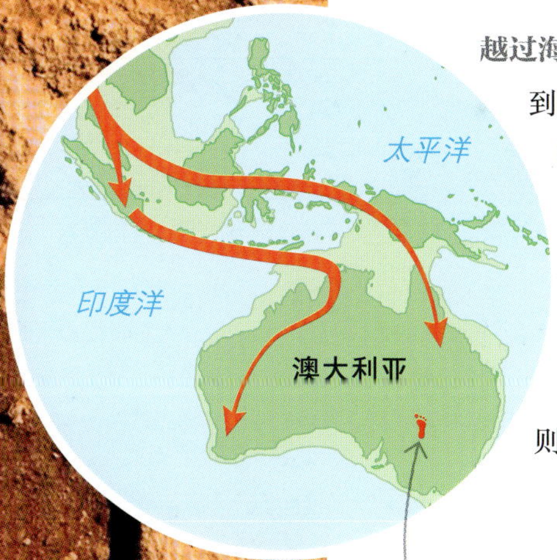


**越过海洋**

到澳大利亚定居的智人应该都经历过远洋航行。不过那时海平面比现在的低，左边地图上浅绿色的部分是人类第一次迁徙时还存在的陆地范围，深绿色则是现在的陆地范围。

人们在澳大利亚东南部的蒙哥湖发现了脚印。

**遇到“亲戚”**

晚期智人在迁徙过程中遇到了生活在其他地方的古人类，并与他们通婚，繁衍生息。

# 人类学会用火

大约100万年前，我们的祖先直立人已经能够用火了。起初他们只会使用天然火（通常由雷击产生），不过他们最终学会了自己生火。学会用火是人类发展史上的里程碑。有了火提供的光和热，人类就能在更恶劣的环境中生存，还可以将肉类烧熟作为食物，从而大大促进智力的发展。

### ▶ 人工取火

用燧石击打岩石产生火星，或者用木棍相互摩擦产生热量，从而点燃火。起初，人类生火的方式可能是用手旋转木棍，钻木取火。后来，使用了一种名为弓钻的工具，让钻木取火变得更容易。

**1 产生火星**

把弓钻置于放有干燥苔藓、树叶或草等易燃材料的木板上，然后快速地来回拉动弓，让钻杆与木板产生摩擦力，钻出冒烟的粉末，落在下面的易燃材料上。

旋转的钻杆产生摩擦力。

钻木产生的粉末顺着木板上的切口落在易燃的干草中。

将木头或骨头置于钻杆顶部，作为弓钻的把手。

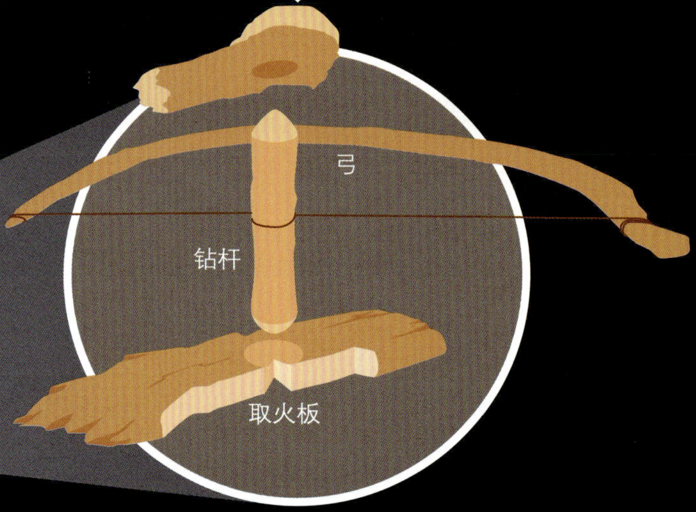


**弓钻**

弓钻的主体是一根直立的木棍，称为“钻杆”，人们用它钻一块名为“取火板”的木板。前后拉动弓，钻杆就会快速旋转，与木板之间产生摩擦力，从而点燃干草等易燃物。

**2 点火**

一旦易燃材料开始冒烟，生火的人就会小心地捡起它，轻轻地吹气，直到产生火焰。等到火烧得够旺，就可以投入小木棍助燃，等火势继续变大，再用更大块的木头作为燃料。

## 学会用火

在非洲的丛林中，雷电引起的火灾很常见。于是直立人逐渐不再惧怕天然火，他们还收集、保存了阴燃的木头，作为自己生火的火种。人类掌握用火的最早的证据可以追溯到大约100万年前。

### 社交聚会

早期人类用火在夜间取暖，以及保护自己免受野生动物伤害。而且，在火边聚会对人类社会关系的发展也十分重要，甚至可能促进了语言的发展。

### 更好消化的食物

用火烹饪过的食物更容易入口，也更好消化。早期人类不再像他们的猿人祖先一样每天需要花数小时咀嚼食物。于是他们的牙齿和内脏演化得更小，熟肉所产生的额外能量使他们的脑容量变得更大。

# 艺术的开端

大约 4.5 万年前，我们的祖先就开始进行艺术创作了。他们在黑暗的洞穴壁上画动物，或者勾勒出自己手掌的形状，留下他们的印记。他们画这些图案的目的，我们还无法确定，可能是为了分享生活或者标记特殊的地点，也可能是为了与所属的群体建立联系或者是想告诉后来人一些信息。不管是什么原因，这些图案都表明人类在想象力、创造力和自我表达能力方面有了巨大的飞跃。

### ▶ 手洞

最早的洞穴壁画可追溯到 4.5 万年前，在之后的几千年里，人类一直在创作同类型的艺术作品，乐此不疲。右图这个洞穴位于阿根廷圣克鲁斯省，里面满是人类的手印。从约公元前 7300 年起，在 8000 年的时间里，不断有男人、女人和孩子在这里留下自己的印记。类似的手印壁画在世界各地都有发现。绘制手印壁画是当时的人类在特定的地点证明自己存在的方式。在这里印上手印的人可能会感觉到一种连接——自己与所有曾站在这里的先人都产生了奇妙的联系。

**绘画定格记忆**

大约 4.5 万年前，人类开始画动物，这是人类大脑功能的一次飞跃性进步。根据记忆场景绘画需要抽象的思维——想象当前不存在的事物的能力。

**摇曳的灯光**

最早的艺术作品是在幽深的洞穴里被发现的，而不是人类居住的地方。所以这些画需要伴着灯光观赏，它们在摇曳的灯光下栩栩如生。

### 绘制手印

洞穴壁画是人们用天然颜料创作的。木炭被当作黑色颜料，白垩（一种白色矿物质粉末）被当作白色颜料，不同种类的泥土可以当作深浅不一的棕色颜料。我们在图中看到的手印是用一种红色的赭石作为颜料绘制的。人们把手放在洞穴壁上，然后把颜料吹到墙上，再把手移开，手的轮廓就留在了墙上。

用小棍子搅拌颜料。

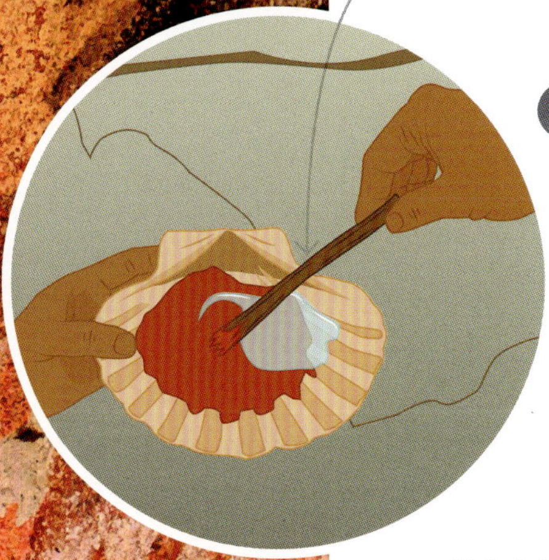

**1 搅拌颜料**

绘画的第一步是制作颜料。人们将红赭石与水或唾液混合搅拌，这一步骤所用的容器可能是石质容器或者贝壳。

将空心的管子首尾相连。

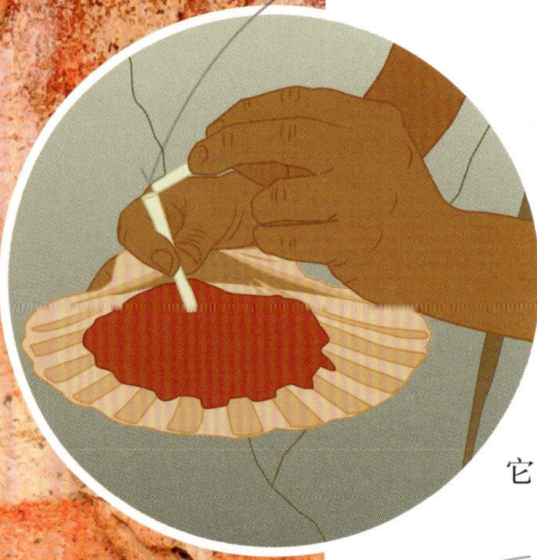

**2 准备绘画工具**

早期画家的绘画方式，可能是用两根空心芦苇管或鸟骨把颜料吹在墙上。他们在一根管子的一端放入颜料，然后把另一根管子置于它的顶端。

吹颜料造就了一种喷漆般的效果。

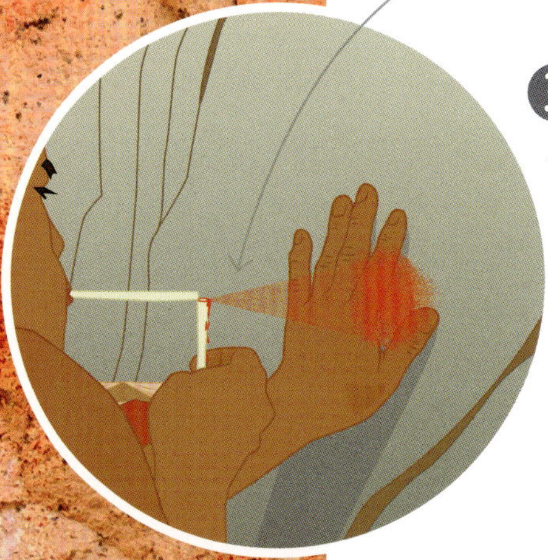

**3 吹颜料**

人们把手放在墙壁上，然后通过上方的管子把颜料吹上去。颜料通过下方的管子落在墙上，留下人手的轮廓。

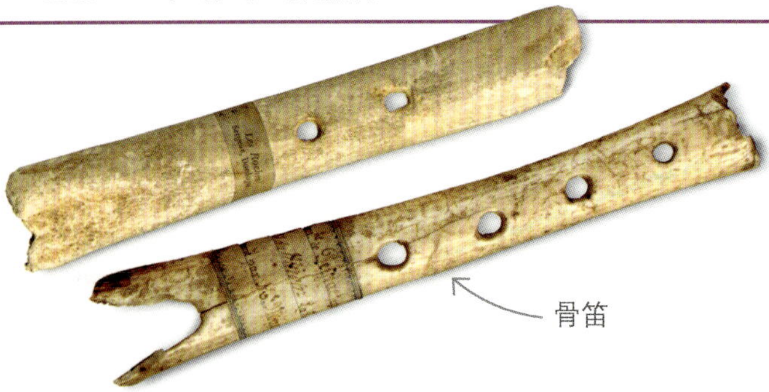


**创作乐曲**

目前已知的最古老的乐器是由骨头和象牙制成的笛子。人们可能用笛子来伴舞，也可能在典礼上或围着篝火集会时吹奏。这两支骨笛发现于法国，已有 3.2 万年的历史。

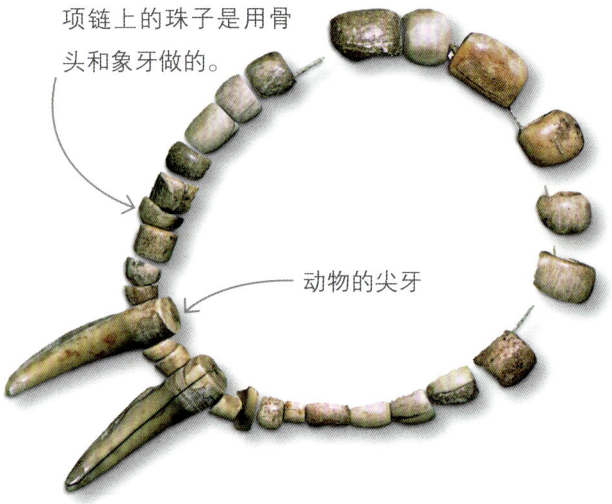


**装饰物**

对当时的人来说，佩戴装饰物已是司空见惯的事，比如这串发现于英国奥克尼群岛的斯卡拉布雷的项链。当时的装饰物多用骨头、牙齿、贝壳做成，常用作项链或手链。

**埋葬死者**

这时的人们开始埋葬死者，还常常配上有价值的陪葬品。上图的人骨发现于意大利，有象牙珠子陪葬。这表明当时的人们可能认为死者来世能用到这些饰品。

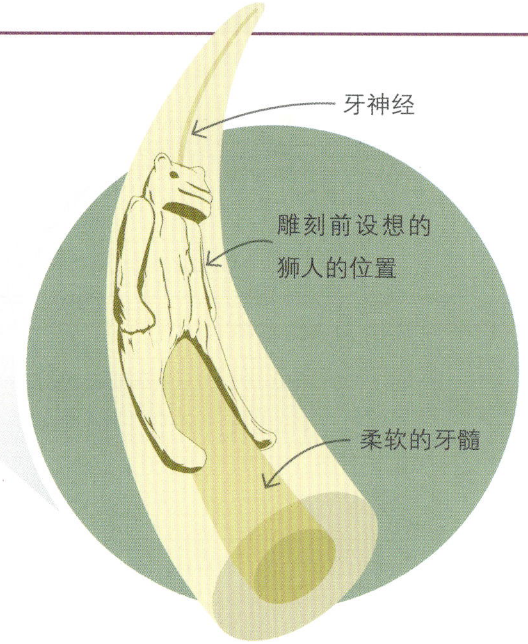


**精心雕琢的象牙装饰**

这个狮人雕像是用简单的石器在坚硬的猛犸象牙上雕刻的，研究表明雕刻它耗费了大约 400 小时。雕刻家在雕刻前进行了精心设计。狮人的上身随着象牙的曲线逐渐变窄，双腿则刻在象牙中心柔软的牙髓两侧。

**◀ 狮人**

1939 年，人们在德国的一个洞穴中发现了这尊狮头人身雕像。它高约 30 厘米，是 4 万年前的人类用猛犸象牙雕刻而成的。人们雕刻它的确切目的尚不清楚，但它向我们展示了当时的人是如何用想象力理解世界、分享对世界的看法的。

# 文化的萌芽

大约 4.5 万年前，我们的祖先以采集、狩猎为生，大多数时间都花在寻找食物、维持生存上。然而，人们留下的种种痕迹表明他们也会进行艺术创作，比如讲故事、创作乐曲。他们还有一些共有的习俗，比如哀悼逝者。这些活动共同构成了我们所知的最早的文化。

**洞狮**

狮人的头是人们照着洞狮的样子雕刻的。洞狮是一种已经灭绝的狮子，但在狮人雕像诞生的年代，它们还活跃在欧洲和亚洲。洞狮是现代狮子的近亲，但比现代狮子的体形更大，是当时最凶猛的掠食者之一。

雕像的头朝前，耳朵机警地立着。

雕像被发现时，已经碎成了 200 余块碎片。

经过多年的反复摩挲，雕像表面变得光滑。

# 建造居所

人类建造了遮风挡雨的住所，因而能在世界上每一个宜居的地方定居下来。人类最早的建筑是用各种不同材料建造的，每一种建筑都有重要的用途。它们为人类遮风挡雨，提供温暖安全的在夜晚睡觉的场所，或者作为集会场所。

## ▶ “猛犸”小屋

在大约 1.5 万年前，欧洲东部和亚洲北部寒冷而无树的平原上生活着一群猎人，他们用猛犸的皮毛和骨头建造居住的小屋。现在，这些小屋只剩下骨架，但这幅复原图展示了它们原本的样子。

**猎杀猛犸**

猛犸为人们提供了生存所需的重要物资，它的肉可以作为食物，皮毛可以做衣服，粪便可以作为燃料。人们甚至还用猛犸的牙做长矛。

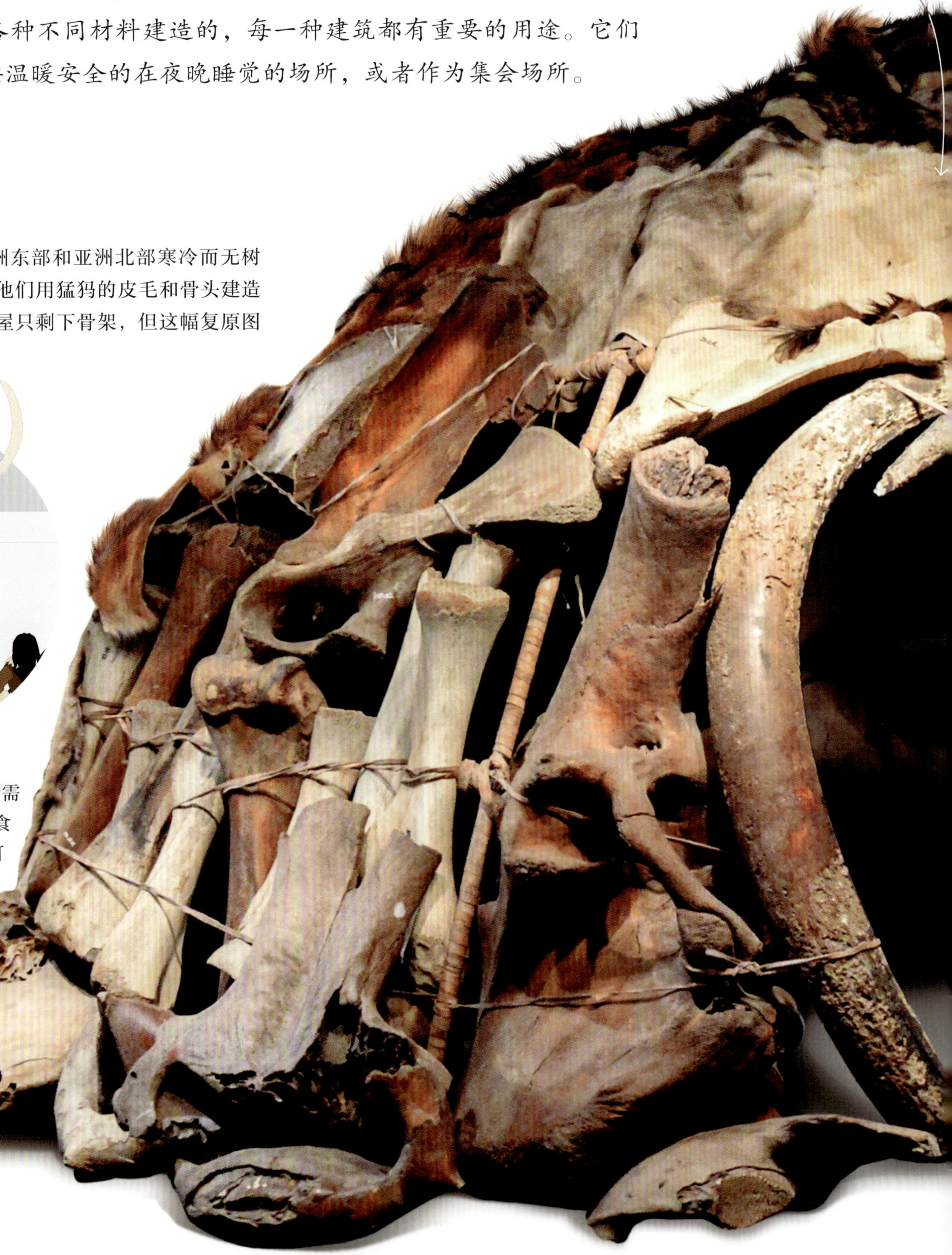

猛犸的皮可以遮风挡雨。

### 建筑材料

世界各地的人们都能因地制宜，用当地合适的材料建造居所。早期的房子通常是圆形的，因为这种形状的房子更好搭建。

**石头**

约 5000 年前，在树木稀少的英国奥克尼群岛，人们用当地产的石头建造房屋，制成家具。这些石头天然地呈现出平板状。

**泥砖和石块**

在炎热、干燥的地区，人们经常用晒干的泥砖建造房屋。现代人用泥砖再现了这幢 9000 年前的塞浦路斯住所。

**木材**

如上面的复原图所示，1 万多年前日本绳纹时代的房屋是用木头建造的，配有茅草屋顶。

有弧度的象牙支起圆形的入口。

猛犸的毛被制成绳子，把猛犸的骨头捆绑在一起。

搭建这间棚屋的骨头可能来自 95 只猛犸。

### 小屋之内

这些小屋的用途我们目前还不清楚，它们可能是住宅或者公共空间，甚至也可能是举行宗教仪式的地方。小屋中央曾有一个火炉，可能是用来做饭的，也可能是用来取暖的。

# 农业

## 改变生活

在史前时代的大部分时间里，人类都以采集、狩猎为生，为了寻找天然的食物而不断迁徙。公元前 1 万年到公元前 9000 年时，人类的生活方式发生了改变，他们开始储存、播种种子，饲养动物。新的生活方式促使人类过上了定居生活。随着食物产量的增加，人口数量也显著增长。

### ▼ 驯化小麦

将野生动物和植物的自然繁殖过程变为人工控制下的过程，被称为驯化。动物和植物都因为驯化发生了变化，这是人类选择的结果。小麦是最早被人类驯化的植物之一。驯化时，人们会选择麦粒较大且不易脱落的植株，因为这样的植株更容易收割。发展农业可以养活更多的人，但这种生活方式比狩猎、采集更辛苦，因为照顾农作物要花费更多的时间和精力。

**新月沃地**

最早的农业被认为发源于“新月沃地”，即从埃及延伸到美索不达米亚的一片肥沃土地，因其形如新月而得名。该地区有许多高质量的野生谷物，比如小麦和豆类。这些谷物成为人类发展农业的种子来源。后来，世界其他地区的农业也逐渐发展起来，比如中国人会种植水稻和粟。

**抗断裂的小麦**

野生小麦上部的穗轴成熟时会断裂，种子从植株上掉下，随风传播。于是，早期的农民挑选了一些穗轴不易断裂的小麦种植。最终，他们培育出一种谷粒不会被风吹散的小麦，这样更方便收割。

### 被驯养的山羊

早期的农民开始饲养动物。饲养动物使人们能定期地获取动物产品，比如奶和皮毛。野生山羊的角又长又尖，被驯养的山羊的角尖端朝下，饲养起来更安全。

### 营养不良

与狩猎者、采集者相比，农民的饮食品种更有限，也更不健康。人们靠几种主要农作物生活，缺乏维生素和矿物质。用磨碎的小麦粉制成的无酵饼是他们的日常食物之一。

### 定居生活

人们开始种植农作物后，需要住得离田地近一些。于是他们定居下来，起初以家庭为单位，后来形成小村庄。随着人口的增长，定居的人数也在增加，村庄的规模随之扩大。

### 磨碎小麦

把小麦磨碎，才能做出面粉。以前人们用鞍形磨石来磨小麦。人们用一块石头在另一块石头上来回碾轧，小麦就会被磨碎。这是一项繁重而辛苦的工作，常常引发关节疾病。

成熟前的麦粒附着在穗轴上。

现代的小麦必须要人工培育，否则很难成活。

# 建立早期城镇

人类从采集、狩猎转向了农耕生活，意味着可以生产更多食物，养活更多的人。于是，越来越多的人开始在同一个地方定居。约公元前 7300 年，新月沃地的一些村落发展为世界上最早的城镇，比如土耳其的加泰土丘和约旦的艾因加扎勒，都是由农业定居点发展而来。随着定居点的规模慢慢扩大，人们农耕之余开始从事专门化工作，于是兴起了手工业和商业。

**▼最早的城镇居民**

早期城镇的痕迹如今已经所剩无几，只余房屋的地基和各种雕像、石器、陶器碎片等。最令人震惊的发现之一，莫过于考古学家在艾因加扎勒遗址发现的 30 多尊雕像。这些雕像有真人的一半大小，可能代表着当时居民的祖先。

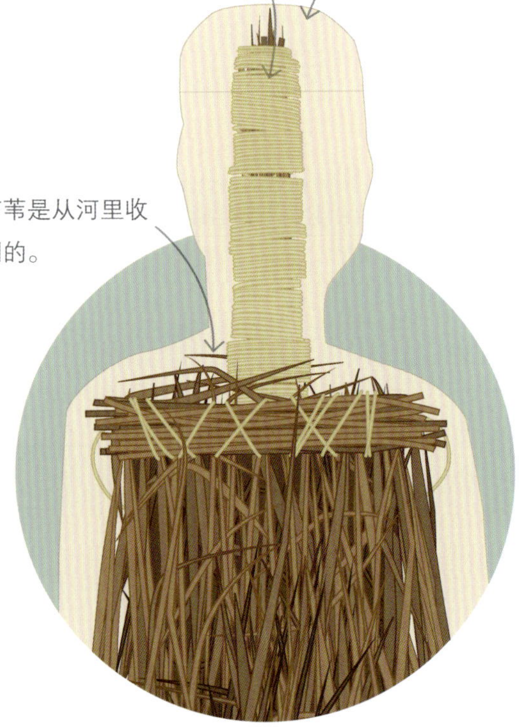


**芦苇框架**

艾因加扎勒遗址的雕像框架是用捆成束的芦苇做成的。框架搭好后，人们用石灰膏在上面塑造出形状。当时的艺术家精心刻画了雕像的脸，却粗略制作了身体，没有制作四肢。这说明雕像当初可能穿着衣服，戴着假发或头饰。

## 熙熙攘攘的城镇

艾因加扎勒建立在今约旦境内的扎尔卡河谷边。最繁荣时，这里生活着约 2500 人，他们住在密密匝匝的长方形房子里。这些房子由木桩搭建，砖墙平顶。房屋大小不一，说明有些人比其他人更富有。

扎尔卡河为邻近的农田提供水源。

## 最早的定居点

人类最早的定居点之一建立在水源充足的新月沃地（见第 26 页），那里土壤肥沃，富含营养物质，适合种植农作物。聚居是一种新的生活方式，每个城镇都走上了不同的发展道路，孕育出各有特色、风格各异的房屋、艺术和宗教信仰。

雕像头上的凹痕可能是因为曾戴着帽子或假发。

雕像的眼睛用沥青画成黑色。沥青是一种颜料，有天然形成的，也有从煤焦油等中得来的。

一些雕像有两个头。

加泰土丘的饰有花纹的陶罐

## 学习新技能

约公元前 6400 年，当地的城镇居民已经学会了制陶和用织布机纺织。制造刀具也是一项专门技术。一些人不再把所有时间用在种田上，而是成为专门的工匠。

## 开始贸易

专业工匠群体的发展壮大也点燃了贸易发展的火花。黑曜岩是一种闪闪发光如同玻璃的黑色岩石，是人们交易的商品之一。在加泰土丘，人们会精心打造一些工具，比如这些黑曜岩箭头，然后与其他城镇的居民交易。

## 神秘石阵

早在公元前 4300 年，震撼世界的石阵遗址——法国布列塔尼半岛的卡纳克石阵，就已建立起来。这些巨石分布在方圆 40 多万平方米的广阔土地上，有 2800 多块，其中一些高达 4 米。这些石头是从当地露出地表的花岗岩上切割下来的。史前人类是如何运输这些巨石的？巨石阵的功能是什么？这些一直都是未解之谜。它们可能是宗教性质的纪念碑，也可能是用来举行仪式的。有些人认为它们与星辰相对应，是为天文观测而建。

随着越来越多的人在**早期城市**聚居，文明社会开始了。新的生活方式促进了**文字**的出现，从而开启了有文献记载的**历史时代**。科技进步的浪潮也紧接着到来：**金属锻造**的方式不断完善，人们制造出更精良的工具；**轮子**的发明带来了**交通领域**的革命。**各帝国不断扩张**，**商贸网络**不断延伸，**货币**逐渐产生了。

# 文明的曙光

# 古代世界时间轴

大约 6000 年前，人类在西亚的美索不达米亚建立了最早的城市。不久后，古埃及、印度河流域、中国、中美洲地区各自发展出了自己的文明。人类先后进入青铜时代和铁器时代，铁器时代末期，欧洲诞生了影响深远的古希腊和古罗马文明。

**约公元前 3500 年**
**轮子出现**
美索不达米亚的人们发明了轮子。起初人们用轮子制陶，后来在美索不达米亚和东欧，人们用轮子造出了最早的车。

公元前 4000 年

**约公元前 4000 年**
**早期的城市**
早期的城市出现在美索不达米亚的苏美尔。其中的乌鲁克城最繁荣时（约公元前 3100 年）居住着大约 4 万人。

奥尔梅克巨石像

**约公元前 1250 年**
**奥尔梅克人**
中美洲的奥尔梅克人在金字塔形的台基上建造神庙。他们还为崇拜的神灵和统治者雕刻了巨石像。

**约公元前 1200 年**
**铁器时代开始**
西亚人开始用铁打造武器和工具。世界各地陆续进入铁器时代。

**约公元前 1000 年**
**腓尼基人的贸易**
腓尼基人在塞浦路斯的基提翁建立了第一个殖民地。后来，腓尼基人在地中海沿岸建立了众多殖民地，形成了一个利润丰厚的贸易网络。

伊什塔尔大门的复原图

**公元前 934 年**
**新亚述帝国**
新亚述帝国统治着西亚大部分地区，还在公元前 671 年征服了古埃及。

**约公元前 1200 年**
**迈锡尼文明的终结**
迈锡尼文明大约兴起于公元前 1650 年，约公元前 1200 年被南下的多利安人摧毁。

**公元前 336—公元前 323 年**
**亚历山大大帝**
马其顿的亚历山大大帝开拓了庞大的古希腊人的帝国，将帝国的疆域从古希腊和古埃及延伸到印度边境，扩张过程中还征服了强大的波斯帝国。

亚历山大大帝率军在伊苏与波斯人作战。

**公元前 550 年**
**波斯帝国阿契美尼德王朝**
居鲁士大帝建立的波斯帝国开始迅速扩张，成为规模空前的大帝国。

**约公元前 900 年**
**古希腊城邦**
古希腊最早的城邦是建立于伯罗奔尼撒半岛的斯巴达。在这一时期，城邦成为古希腊政治、商业和文化生活的中心。

母狼哺育罗慕路斯和雷穆斯的雕像

**约公元前 753 年**
**罗马城建立**
传说，罗马城是由双胞胎兄弟罗慕路斯和雷穆斯建立的。他们出生时被国王叔叔下令处死，但是一只母狼把他们哺育长大。

**公元前 6 世纪—公元前 5 世纪**
**佛教诞生**
古印度的王子悉达多·乔答摩创立了佛教，他被尊称为释迦牟尼。印度的阿育王促进了佛教的传播。

雅典的帕提侬神庙

**公元前 508 年**
**民主政治**
古希腊的雅典建立起世界上最早的民主政治体系。

**公元前 221 年**
**中国的统一**
秦王嬴政统一六国，建立秦朝，自称“始皇帝”，成为中国历史上第一个皇帝。

米诺斯文明（又称克里特文明）的跳跃公牛青铜像

约公元前 3500—公元前 3000 年
**青铜时代**
克里特岛的人们开始用青铜制造工具和武器。青铜是铜和锡的合金，更坚硬、耐用。

约公元前 3400 年
**早期文字**
出现在两河流域的楔形文字慢慢发展起来。

约公元前 3200 年
**古埃及统一**
上埃及的统治者米那（有观点认为是美尼斯）征服了下埃及，古埃及迎来了首次统一。

约公元前 2686—公元前 2181 年
**古埃及古王国时代**
古埃及文明繁荣发展。人们在吉萨建立起宏伟壮丽的金字塔，古埃及的影响力从尼罗河流域扩展至努比亚。

金字塔和斯芬克司狮身人面像

哈拉巴遗址的印章

约公元前 2600 年
**印度河流域文明**
印度河流域的人们建立了哈拉巴、摩亨佐·达罗等城市。这些城市的泥砖墙和街道呈网格状，排列井然有序。

公元前 2371—公元前 2316 年
**萨尔贡**
阿卡德王国的创立者萨尔贡征服了美索不达米亚南部，并建立了都城阿卡德城。

约公元前 2000 年
**克里特文明**
米诺斯人在希腊的克里特岛建立了一系列城市。米诺斯人从事海外贸易，在地中海地区交易橄榄、羊毛和其他农产品。

公元前 1792—公元前 1750 年
**汉穆拉比**
古巴比伦国王汉穆拉比征服了美索不达米亚的大部分地区。他颁布的《汉穆拉比法典》是世界上现存最早的比较完备的成文法典。

约公元前 1600 年
**中国商朝**
商汤建立了商朝。商朝的甲骨文是现代汉字的“祖先”。

约公元前 1500 年
**班图人**
西非的班图人向南迁徙到中非地区的热带雨林，后于约公元前 1000 年到达大湖地区。

奥古斯都雕像

公元前 27 年
**罗马帝国**
恺撒的养子屋大维成为罗马的终身执政官，被元老院尊称为奥古斯都，他自称元首（第一公民）。

1 世纪
**基督教创立**
相传，基督教创始人耶稣基督被钉在十字架上死去。他去世的这一天后来成为西方传统的纪念日。

313 年
**古罗马承认基督教合法地位**
古罗马皇帝君士坦丁大帝颁布《米兰敕令》，宣布宽容基督教。

笈多王朝的钱币

380—414 年
**旃陀罗·笈多二世**
古印度笈多王朝的旃陀罗·笈多二世统治时期，王朝的疆域覆盖印度东部和北部。他重视水利，发展农业，宗教上兼容并包。

400 年

# 陶器的发明

陶器的发明是人类早期历史上的一个里程碑。史前时代，人们大部分时候都过着流动性的采集、狩猎生活，用篮子或皮袋子来装食物和水。人类过上定居生活后才开始大量制作陶器，陶器沉重、易碎，不适合之前居无定所的人类使用。陶器的制作方法是将黏土（陶土）塑形，然后烧制成型。陶锅可以用来盛液体、做饭，装饰着花纹的陶器则是人们身份地位的象征。利用陶轮，人们实现了陶器的大规模生产。

**新的饮食**

陶器让人类创造出更丰富、更美味的食物。人们可以用陶锅煮、煎、炖食物，可以发酵葡萄、谷物来酿造葡萄酒和啤酒。人们还用牛奶制成各种乳制品，比如奶酪，这样更好消化，也便于储存。

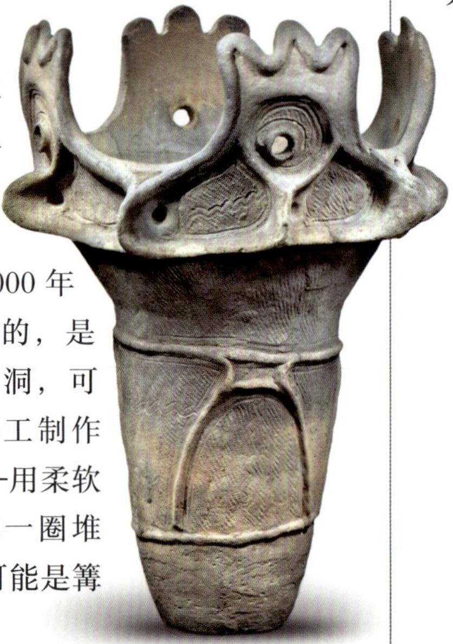

**装饰性陶锅**

一些古老的陶器上带有装饰性的花纹。人们首先把装饰图案刻在陶土表面，然后涂上釉彩。这口陶锅是在约 5000 年前的日本绳纹时代制作的，是一种烹饪器具，上面有洞，可以悬挂在火上。它是手工制作的，采用泥条盘筑法——用柔软的黏土条从下往上一圈一圈堆叠起来，然后用小火（可能是篝火）烧制。

**陶器与贸易**

陶器使贸易变得更加方便，尤其是远距离贸易。这种有两个垂直把手的高陶罐名为双耳罐，被腓尼基人、古希腊人和古罗马人用来装葡萄酒和油等食物，再用商船运输到海外。

**旋转的陶轮**

图中的制陶工用一根长棍拨动陶轮，让它快速旋转。当陶轮旋转达到一定速度，制陶工就会弯下腰，在陶轮上用黏土塑成陶罐坯。

### ▼ 陶轮

约公元前3500年，美索不达米亚地区开始使用陶轮，这比用于交通运输的轮子早了几百年。陶轮最开始靠人们用手缓慢转动，后来演变成用棍子拨动，使转速变得更快。可以快速旋转的陶轮大大提高了拉坯速度，从而得以大批量生产陶器。下面这个陶轮来自印度卡纳塔克邦。

制陶工用一只手掬起清水滴在陶土上，使其保持湿润，另一只手把陶土塑成锅的形状。

利用快速旋转的陶轮，可以在几分钟内做出一个陶锅坯。

陶土必须放在陶轮正中央，否则会在陶轮旋转时飞到一边。

# 青铜时代开始了

金属锻造技术的发明是人类历史上最重要的技术进步之一。金属可以被铸造成锋利的工具和武器，也可以被打造成其他美丽的物品。最早的金属工具是用质地较软的铜制成的，在约公元前3500年，美索不达米亚的工匠在铜中加入了锡，创造出更坚硬的金属——青铜。这标志着一个新时代——青铜时代的开始。

熔化的青铜被倒进模具。它的温度可达950℃。

### ▶ 青铜工具

不同于易碎的石器工具，青铜工具可以被浇铸、锤打成各种形状，变钝后还可以重新打磨。人们把熔化的金属液倒入石质或陶质模具中，制成青铜斧。这是人类使用的最早的青铜工具之一。

**❶ 混合金属**

铸造青铜首先要把铜块和锡块放在一个叫作坩埚的陶盘里，然后把坩埚放在火上加热，直到两种金属熔化并混合。

斧子的刃口宽阔而锋利。

**5 安装斧柄**

工匠给打造好的斧头安上木柄。随着铸造工艺的不断进步，人们制作出的斧头与斧柄的契合度也越来越高。

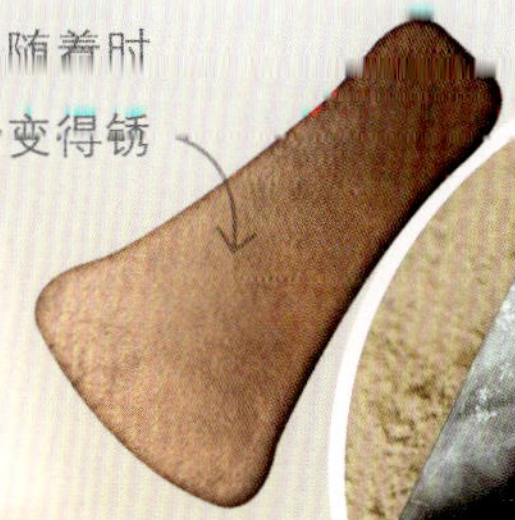

新铸出的青铜的色泽与黄金十分相似。随着时间的推移，它会变得锈迹斑斑。

**4 制成斧头**

斧头冷却完毕，工匠便会把它从模具中撬出来，把刃口磨锋利。斧头不仅是实用的工具，也可以成为漂亮的装饰品。

**3 冷却定型**

敞口的模具中倒满了金属液，液体逐渐冷却，颜色也随之变化，从赤红色变成了金红色。

熔化的青铜炽热明亮。

**2 倾倒金属液**

金属熔化后，工匠小心翼翼地从炭火上拿起坩埚，把金属液倒在模具（也叫范）中。

## 战士的社会

欧洲进入青铜时代后社会结构发生改变，富有的贵族战士占据了社会上层。富人们役使平民为他们建造坟墓，还常以武器和盔甲为陪葬品。青铜质地坚硬，人们用它制造出新的武器——青铜剑。人们还会把青铜敲打成薄片，制成盔甲和盾牌。

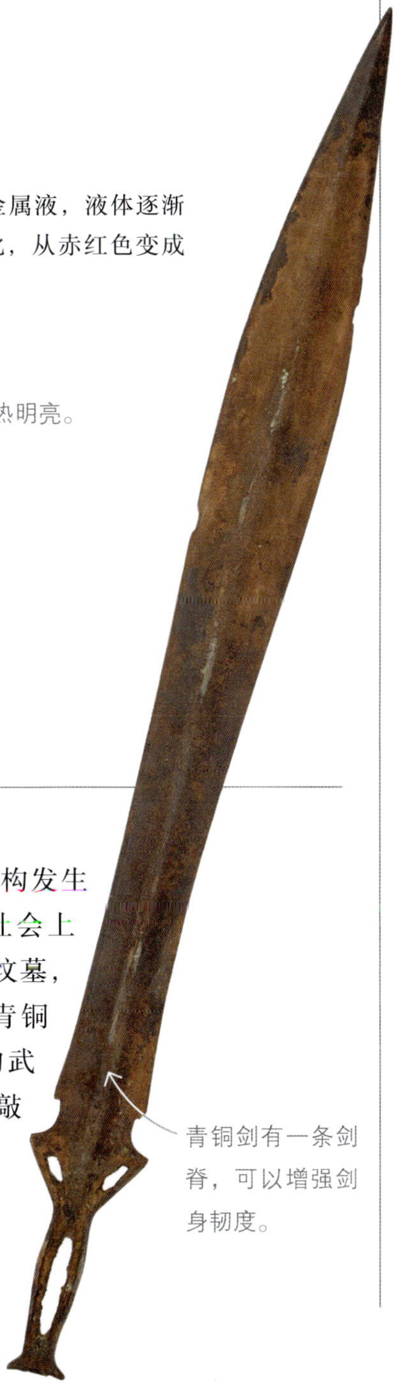

青铜剑有一条剑脊，可以增强剑身韧度。

## 金属贸易

人们对铜和锡两种金属的需求，促进了长途贸易的诞生。公元前2000年至公元前1500年，发端于克里特岛的米诺斯王朝统治着地中海东部地区。米诺斯人擅长航海，他们进行金属贸易的船只，可能远至大不列颠岛的康沃尔。

## 身份地位的象征

青铜胸针和徽章的出现让人们有了系扎衣服的新方法。只有十分富有的人才买得起青铜胸针，因此它们也成了财富和社会地位的象征。图中这枚胸针是在中欧发现的，其年代可追溯到公元前1500到公元前1200年。

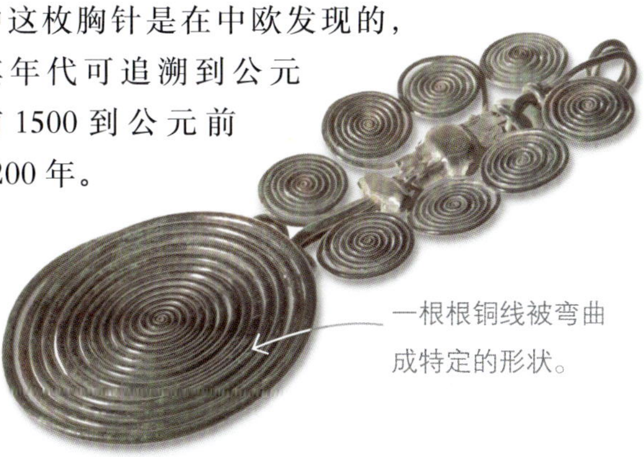

一根根铜线被弯曲成特定的形状。

## 中国的青铜时代

中国在商朝就已经处于高度发达的青铜时代。中国的青铜铸造工人用分成几个部分的陶范（即陶土制成的模具）来制造精美的青铜器，以作祭祀之用等。这个三星堆遗址出土的戴金面罩青铜人头像，可能是用来祭祀祖先或神灵的。

青铜像的脸上装饰着一层薄金。

### ▶ 轮子革命

约公元前3500年，美索不达米亚人发明了轮子，但它与运输无关，而是用来制造陶器的陶轮。直到大约300年后，人们才发明了带轮子的交通工具。变革一旦发生，就势不可当，接下来的2000年里，车轮逐渐从沉重的实木轮发展为轻便的、带有辐条和铁轮圈的轮子。

早期轮子复原图

# 车轮的发明

车轮作为人类有史以来最重要的发明之一，引发了一场运输革命。农民用推车搬运食物，士兵用战车作战。最早的车轮发现于东欧和西亚，有大约5000年的历史。不过这项技术很快就传播开来。

**1 橇**

在车轮发明之前，人们运送石料等沉重的东西必须用船，或用橇在地面上拖动。

古埃及人用橇来运输石块，建造金字塔。

**2 实心轮**

在距今 5000 多年前的美索不达米亚浮雕中雕刻了带轮子的早期车辆，由牛或驴拉动。人们用这种车运送货物和人员，如载着士兵前往战场。这些车的轮子是沉重的实心轮，所以速度缓慢。

牛体格健壮，但行动缓慢。

**3 带有辐条的车轮**

大约公元前 2000 年，亚洲人发明了一种更轻便的带辐条的轮子。这种轮子安装在马拉战车上，可以大大提升战车的速度，从而引发了战争方式的变革。到公元前 1500 年，战车已经从中国传到英国，在亚欧大陆广泛被使用。

古埃及法老乘着二轮战车奔赴战场。

**4 带有铁轮圈的轮子**

公元前 1000 年，欧洲的凯尔特人在轮子上安装了铁质轮圈，使轮子更加结实耐用。此后轮子的结构一直没有什么大的变化，直到 19 世纪人们发明了轮胎和金属辐条。

木质轮子的边缘加装了铁质轮圈。

## 水车

水车由流水驱动，可以带动磨石转动，从而磨碎谷物。古罗马人曾在文学作品中描述过水车把低处的阿西河的河水汲取到高处的田地上。

## 齿轮

齿轮是一种具有传动或控制作用的机械装置。能够依靠边缘的锯齿相互啮合。下图是约 2000 年前的古希腊的安提基特拉机械的复原品，古希腊人用它来计算历法。

## 轮子玩具

在美洲中部，人们用轮子制成小型的、可以拖拽的玩具。他们没有制造出带轮子的交通工具，这可能是因为当地没有驯化出体形大到能够拉车的动物。人们不得不把货物背在背上运输。

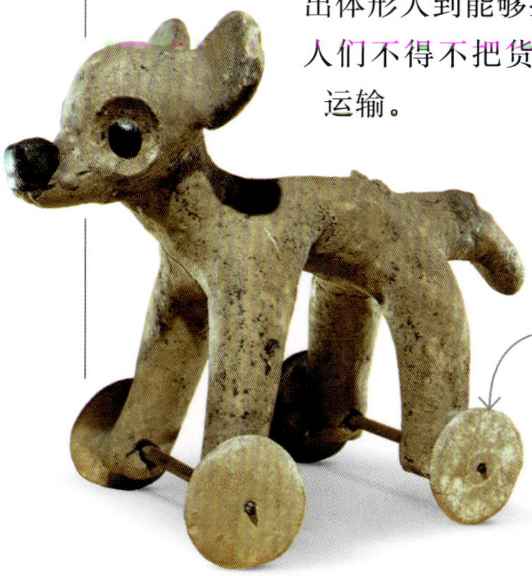

带轮子的玩具陶狗。

# 早期城市

大约6000年前，人们在美索不达米亚南部的苏美尔建立了早期的城市。“美索不达米亚”意为“两河之间的土地”，“两河”指的是幼发拉底河与底格里斯河，二者皆流经今天的伊拉克。苏美尔最早出现了国王统治和有组织的宗教，配有祭司和庙宇。苏美尔人发明了楔形文字，颁布了最早的法典，还建立了世界上最早的军队。

在战火中受损的萨尔贡头像。

### 战争与征服

起初，美索不达米亚分布着一个个独立的城邦国家，每个城邦各有自己的统治者。随着时间的推移，各个城邦开始竞争，为了获得更多权力而相互征战。约公元前2371年，阿卡德王国的国王萨尔贡征服了苏美尔各城邦，建立集权统治。

### 城市的心脏

塔庙位于庙宇建筑群中，坐落在城市中心。这些庙宇中储存着谷物，可以分发给居民。苏美尔的河流每年都会发洪水，直到人们发明了灌溉和水利设施，控制了洪水，这才建立起这座城市。建立城市需要社会组织，毕竟要想开凿运河、修建堤坝和水库，人们必须团结协作。

河水既滋养了城市，也灌溉了农田。

来往的帆船进行着贸易。

河流为城市提供水源。

### ▼宗教统治

苏美尔每座城邦的统治者都是当地神灵的代理人。神灵被供奉在建于高台上的建筑中，这种建筑被称为塔庙。塔庙是一座城市的重要建筑物。乌尔城的塔庙建造于公元前2100年左右，20世纪80年代又进行了部分重建。下面的图片是它最初可能的样子。

## 国王制定的法律

一个城市中居住着许多互不相识的人，他们必须学着和平相处。为了解决人们之间的争端，古巴比伦的国王汉穆拉比颁布了现存最早的法典。这部颁布于公元前 18 世纪的《汉穆拉比法典》，其中一条律法写道：“人若剜了别人的眼睛，他的眼睛也要被剜出来。”

《汉穆拉比法典》石柱上有正义之神沙马什授予汉穆拉比权标的浮雕。

## 贸易与工艺品

美索不达米亚原材料匮乏，所以当地人很早就开展了长途贸易。他们出口大麦、枣、纺织品和手工艺品，进口石材、木材、金属、宝石和象牙。这套头饰和珠饰是约公元前 2600 年统治乌尔的普阿比女王的物品。它由进口的黄金、玛瑙和青金石制成。

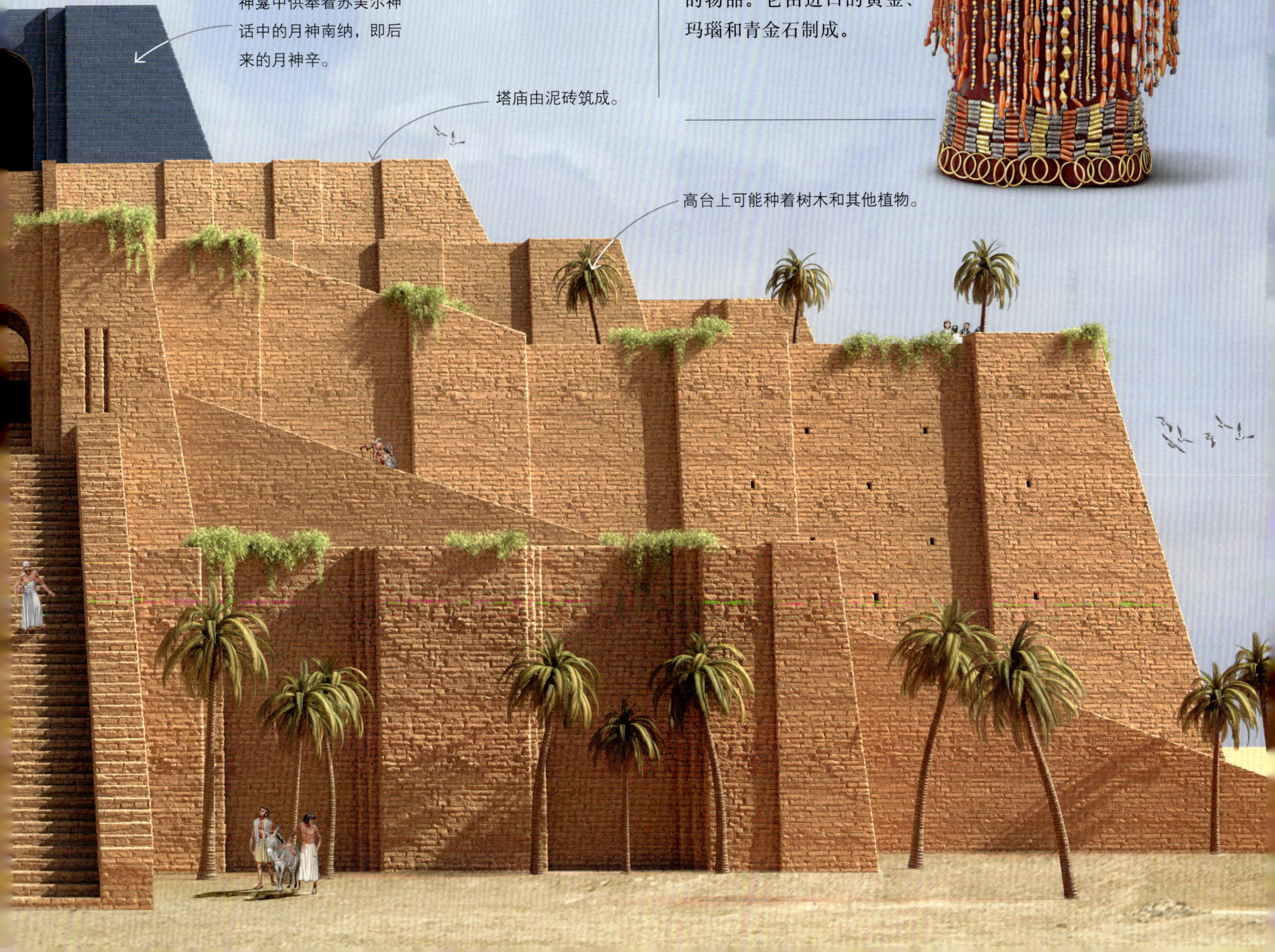

# 文字书写历史

随着人类文明变得越发复杂，人们开始书写文字。起初，人们用文字记录农业和贸易情况。后来，它开始被用来表达思想、讲述故事。这就是历史记载的开端。从此，人们用不同的语言文字记录着当时的生活，并且能为后人所阅读。

## ▶ 楔形文字

大约公元前 3400 年，苏美尔人发明了楔形文字，这是世界上最早的文字之一。顾名思义，楔形文字的笔画呈楔形，人们用削尖的芦苇秆将楔形文字书写在湿润的泥版上。楔形文字诞生之初，多为图像符号，既表音又表意，后来被简化成线条，以便在泥版上快速书写。

### 三种笔画

楔形文字有三种基本笔画：斜线（用黄线勾画）、横线（用红线勾画）和竖线（用蓝线勾画）。约 3000 年前，生活在现在土耳其的赫梯人就使用楔形文字。

右上圆图中的楔形文字在赫梯人的语言中是“蛇”的意思。

## 用文字记录

起初，人们将文字用于商业贸易中，记录财产、债务和税收。苏美尔人要学会数百个文字符号，才算掌握了读写技能。受过教育的书吏都是男性，社会地位很高。

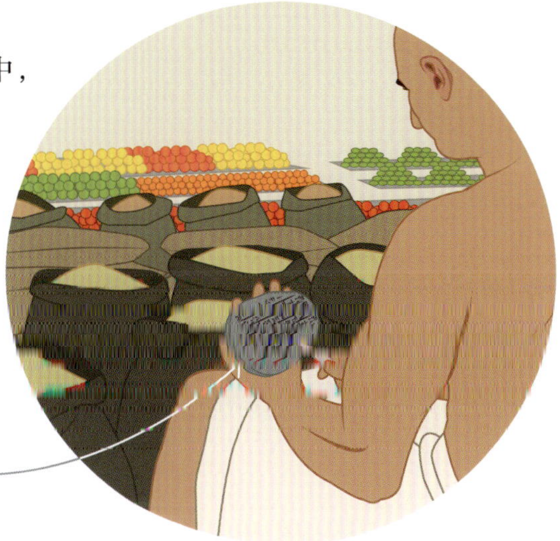

为了征税，书吏要把农作物的收成记下来。

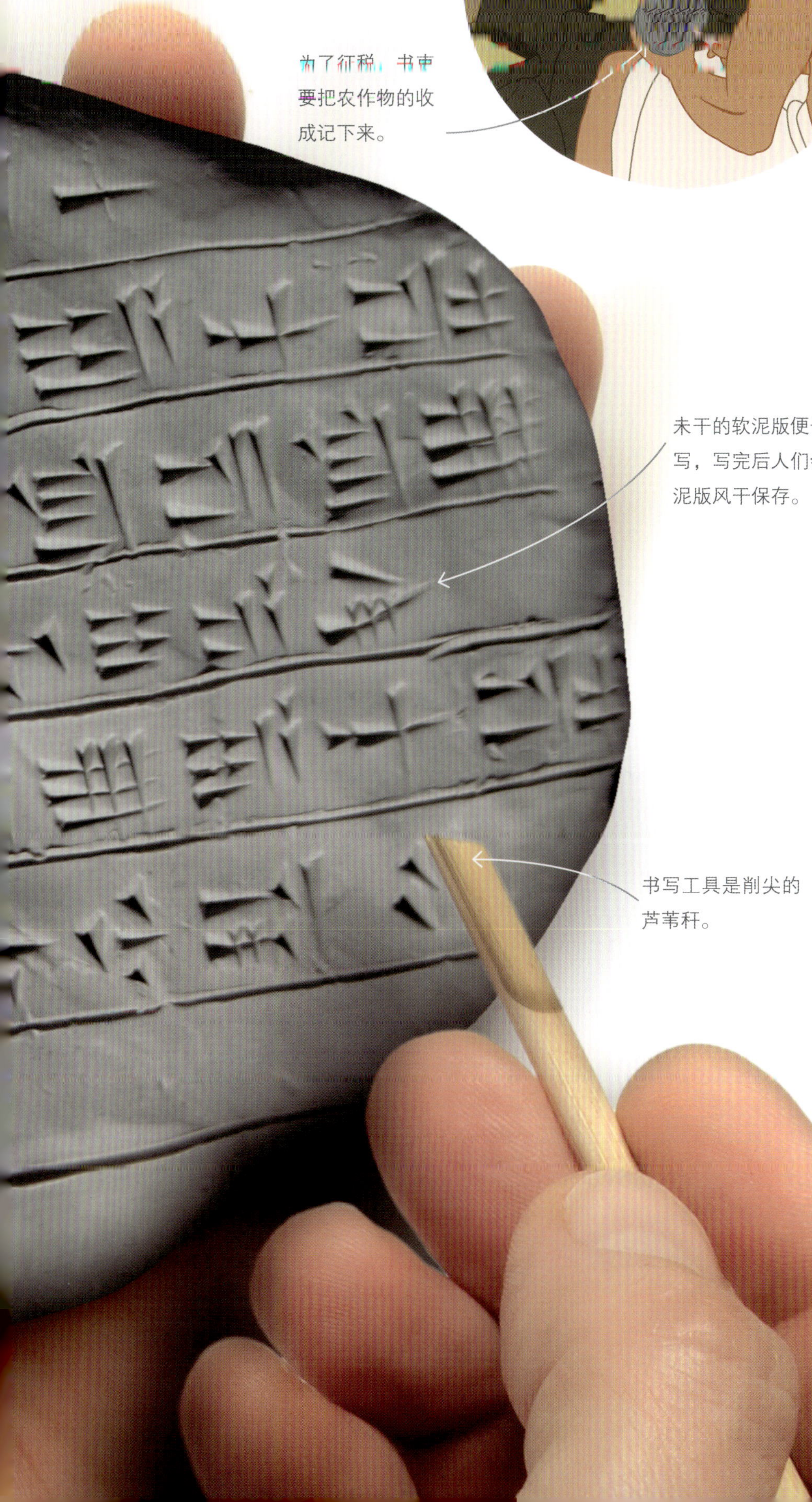

未干的软泥版便于书写，写完后人们会把泥版风干保存。

书写工具是削尖的芦苇秆。

## 神圣的文字

古埃及人认为文字是托特神发明的，具有神奇的力量。公元前3300年左右，古埃及人把自己的文字称为“神文”，常常把它们写在神庙的墙上和墓碑上。古希腊人把古埃及文字称为“圣书字”，意为“神圣的雕刻”。

## 腓尼基字母

约公元前1500年，埃及东部的腓尼基人（他们自称迦南人）在古埃及文字的基础上，创造了一个有22个字母的文字系统。腓尼基人将腓尼基字母表传播开来，古希腊人又将其演变为希腊字母。从此，越来越多的普通人也可以学习读写了。

一个古罗马女人拿着书写用的木板。

## 甲骨文

中国商周时代使用的刻在龟甲、兽骨上的甲骨文，是中国已知最古老的文字。商王用甲骨来占卜，卜官把题目写在龟甲和兽骨上，然后用火烧，直至龟甲和兽骨开裂，然后根据裂纹来解释占卜结果。

甲骨文和现代汉字的构造方法基本一致。

# 尼罗河
## 上兴起的王国

5000 多年前，尼罗河畔兴起了一个伟大的文明——古埃及文明。古埃及文明延续了 3000 多年，是古代世界最繁荣富裕的文明之一。古埃及人称自己生活的土地为“凯麦特”（kemet），意为“黑色的土地”，因为尼罗河每年泛滥后会在两岸沉积形成黑色土壤。辉煌的王国建立在这片肥沃的土地上，人们用新的耕作方法来发展农业，积累了巨额的财富。

### ▼牛拉犁

古埃及人是最早使用牛拉犁的人之一。牛拉犁让古埃及人能够大面积播种，粮食产量也大幅提高，这意味着人们可以在其他活动上花费更多时间。古埃及人认为，在死后的世界里他们也要耕种，所以他们的陪葬品中常有下图这样的模型。

两头牛被套在犁上，农民扶着杆子控制方向。

### 尼罗河的洪水周期

尼罗河每年都会泛滥，洪水退去后会露出肥沃的土壤，古埃及人利用这些土壤种植农作物。他们认为季节变换由神灵控制，并根据洪水的周期制定历法，将一年分为泛滥季、播种季和收获季。

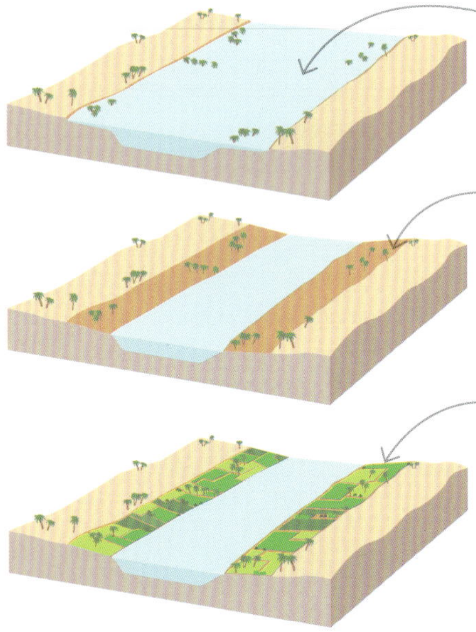

泛滥季时，尼罗河会因其发源地的季节性暴雨而泛滥。

播种季时，洪水退去，露出肥沃的土壤，人们在上面种大麦和小麦。

收获季时，人们收获庄稼，并收集来年用于耕种的种子。

### 古埃及的母亲神

众多古埃及人崇拜的女神哈托尔，被称为古埃及的母亲神。人们认为尼罗河每年泛滥的洪水是她对这片土地的祝福。

哈托尔是一个长着牛耳的女人的形象。人们把她和神牛联系在一起，认为她使尼罗河泛滥。

### 犁出沟渠

这种钩形的木犁可以在田地里挖出长而狭窄的沟，称为犁沟。农民跟在拉犁的两头牛后面，播下小麦或大麦的种子。

种子撒在牛拉出的犁沟里。

### 古埃及的王国

古埃及人将他们的王国建立在尼罗河沿岸狭长的土地上，以抵御周围沙漠的侵蚀。古埃及的漫长历史分为古王国、中王国、新王国三个时期，其间穿插着几个动荡而不统一的时期。这张地图显示了古埃及在这三个时期是如何扩张的

古埃及书吏内巴蒙正和妻子哈特谢普苏以及女儿一起打猎。

人们打猎时常带着猫，让它们帮忙捕鸟。

### 狩猎与捕鱼

尼罗河不仅给古埃及人带来了肥沃的农田，也是各种野生动物的栖息地，比如鹅和鸭子。法老和贵族们会乘着莎草做的船，在河畔沼泽里捕猎。渔民也会把大型渔网放在船只之间来捕鱼。

# 法老统治古埃及

古埃及人认为他们的统治者是太阳神之子。古埃及统治者被称为法老，十分神圣，人们认为法老负责维持宇宙的平衡与和谐，确保王国的繁荣与强盛，不管是生前还是死后。人们把去世的法老做成木乃伊，认为这样就可以保证他们的灵魂安全到达死后的世界。

**1 清洗尸体**

制作木乃伊的工匠用甜棕榈酒清洗法老的尸体，然后再用尼罗河水冲洗一遍。他将一个长长的钩子伸入尸体的鼻子，破坏并取出大脑，把它当作无用的器官丢掉。

脱水后的器官被储存在卡诺匹斯罐中，以供死后的法老使用。

**2 取出内脏**

工匠在尸体上切开一个口，取出内脏。把肝、肺、胃和肠放在泡碱中脱水。法老的心脏会被留在身体里，因为人们认为心脏承载着思维和情感。

**3 干燥与填充**

工匠用泡碱包裹尸体，使其变得干燥。40 天后，再次用尼罗河水清洗尸体，并在里面填充草药，在皮肤表面涂上带有香料的油脂，使皮肤保持弹性。这些操作让木乃伊看起来栩栩如生。

防腐的液体被保存下来，和尸体一起埋葬。

**4 用亚麻布包裹**

工匠用长长的亚麻布裹住尸体的每一部分，同时把护身符放在层层亚麻布之间。人们认为护身符可以保护法老前往来世。

用亚麻布缠绕尸体的每一部分，并用树脂粘在一起。

### ▶ 图坦卡蒙的木乃伊

少年国王图坦卡蒙去世时年仅 19 岁左右。他的尸体被制成木乃伊，埋葬在精心修建的陵墓中，陪葬品中有人们认为他来世所需的各种物品，包括棋盘和衣服。

这个护身符象征着鹰头人身的天神荷鲁斯。

木乃伊的心脏处有一只刻有咒语的“圣甲虫”。

**称量法老的心脏**

古埃及人相信法老死后会穿越冥界，进入来世。但为了到达天堂，他的心灵必须纯洁。长着胡狼头的死神阿努比斯会称量法老的心脏，将它与真理之羽相比。如果法老的心脏比羽毛轻，冥界之神奥西里斯就会允许他的灵魂通过；如果心脏比羽毛重，它就会被长着鳄鱼头的女神阿米特吃掉，法老的灵魂就不复存在了。

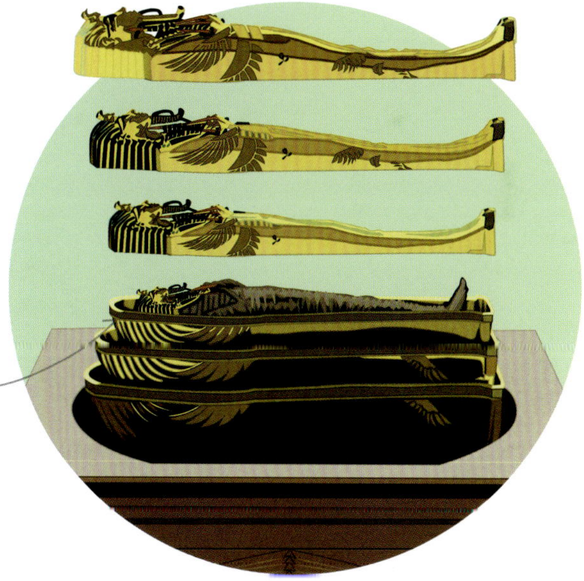


**6 嵌套棺椁**

法老的棺椁由二层金棺和 层石棺构成。法老的墓室里绘有五彩缤纷的画像，三层金棺由外向内，黄金含量依次增高。层层嵌套的棺椁是为了保证法老能顺利地从人转变成神。

**5 黄金面具**

法老死后所戴的面具是按照他生前的样貌制作的。古埃及人相信，神的皮肤是金子做的。这个黄金面具由10千克黄金制成，镶嵌着天青石、绿松石和红宝石。

# 努比亚：古埃及的竞争对手

努比亚位于古埃及南部的尼罗河沿岸。大约公元前 2500 年，这里孕育出了早期文明，库什王国就发源于此。古埃及曾多次征服努比亚，但努比亚人奋起反击，甚至在公元前 8 世纪短暂占领了古埃及，将两片土地合二为一。

**▼弓箭之国**

古埃及人把努比亚地区称为“塔塞提”（Ta-Seti），意为“弓箭之国”，因为努比亚有很多技艺高超的弓箭手。他们会把箭浸在毒药里，然后射穿敌人的眼睛。在古埃及统治努比亚的时期，努比亚人也会在古埃及军队服役。下图这些努比亚弓箭手模型是在一个建于公元前 2000 年左右的古埃及墓穴中发现的。

阿曼尼雷纳斯女王（公元前 40—公元前 10 年在位）

**战斗的女王**

努比亚人不论男女都擅长射箭，诞生了许多骁勇善战的女王。公元前 25 年，麦罗埃（库什王国的都城）女王阿曼尼雷纳斯曾率领军队抵抗当时占领古埃及的古罗马人。勇敢的女王在战斗中失去了一只眼睛，但回国时却缴获了一样战利品——古罗马皇帝奥古斯都的铜像。

**贸易伙伴**

古埃及和努比亚虽然是竞争对手，但它们在尼罗河沿岸开展的贸易却成果颇丰。除了黄金等自然资源，位于非洲内陆的努比亚还出产乌木、象牙和动物皮毛等。努比亚人用这些东西交换古埃及的商品，比如橄榄油。

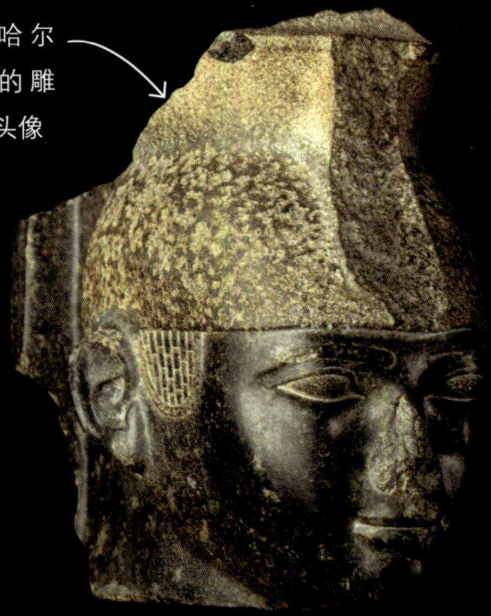

塔哈尔卡的雕塑头像

**努比亚人做法老**

公元前 747 年，努比亚人征服古埃及，建立了一个统治两地近 100 年的王朝。法老塔哈尔卡统治时期（公元前 690—公元前 664 年），努比亚王朝达到鼎盛。他修复了许多古埃及的庙宇，并在努比亚建造了金字塔。

## 库什王国

古代努比亚曾被一系列王国所统治，这些王国被统称为库什王国。库什王国在不同时期有着不同的都城。最早的都城是凯尔迈，随着时间的推移，它被纳巴塔所取代。纳巴塔王国与古埃及有着密切联系。最后一个都城是麦罗埃。350年，库什王国被该地区新崛起的国家阿克苏姆征服后灭亡。

## 阿克苏姆王国

4世纪，一个叫作阿克苏姆王国的强大国家出现在今天的埃塞俄比亚。它坐落于印度和古罗马之间的贸易线路上，这为它带来了滚滚财富。阿克苏姆王国最著名的国王埃扎纳于333年开始信奉基督教，并把自己信仰的改变记录在一块石碑上，这就是著名的埃扎纳石碑。不久后，他征服了麦罗埃。

阿克苏姆是非洲最早铸造金币的文明之一。

## 史诗般的斗争

《罗摩衍那》是世界上最早的史诗之一，创作于公元前 500 年至公元前 100 年之间，用古老的梵文写成。通过它和其他印度教文献，我们能够了解古印度人的信仰。在惊险壮丽的善恶斗争中，英雄罗摩从邪恶的魔王罗波那手中解救了被绑架的妻子悉多。这幅图是 17 世纪时的手稿，描绘了罗摩和群猴子去解救悉多的场景。身穿蓝色衣服的罗摩骑在神猴哈奴曼身上，他忠诚的兄弟罗什曼那跟在他后面。

皮橐把一股股气流注入熔炉中。橐是古代一种形似口袋的鼓风装置，相当于风箱。

炉渣是炼铁产生的残余物，聚集在底部。

**1 铁矿石**

人们将铁矿石放入陶土炉中，用木炭加热，并从侧面注入空气。用皮橐为火焰的燃烧提供充足的空气，以使其达到足以熔炼的高温。

**2 从铁矿石到纯铁**

在熔炉中冶炼几小时后，铁矿石在高温下发着红光，其中的铁和杂质都被熔化、分解。再经过频繁地加热和锤打，熔化的杂质从铁中分离，留下纯铁。

用坚硬的锤子锤打着铁，使其成形。

**3 锻造成剑**

铁匠用钳子夹住一块铁，放在铁砧上锤打，把它锻造成长剑的形状。在这一过程中，铁匠还会反复加热铁块，以保持它的延展性、可塑性。

# 铁器时代
## 开始了

铁是地球上最常见的金属，但也是较晚被人类利用的金属。铁通常不是单独存在的，而是蕴含在铁矿石中，需要很高的温度才能提取出来。提取铁的过程叫作冶炼。约公元前1400年，冶铁技术首先在西亚产生、发展，约200年后开始传入亚洲、欧洲其他国家，后来传到非洲。

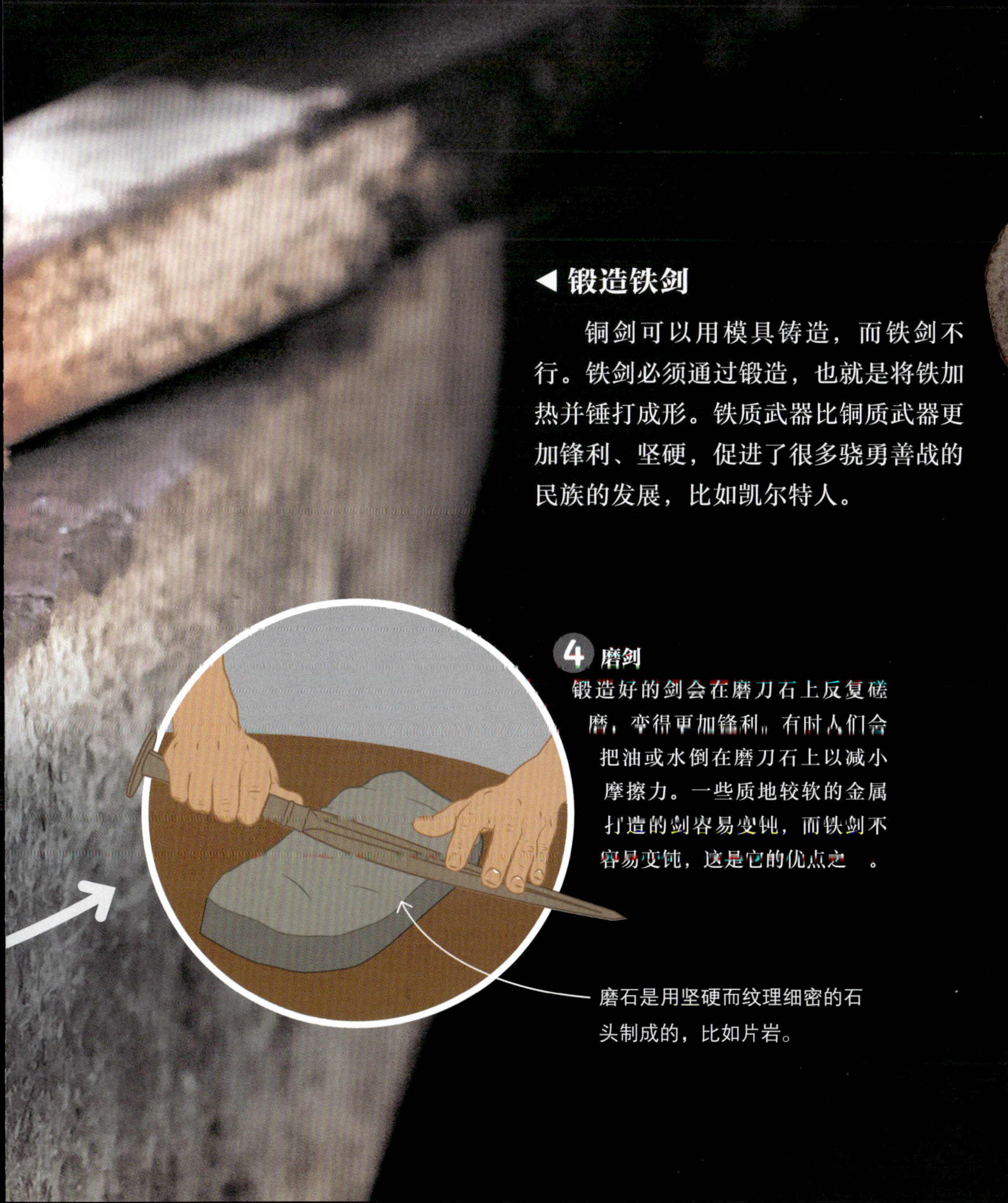

### ◀ 锻造铁剑

铜剑可以用模具铸造，而铁剑不行。铁剑必须通过锻造，也就是将铁加热并锤打成形。铁质武器比铜质武器更加锋利、坚硬，促进了很多骁勇善战的民族的发展，比如凯尔特人。

**4 磨剑**

锻造好的剑会在磨刀石上反复磋磨，变得更加锋利。有时人们会把油或水倒在磨刀石上以减小摩擦力。一些质地较软的金属打造的剑容易变钝，而铁剑不容易变钝，这是它的优点之 。

磨石是用坚硬而纹理细密的石头制成的，比如片岩。

### 来自天外的金属

在人类学会冶铁之前，纯铁只能在坠落到地球的陨石中获取。古埃及人把铁叫作"天石"，认为它比黄金还珍贵。法老图坦卡蒙的陪葬品中就有用陨铁制成的短剑。

### 质地更坚硬的工具

铁可以被制成廉价的日常工具，从而让人们的工作更轻松。铁得到了广泛的使用，被用来制造锄头、钳子、锤子、凿子和锯子等。人们造船时使用铁钉，铁犁也比之前的木犁耕作效率更高。

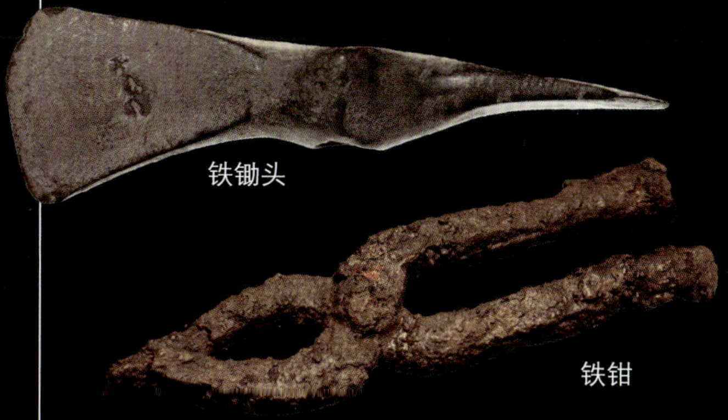

铁锄头

铁钳

### 用树木做燃料

木头可以用来烧制木炭。冶铁需要大量木炭，所以人们大量砍伐树木（锋利的铁质工具也使伐木更容易），这对许多国家的自然状况产生了永久性的影响。

# 擅长航海的腓尼基人

腓尼基人是古代世界最擅长航海的人之一，生活在现在的黎巴嫩和叙利亚沿海一带。他们穿越地中海开展海上贸易，不仅贩卖本国产的玻璃器皿、染料等商品，还销售外国货物。他们的航行连接了地中海地区，传播了艺术、思想和他们的腓尼基字母。

**腓尼基船员**

腓尼基人用森林里的雪松造出坚固的船只，他们航行的足迹遍布地中海，还探索了大西洋沿岸的欧洲地区。大约公元前600年，他们可能完成了人类第一次绕非洲的航行。

**地中海的主人**

腓尼基人生活在今天的黎巴嫩和叙利亚沿海一带，他们建立了许多重要的沿海城市，包括比布鲁斯和西顿。从公元前10世纪起，他们就利用这些城市扩展势力范围，在地中海沿岸建立了许多贸易据点。迦太基就是其中之一，它后来也成为腓尼基人建立的国家——迦太基国的中心。他们建立的一些城市在如今也有着重要地位，比如西班牙的加的斯和意大利的巴勒莫。

## ▼制造玻璃的艺术

腓尼基的很多城市都是手工业中心，生产象牙雕刻品、纺织品和金属制品。西顿以玻璃制造而闻名，那里可能是下图这种人首玻璃珠饰的产地。这些玻璃珠饰和制造它们的工匠十分相像，留着深色的头发和浓密的胡须，堪称珍品。

**❶ 玻璃熔炉**

腓尼基人把沙子和植物灰烬放在熔炉中一起加热，制成玻璃。他们还在玻璃中添加不同的矿物质，从而生产出五彩缤纷的玻璃。比如，蓝色玻璃中添加了钴，红色玻璃中添加了铜。

**❷ 制作玻璃珠饰**

要想制作玻璃珠饰，工匠首先要把熔化的玻璃缠绕在一根棍子的末端，然后用熔化的不同颜色的玻璃勾勒出图案。

黄色玻璃“水滴”构成耳饰。

玻璃嘴唇呈白色是因为添加了锡。

**❸ 细致入微的设计**

做好的人首玻璃珠饰色彩丰富鲜艳，细节生动，常常被穿在项链上。这样的珠子在地中海沿岸各地都有发现。

### 昂贵的颜料

有一种名为“推罗紫”的紫色染料，是腓尼基生产的最昂贵的产品之一。这种紫色是从某些海螺中提取的，据说从 12000 只海螺中提取出的染料只够染一件长袍的下摆。

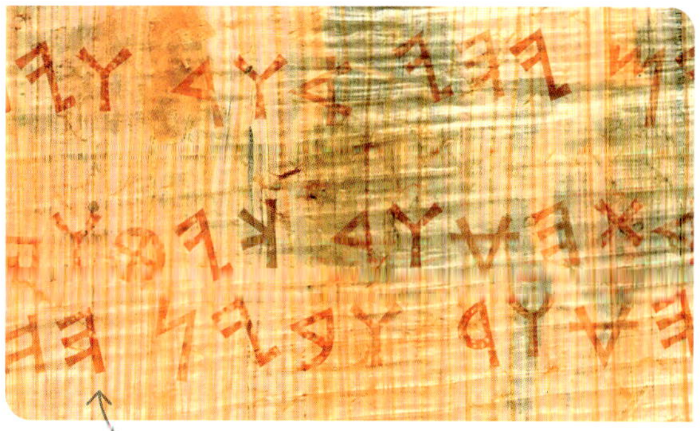

每个腓尼基字母都代表辅音，比如这个代表“h”。

### 腓尼基字母的传播

腓尼基人留下的遗产中，影响最持久的莫过于腓尼基字母。腓尼基字母传入古希腊后产生了希腊字母，后来又发展出拉丁字母等，现在的英语也发源于此。

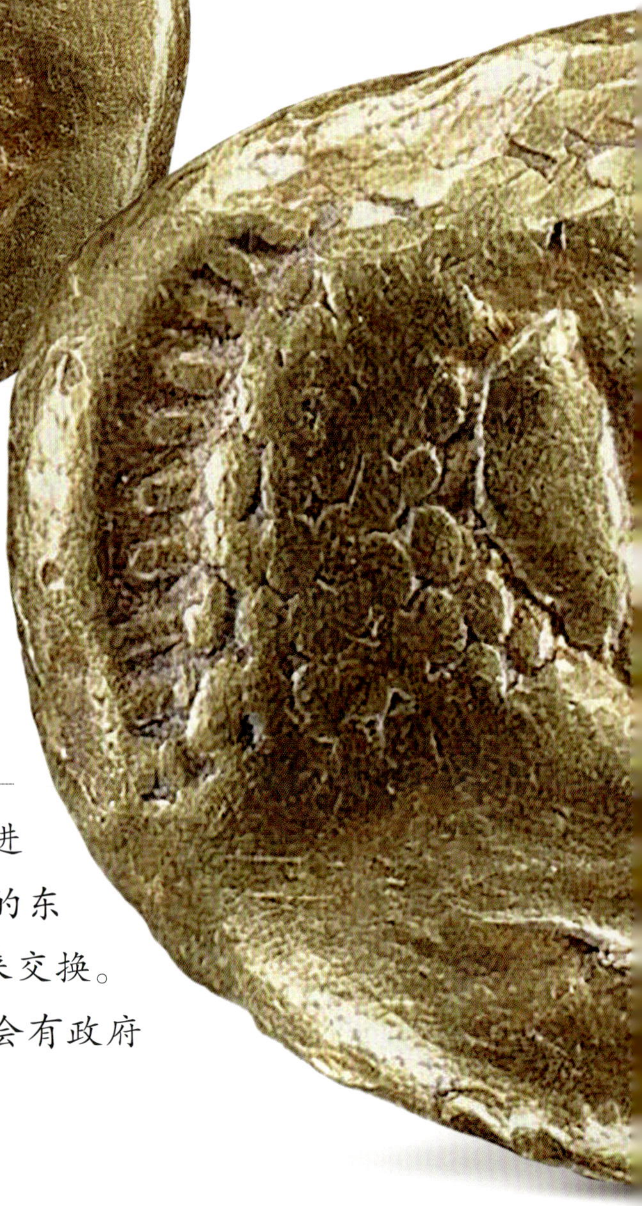

# 制造货币

为了方便交易，人类发明了货币。最早的贸易是通过以物易物进行的。但这样会出现一个问题，那就是双方必须恰巧拥有对方想要的东西，交易才能达成。而货币可以作为有公认价值的一般等价物，用来交换。早期的货币是称重过的金属块，随着时间的推移，铸造的货币上都会有政府的标志，国家成为货币价值的保证者。

### 贝壳货币

大约 3500 年前，中国用贝壳作为最早的货币。在当时，贝壳稀有而珍贵，携带方便，保存时间长，价值很高。所以汉字中与钱财有关的字常用贝字旁。

### 工具形状的货币

中国最初的人造货币是石质、陶质、铜质的贝壳。大约从公元前 600 年开始，各诸侯国陆续发行铲形、刀形的货币，也就是“布币”和“刀币”。秦始皇统一中国后，废除了布币、刀币，改用圆形方孔钱。

### 货币的政治作用

铸造金属货币显示着统治者的权威。古罗马皇帝通过发行金币来提升自己的公众形象、传播新闻。这种金币一面铸有皇帝头像，另一面用来夸耀皇帝的功绩。

铸有哈德良皇帝头像的古罗马金币

## ▼ 克洛伊索斯发行的硬币

这枚硬币铸造于公元前 550 年，是世界上最早的硬币之一。它来自古国吕底亚（位于今天的土耳其），是国王克洛伊索斯发行的。吕底亚人会在铸造的硬币上打上特定印记，以表示它的重量，以保障其价值。

狮子和公牛是王室的象征。

**1 称量金属**

不同价值的吕底亚硬币都有规定的重量。起初硬币是由金银合金铸造的，铸造前人们会用天平称量合金的重量。后来的硬币则是用纯金或纯银制造的。

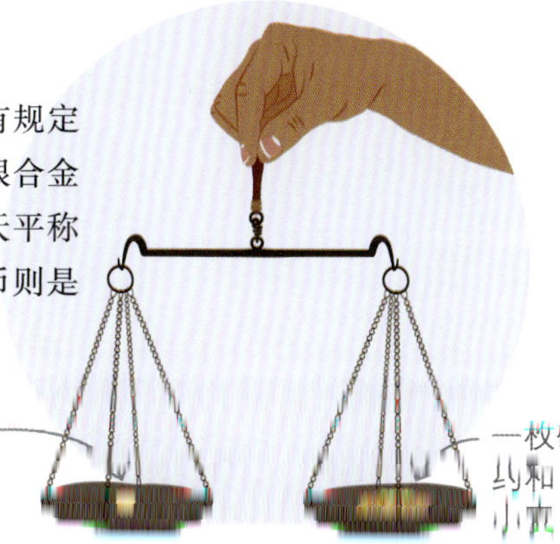


**2 用模具冲压**

人们把金属放在印有硬币图案的青铜模具上，然后用锤子锤打，模具上的图案就印在了硬币朝下的那面。

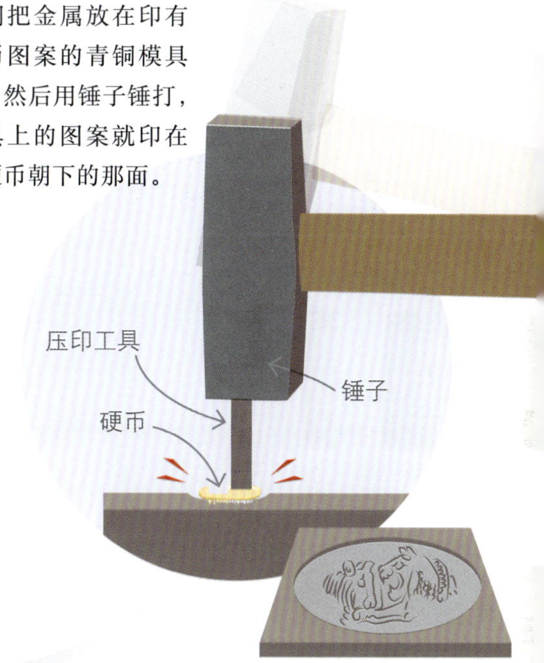


**3 铸成的硬币**

克洛伊索斯发行的硬币一面是狮子和公牛的图案，一面是锤打留下的痕迹。硬币的形状并不规整，但这不重要，因为锤打的痕迹保障了它的价值。

### 硬币上的宗教信息

7 世纪起，伊斯兰国家的最高统治者哈里发既是政治首领，也是宗教首领。他们利用硬币传播伊斯兰教。右图这枚硬币上铸有“万物非主，唯有真主”的句子。

阿拔斯王朝的马赫迪哈里发统治时期发行的金币，铸造于 780 年。

### 纸币

纸币起源于中国。约 10 世纪时，宋朝商人因铁钱沉重不便携带，开始使用一种名为“交子”的纸币代替铁钱。1023 年，交子改由政府发行。

明朝发行的纸币

# 波斯
## 成为超级大国

公元前 6 世纪，居鲁士大帝创立了波斯帝国。波斯帝国鼎盛时横跨亚非欧三大洲，是古代世界最强大的帝国之一。为了统治这片广阔的土地，波斯国王将国家划分成多个行省，每个行省设总督管理。波斯帝国延续了 200 多年，直到公元前 330 年被马其顿国王亚历山大大帝征服，才走向灭亡。

### 最大的邮政系统

波斯人创立了当时世界上最大的邮政系统之一。政府派出的信使不断骑马接力，用时 9 天就可以走完御道。每个信使骑马行进一天的路程，下一处驿站就有信使牵着精力充沛的马等在那里，准备接力。

### 波斯御道

波斯帝国在大流士一世（公元前 522—公元前 486 年在位）统治时期达到鼎盛。他下令修筑了长达 2500 千米的御道，连接了苏萨（位于今伊朗）和萨迪斯（位于今土耳其）。波斯御道和其他道路形成网络，被政府用于管理国家、通信和贸易。

### 万王之王

大流士一世把波斯帝国划分成 20 多个行省，每个行省都设有总督，总督负责维护行省的法律和秩序，代表国王征税。大流士一世还建立了新首都波斯波利斯，并在那里修筑巨大的宫殿。后来他的儿子薛西斯一世进一步扩建了这座宫殿。公元前 330 年，波斯波利斯被亚历山大大帝的军队烧毁。

车夫拉着四匹马的缰绳。

战车前面装饰着古埃及贝斯神的头像以祈求他的保护。

官员的身形更高大，说明他的官阶较高。

这个模型仅有 19.5 厘米长，是用金、银、铜的合金制成的。

使用长辐条车轮保证了战车能长时间快速行进。

### 宽容的帝国

与大多数古代帝国不同，波斯人尊重外国习俗，每个被征服的地区都可以保留原有的法律、语言和宗教。王宫中的雕像展示了人们向国王进贡的情景，每个人都穿着自己原本国家的衣服。下图的人是吕底亚人。

### ▲ 飞驰的战车

这个双轮战车模型出土于中亚，是难得的珍贵文物。战车上有一名车夫和一名波斯官员（可能是总督）。波斯帝国的统治者们建立了庞大的道路网，连接起广阔帝国的各个部分。如果国家遭遇外敌或内乱，军队可以利用这些道路快速做出反应。政府官员在道路上来往时，乘坐的也是上图这种轻型战车，当然，这种战车也用于战斗。

# 民主政治的诞生

2500多年前，民主政治在古希腊的雅典诞生了。它对当今世界许多国家的政体都产生了深远的影响。公元前6世纪，古希腊的每个城邦都是相对独立的，有自己的政府和法律。通常，只有城邦中最富有的人才能掌握权力。但是在雅典，每个成年男性公民都享有平等的参与城邦管理的权利。

## ▼投票装置

在雅典，城邦公职人员是用一种名叫“投票器”（kleroterion）的投票装置抽签选举的。投票器选出的公民可以进入五百人议事会，负责城邦的日常管理工作。投票器也会被用来选举陪审团成员，以判决法律案件。

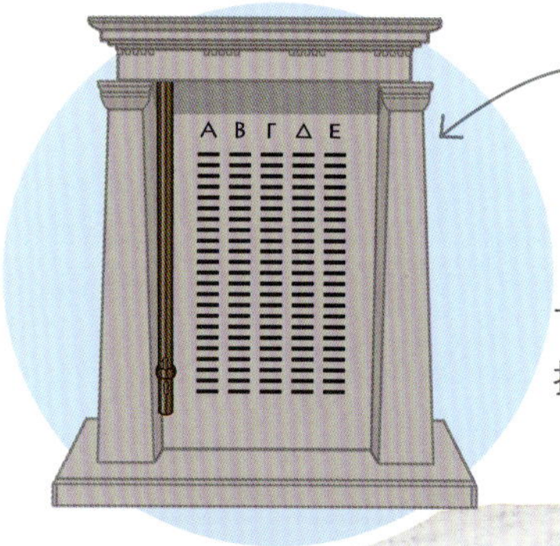


投票器复原图

一台公元前3世纪的投票器的残余部分

### 城邦间的战争

如下面这个花瓶上的图案所示，古希腊的各城邦之间常常发生战争。最好战的城邦非斯巴达莫属。它奉行寡头政治，也就是“少数人的统治”，国家事务由两位国王、5名监察官和28名议事会成员决定。有公民权的斯巴达人通常将日常时间都用在军事训练上。

### 妇女的生活

古希腊城邦只有男性公民可以参与管理。雅典妇女大多数时间都在家中纺织、照顾孩子。斯巴达妇女则恰恰相反。为了能像男人一样强健，她们会参加体育运动，比如赛跑。

奔跑的斯巴达女孩的青铜像

公民大会在雅典卫城下召开。（卫城，希腊语意为“高处的城市”，指为保卫都城而建在高地上的堡垒小城。）

## 雅典公民大会

雅典的每一项重大决议都由公民大会投票产生。每个成年男性公民都有权发表意见和投票。公民大会的出席人数达到6000时，会议做出的决策才有效。妇女、奴隶和生活在雅典的外邦人都是非公民。

## 驱逐出境

为了防止个人权力过大，威胁民主体制，雅典人发明了“陶片放逐法”，用来放逐某人，使他远离社会。公民们若是认为谁威胁了民主体制，就可以在专用的陶片上写下他的名字。如果有超过6000人写下同一个人的名字，这个人就要被流放10年。

这片陶片上写着古希腊名将地米斯托克利的名字，他因被认为傲慢自大而被放逐。

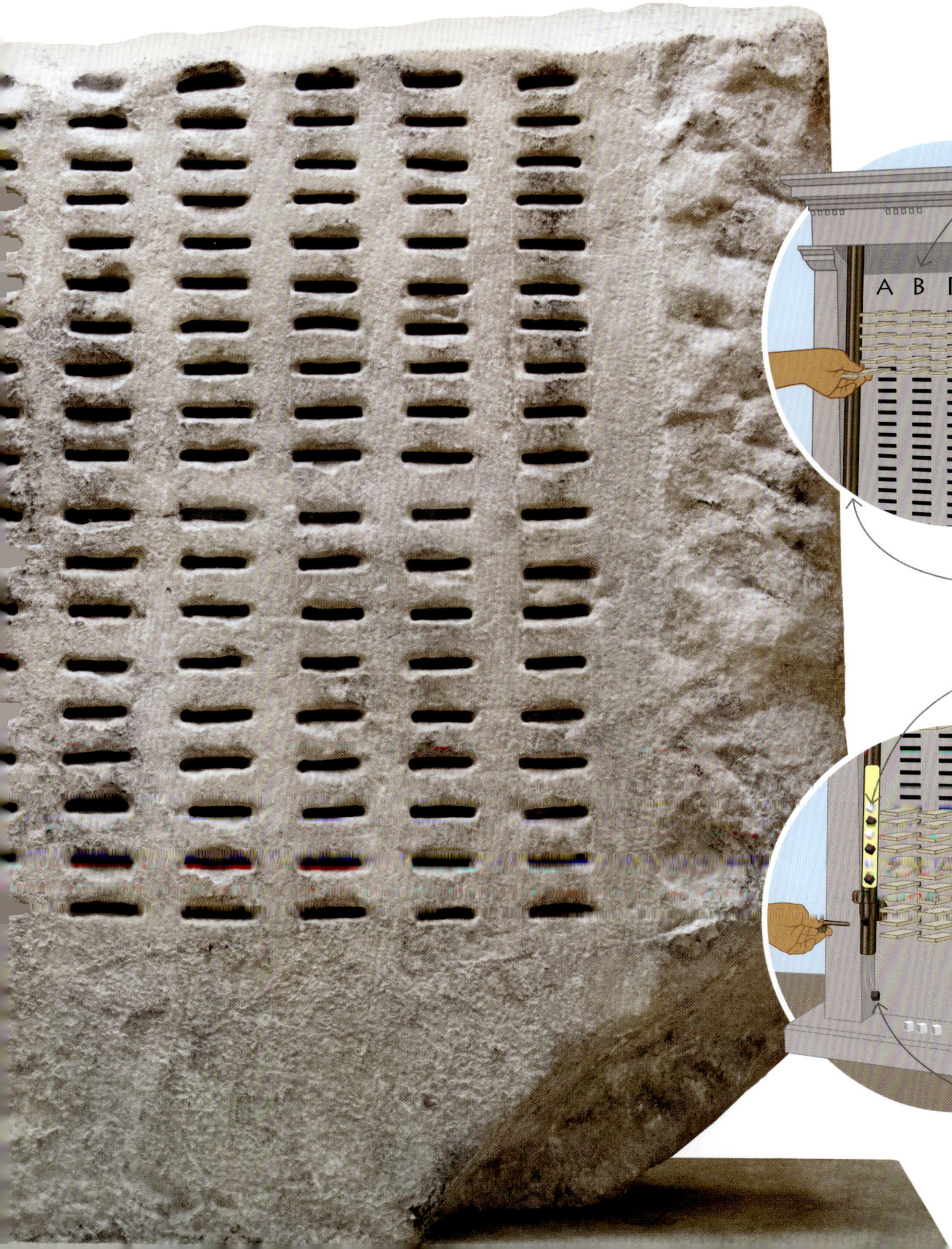

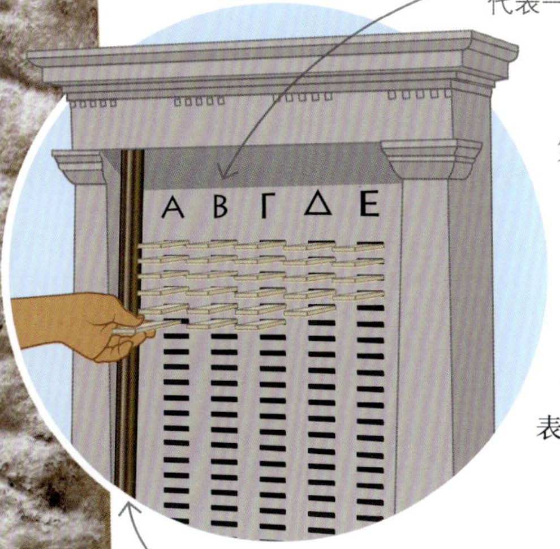


每一列凹槽上方都标有字母，代表一个选区。

青铜管

**第1步**

使用投票器时，公民们的名字都被写在各自的牌子上。一名官员把牌子从篮子中取出，然后插入投票器上的狭长凹槽中。投票器上的每一列凹槽代表雅典的一个选区。

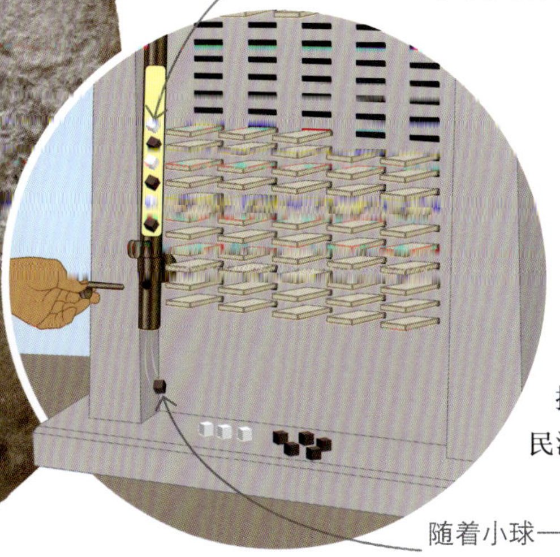

从青铜管的剖面图中可见，黑色和白色的小球分别代表着哪一行会被淘汰或选中。

随着小球一个个掉出，每一行公民或被淘汰，或被选中，牌子也被一行行取下。

**第2步**

官员在管子中放入黑白小球，然后一个个释放。如果第一个掉出的是白球，意味着排在第一行的公民被选中。如果第一个掉出的是黑球，则意味着这行公民没有被选中，以此类推。

# 古希腊神话

古希腊人通过神话故事来认识和解释世界，一个个关于神明、鬼怪和英雄的神话解释着人类的起源和人们生活的世界。这些神话代代相传，影响深远，很多西方诗歌和戏剧都以此为基础创作。神话的内容也常被画在花瓶等陶器上。许多古希腊神话流传至今，比如特洛伊木马的故事。

**古希腊战士钻出木马**

当特洛伊人进入梦乡，古希腊战士悄悄爬出他们藏身的木马，打开特洛伊的城门，让外面的古希腊军队进入城中。

战士们等到深夜才爬出木马。

### ▶ 特洛伊木马

《特洛伊木马》是古希腊最有名的神话之一，它讲述了古希腊人与特洛伊人战争期间发生的故事。特洛伊是一座小城，位于今天的土耳其境内。故事中，古希腊人围攻特洛伊城9年，一直未能攻破，于是他们想出一条妙计，假装撤军，乘船离去，在特洛伊城外留下一只巨大的木马，作为送给特洛伊人的礼物。特洛伊人把木马拉进城中，不料木马里藏着全副武装的古希腊战士。他们跳出木马，与城外的古希腊军里应外合，终于攻下了这座城市。

特洛伊人用绳子把木马拉进城中。

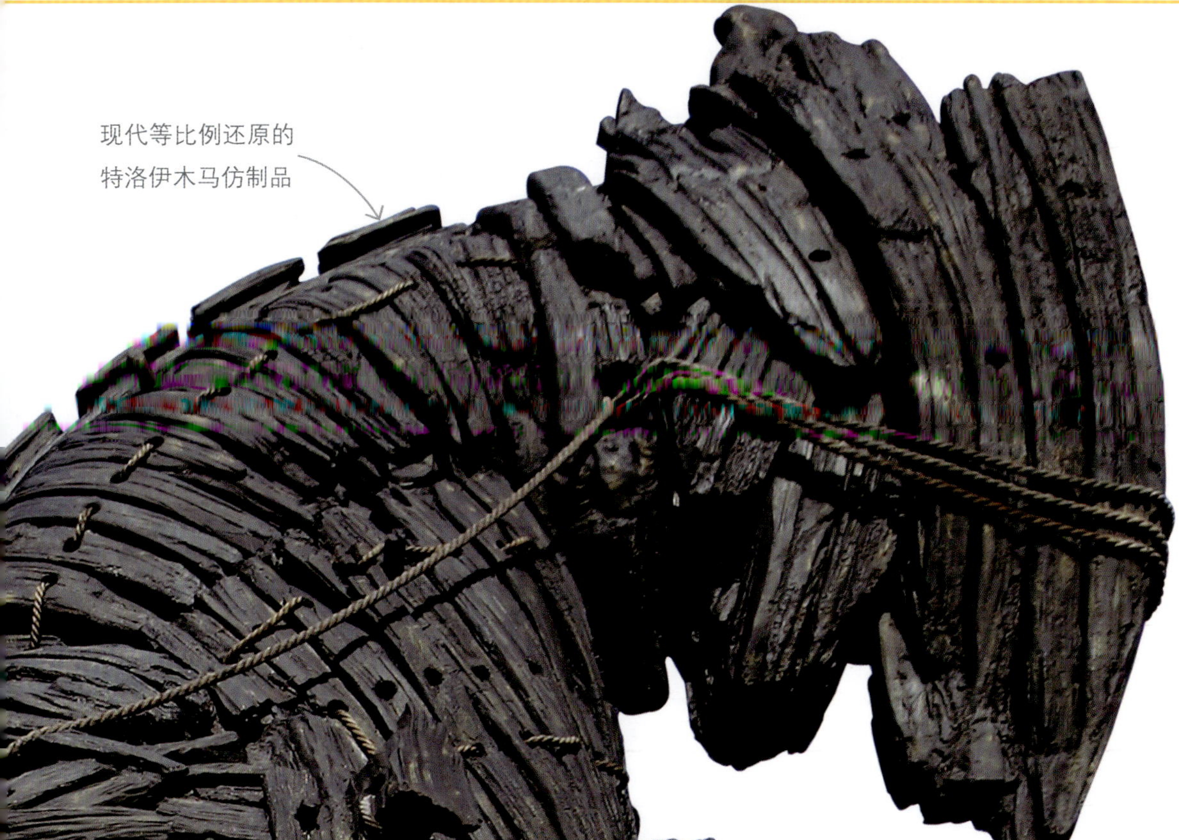

现代等比例还原的特洛伊木马仿制品

## 奥德修斯与海妖

公元前8世纪，古希腊诗人荷马创作了《伊利亚特》和《奥德赛》两首史诗，它们都与特洛伊战争有关。《奥德赛》讲述了古希腊英雄奥德修斯在特洛伊战争后，历经艰难返回家乡的故事。路上他遇到了长着翅膀，歌声动听如天籁的海妖塞壬，她们会给过往的船员带来灭顶之灾。奥德修斯堵住耳朵，把自己绑在桅杆上，才顺利渡过那片海域。

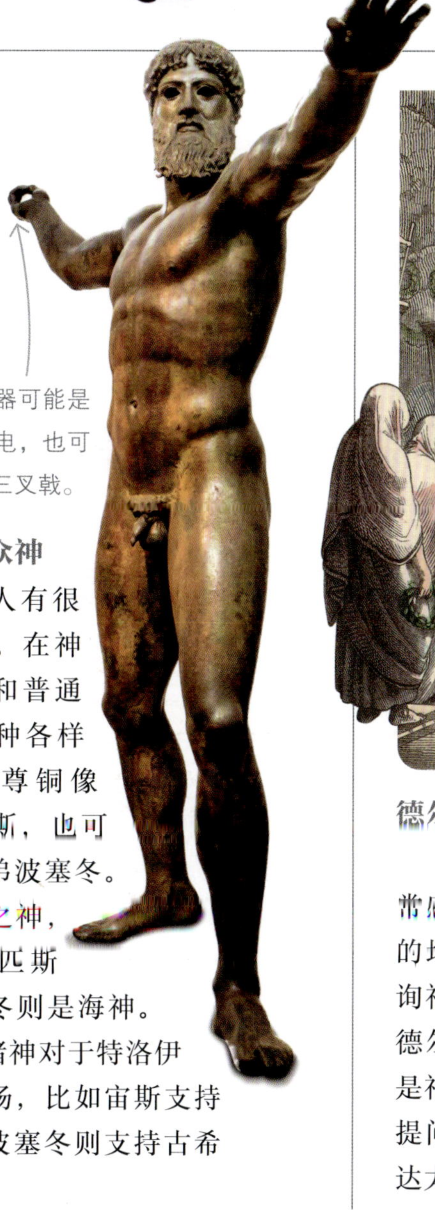

雕像手持的武器可能是宙斯的霹雳闪电，也可能是波塞冬的三叉戟。

## 古希腊神话众神

古希腊人有很多崇拜的神。在神话中，诸神和普通人一样有各种各样的情绪。这尊铜像有可能是宙斯，也可能是他的兄弟波塞冬。宙斯是众神之神，居住在奥林匹斯山上。波塞冬则是海神。在神话中，诸神对于特洛伊战争各持立场，比如宙斯支持特洛伊，而波塞冬则支持古希腊人。

## 德尔斐神示所

古希腊人认为诸神对人类的事务非常感兴趣。因此，人们会前往一个神圣的地方——神示所，倾听神的预言，咨询神的建议。古希腊最有名的神示所是德尔斐的阿波罗神示所。女祭司被认为是神的“传话人”，人们可以通过她向神提问。然后祭司会声称获得了神示，传达太阳神阿波罗的回答。

## ▼既是国王，也是战士

亚历山大大帝是一名出色的将军，他在亚洲征战十余年，从未输过一场战役。他不仅征服了波斯帝国，还远征印度，打败了用战象作战的印度军队。这尊雕像展示了公元前 333 年，亚历山大大帝在伊苏战役中击败波斯军队的情景。10 年后亚历山大大帝去世，年仅 33 岁，他建立的庞大帝国也很快分崩离析了。

### 令人生畏的盔甲

亚历山大大帝头戴狮首样式的头盔，以此提醒人们不要忘记古希腊神话中的传奇英雄赫拉克勒斯。赫拉克勒斯曾杀掉了一只作恶多端的狮子，并把它的皮披在身上做盔甲。马其顿的国王都自称是赫拉克勒斯的后代。

这尊雕像曾经手持长矛。亚历山大大帝曾使用有铁质矛尖的长矛作战。

亚历山大大帝的马名叫比塞弗勒斯，是一匹高大的成年公马。亚历山大 12 岁时就驯服了这匹马。这匹马死后，亚历山大还以它的名字命名了一座城市。

# 亚历山大大帝

马其顿的亚历山大大帝是一位充满传奇色彩的领导者。他16岁时带兵获得了第一次胜利，20岁就当上了国王。他的父亲马其顿国王腓力二世统一了古希腊各城邦，亚历山大大帝则征服了波斯。公元前331年，他的军队开始东征亚洲。他将古希腊文化传播到征服的地区，对文化交流有极大的影响力。

一个波斯骑兵在亚历山大大帝的战马前跌倒。

**亚历山德里亚**

亚历山大大帝建立了20多座城市，其中12座以他自己的名字命名为亚历山德里亚。规模最大的一座亚历山德里亚城位于埃及，那里的法罗斯灯塔遗迹，是古代世界七大奇观之一。这座灯塔大约建立于公元前279年，随后巍然伫立了1500多年。

**马其顿人做法老**

亚历山大大帝死后，公元前305年至公元前30年，马其顿人继续统治古埃及。马其顿统治者的日常打扮还和古希腊人一样，却以传统的法老身份出现在古埃及神庙的墙上。这尊浮雕雕刻的是克娄巴特拉七世，她是古埃及最后一位马其顿统治者。

**古希腊化的世界**

以马其顿为中心，亚历山大帝国的版图不断向外扩展。随着他的军事征服，希腊语逐渐成为遍及西亚的通用语言。在新的希腊化城市，人们以古希腊式穿着为时尚，崇拜古希腊诸神，观赏古希腊戏剧。

# 古印度
## 第一个帝国

约公元前 321 年，古印度的旃陀罗笈多创建了孔雀王朝。孔雀王朝一直延续到约公元前 187 年。在它的统治下，印度小国林立的分裂局面被终结。孔雀王朝统治初期，印度教是人们最普遍信仰的宗教。后来国王阿育王皈依佛教，使佛教不仅传遍印度，还传播到更远的地方。

### ▼ 神圣的佛塔

皈依佛教后，阿育王尽己所能地传播佛教。他在印度各地建立佛塔，还派遣僧侣前往东南亚传播佛教。公元前 1 世纪，人们在阿育王所建的山崎大佛塔周围建造了四座雕刻精美的牌坊，下图中的建筑就是其中之一。

**王朝的创建者**

相传旃陀罗笈多年轻时遇到过亚历山大大帝，旃陀罗笈多受到激励，后来，他成功统一了印度北部。他拥有成千上万头训练有素的战象，这是他屡战屡胜的一个重要因素。

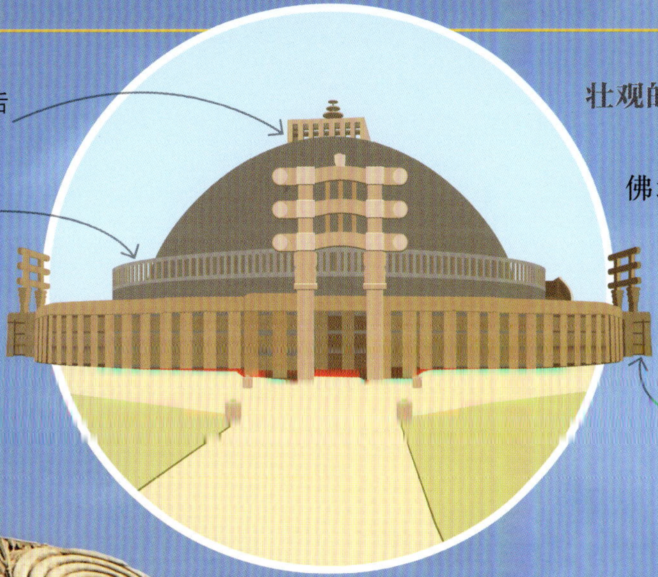


## 壮观的山崎大佛塔

阿育王所建的最著名的佛塔是山崎大佛塔，它是为供奉佛教圣物而建的。信徒们沿顺时针方向绕着佛塔行走，希望能获得圣物的保佑。

这枚邮票上的狮子图案也是印度的国徽图案，来源于阿育王在鹿野苑建造的石柱雕刻。

## 阿育王敕令

阿育王颁布了一系列敕令，镌刻在山崖、石柱上。其中一条讲述了他征服羯陵伽国的事迹，但阿育王没有夸耀自己的功绩，而是对自己带给民众的痛苦表示悲伤。这些敕令宣扬了佛教，鼓励人们保护森林和野生动物。

## 王朝的疆域

孔雀王朝在阿育王统治时期（约公元前 268—公元前 232 年）达到了鼎盛。除了印度最南端，阿育王几乎统一了整个印度。他建造的石柱大多被发现于印度北部，不过王朝边疆的山崖上也刻有他的敕令。

# 秦朝统一中国

公元前5世纪时的中国还处于七雄争霸的战国时期。到公元前221年，秦王嬴政打败了其他六国，建立了中国第一个中央集权的封建王朝。他自称始皇帝，成为中国第一位皇帝。他下令建立了连通全国各地的道路，统一了文字和货币。然而，秦朝赋役繁重，统治严苛，社会矛盾激化，所以在秦始皇死后仅仅四年，秦朝就灭亡了。

制作陶俑头部的模具

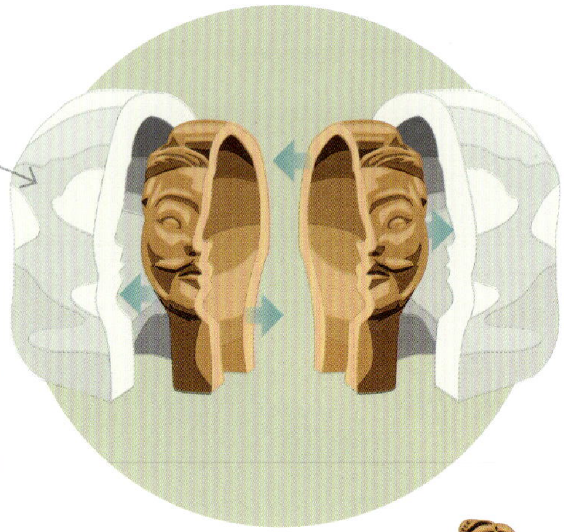

**1 使用模具**

陶工用模具制作陶俑的头部、手臂、盔甲等部分。头部的大体形状做好后，刻工再为陶俑刻画出不同的面容。

铠甲上的纹路都是手工雕饰的。

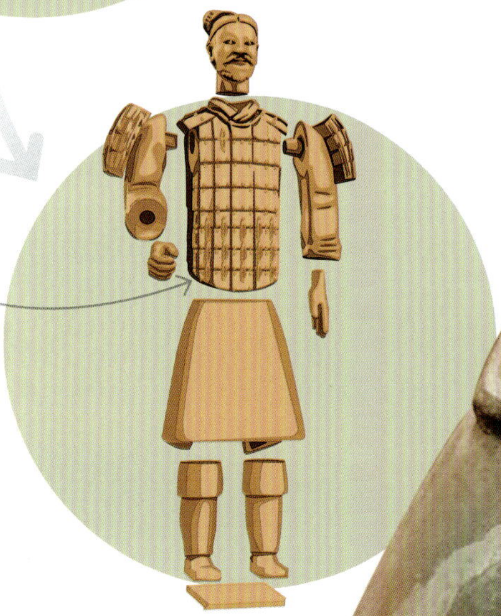

**2 分别制作**

陶俑战袍的下半部分是用泥制作的。陶俑的不同部分要分开制作，然后用湿陶土黏合。陶俑的身体都是空心的，腿则是实心的。

**3 润色**

做好的陶俑先放进窑内焙烧，然后涂上清漆，施以鲜艳的彩绘。陶俑上原有的彩绘早已剥落，但右边的仿制品向我们展现了它们曾经的模样。

### ▶ 兵马俑

秦始皇花了许多年筹划自己的身后事。约8000尊真实大小的兵马俑保卫着他的陵墓，每尊陶俑的容貌都不相同，这可能是仿照真实的秦朝士兵制作的。从这尊陶俑的冠帽和精致的铠甲可以看出，他是一位将军。

将军俑是最高大的兵俑，身高2米。

原始的陶俑

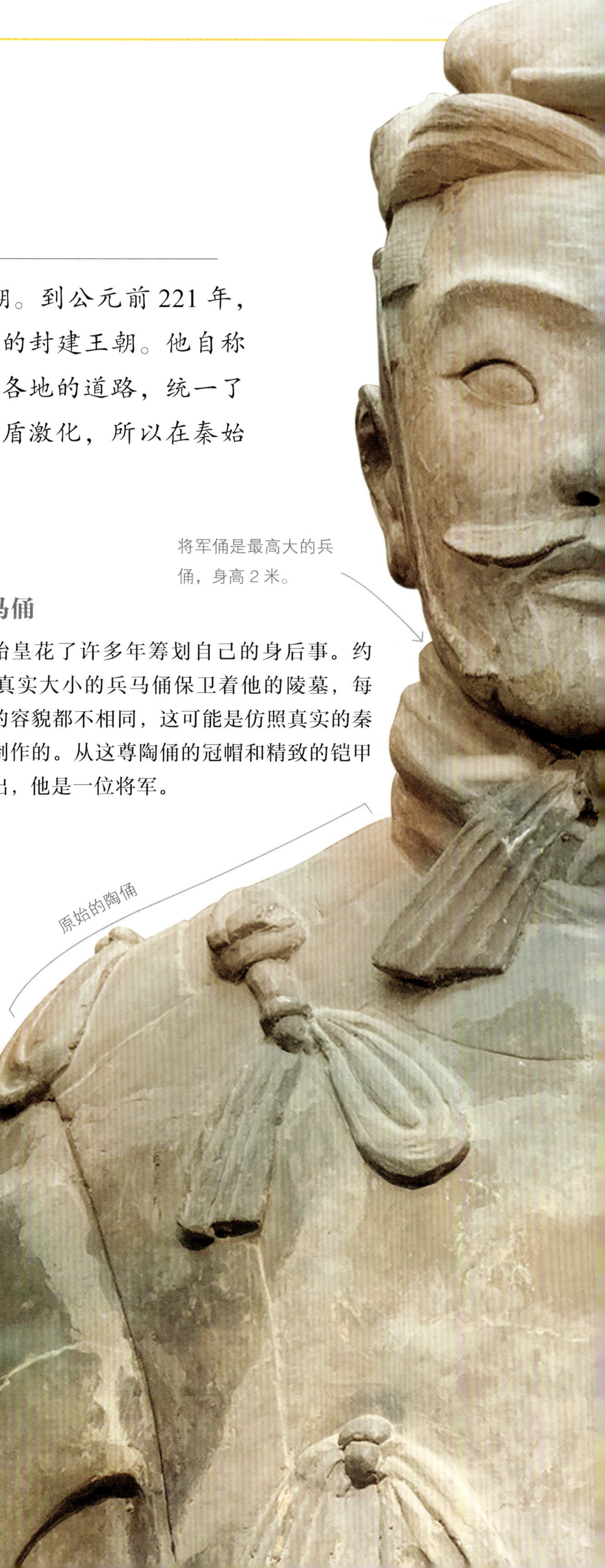

## 守卫陵墓

秦始皇陵坐落于山下，由服役的百姓花了 30 多年建成。陵墓附近有四个俑坑。兵俑携带着真正的青铜武器，负责在死后的世界里保护皇帝。这些兵马俑是一位农民于 1974 年挖井时偶然发现的。

## 秦灭六国

韩、赵、魏、楚、燕、齐六国先后被秦国吞并，到公元前 221 年，中国建立了历史上第一个中央集权的封建王朝。

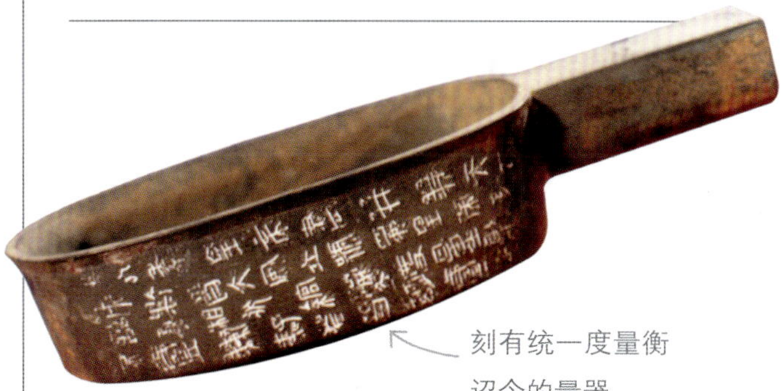


## 制度的统一

统一中国后，秦始皇又规定了统一的度量衡、货币和文字。这个青铜质的椭量（一种量器）上刻着皇帝的诏令。

## 严苛的统治

秦始皇用严刑峻法维护自己的统治。上面这幅图描绘了秦始皇下令焚书坑儒的情景，这是他为了控制思想文化而采取的措施。

# 丝绸之路

2000 多年前，一个由多条路线构成的陆上商贸通道连接了欧洲和亚洲，这就是丝绸之路，它贯穿亚洲中部、西部及非洲、欧洲等地。往来于这条交通干线上的人不仅运送珍贵的特产，还传播了新的思想和宗教信仰。丝路贸易长久繁盛，直到 15 世纪末才逐渐衰落。

### ▶ 中国的丝织技术

“丝绸之路”这条商贸路线是以中国的丝绸命名的。丝绸曾是古代西方人眼中最贵重的物品之一，古罗马人就十分痴迷于这种奢华的丝织品。

蚕茧被挂在一根棍子上以便缫丝。

一个蚕茧的缫丝长度可长达 900 米。

将蚕茧浸在热水中更容易抽出蚕丝。

**❶ 蚕**

蚕是蚕蛾科和大蚕蛾科昆虫幼虫的通称，以桑叶为食。它们出生一个月后，会吐丝结茧，把自己裹在里面。

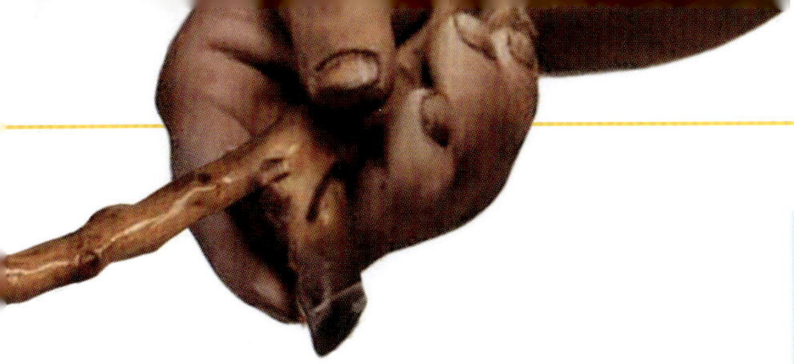

## 丝绸之路

最初的陆上贸易通道是由中国西北各民族开创的。后来，无数骆驼商队往返于丝绸之路。丝路贸易为沿途各国的城市带去了财富。

## 天马

汉朝时，人们将来自西域的良马称作"天马"，为了保障战马供应，汉武帝非常重视从西域引进良马，这也进一步促进了丝绸之路的形成。

甘肃出土的汉代青铜马

## 奇珍异宝

除了丝绸，丝绸之路上还流通着很多其他商品，如古罗马的玻璃器皿和金银制品、阿拉伯的熏香、东南亚和印度的香料、阿富汗的青金石、中国的玉石和瓷器。这些奇珍异宝被商队运送到遥远的地方，在各国交易。

中亚的青金石饰物

古罗马的玻璃器皿

中国的玉虎

印度的银币

## 传播新思想

新的思想和宗教也沿着丝绸之路不断传播。这幅中国的丝织画，描绘了一名僧人和一只被驯服的老虎云游四方的情景。各国的天文学、哲学、医学思想也得以交流。丝绸之路上的一些驿站成为各类思想碰撞交融的文化中心，比如敦煌。

**2 蚕茧**

蚕茧里的蚕长成飞蛾前会先变成蛹。为了防止蚕长成飞蛾，破坏珍贵的蚕丝，要将蚕茧浸在热水中煮，然后抽出长长的丝。

**3 丝织技术**

这名妇女正用传统的纺车，把从蚕茧中抽出的细丝缠绕在一起，形成一根长长的粗丝。丝线要先经过这道工序才能织成丝绸。这种传统的方法已经有数千年的历史。

**4 多彩的丝绸**

丝织品因柔韧、光滑、轻薄、富于光泽而广受赞誉。丝织物穿起来冬暖夏凉。左图是新疆喀什市场上销售的五彩缤纷的丝绸制品，喀什曾是丝绸之路上十分重要的一站。

# 佛教
## 在亚洲的传播

佛教诞生于公元前6世纪至公元前5世纪的古代印度。到公元前3世纪，佛教已经传遍印度，并传到更远的地方。它每传播到亚洲的一地，就会吸收当地的文化特色，呈现不同的地方特征。今天，佛教已经是最重要的世界宗教之一，拥有约5亿名信徒。

位于陕西西安的大雁塔建于652年，高64米。

### 神圣的佛塔

向北传播的佛教被称为大乘佛教。大乘佛教在传播过程中常会融入其他思想。大乘佛教传到中国时，便与儒家思想和道家思想相结合。在7世纪的唐朝，大乘佛教发展到了顶峰。唐朝人建造了许多佛塔来收藏佛教经卷和圣物。

### 佛教的派别

佛教的创始人是古印度的王子悉达多·乔答摩，他被尊称为释迦牟尼。佛教诞生后，在印度乃至亚洲范围迅速传播。久而久之，佛教分成两个派别。其中小乘佛教从公元前3世纪开始传遍南亚，大乘佛教则向北传播到东亚，最终于大约552年传到日本。

### 追求超脱

小乘佛教是佛教中比较古老的派别，也称上座部佛教。小乘佛教注重个人修行，如今主要在斯里兰卡和部分东南亚国家流传，比如泰国。在泰国，年轻的僧侣有时会和大象（佛教的圣物）一起在丛林中学习教义。

佛像的手势意为“不要恐惧”。

莲座大约3米高。

## ▶ 奈良大佛

6 世纪，大乘佛教由中国经朝鲜传入日本，又分成许多教派。奈良的东大寺为中国唐代高僧鉴真到日本后最初的驻锡处。右图这尊巨大的佛像就坐落于奈良的东大寺，由圣武天皇（724—749 年在位）下令建造。后来，这位天皇也成为佛教信徒。

传说，当时日本所有的铜都被用来铸造佛像。

原本的佛像毁于 12 世纪的一场大火，现在的佛像是 17 世纪的复制品。

奈良大佛高约 16 米。

按照习俗，人们每年清洗一次佛像。

# 中美洲文明

3500 多年前，文明开始在今天的墨西哥南部和美洲中部发展。这些中美洲文明有许多共同特点：人们在城市居住，由国王统治，修建金字塔神庙，崇拜相似的神。各个城市为争夺资源，常常发生战争。在这一地区，流行的球类运动也是类似的。

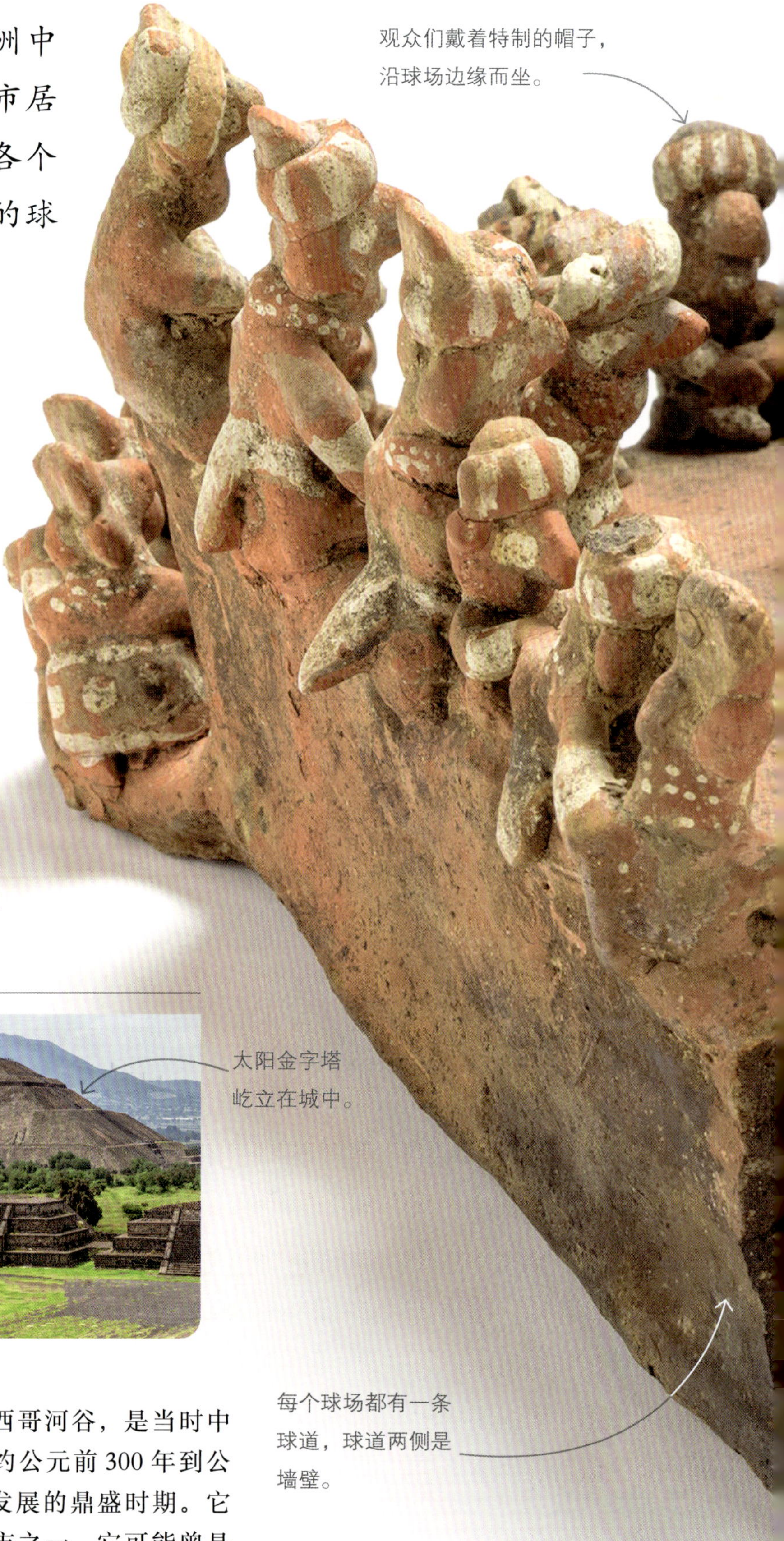

观众们戴着特制的帽子，沿球场边缘而坐。

每个球场都有一条球道，球道两侧是墙壁。

早期中美洲和墨西哥西部文明
（约公元前 1600—公元 500 年）

### 古老的文明

不同于地理意义上的中美洲，中美洲文明的范围西起墨西哥南部，东至危地马拉和洪都拉斯。大约公元前 1600 年起，这个文明在那里繁荣发展。除此之外，其他独特的文明也在墨西哥西部逐渐发展。

### 奥尔梅克人

奥尔梅克文明是中美洲最早的文明，发源于资源丰富的沿海丛林中。大约在公元前 13 世纪，奥尔梅克人开始建造宏伟的建筑和精雕细琢的巨石头像。一般认为，这些巨石头像是当地统治者的雕像。

太阳金字塔屹立在城中。

### 特奥蒂瓦坎古城

特奥蒂瓦坎位于墨西哥河谷，是当时中美洲文明最大的城市。约公元前 300 年到公元 600 年，是这座城市发展的鼎盛时期。它是当时世界上最大的城市之一。它可能曾是一个王国的心脏，影响遍及整个中美洲文明。

## ▼ 球赛

这个球赛场景的黏土模型制作于约 1700 年前，出土于墨西哥西部的纳亚里特州。当时这一地区的文化与中美洲文化不同，但人们也会进行球类比赛。这项集体运动的规则和相应的宗教仪式会因时间和地点的不同有所变化，它后来成为玛雅文化的核心。

**比赛进行时**

参赛者在空中跳跃，用大腿、肩膀、臀部击打球。有些比赛规则要求参赛者把球打过一个石环。比赛的球是用当地树木出产的橡胶制成的，且是实心的，十分沉重，所以参赛者们会穿戴厚厚的护具。

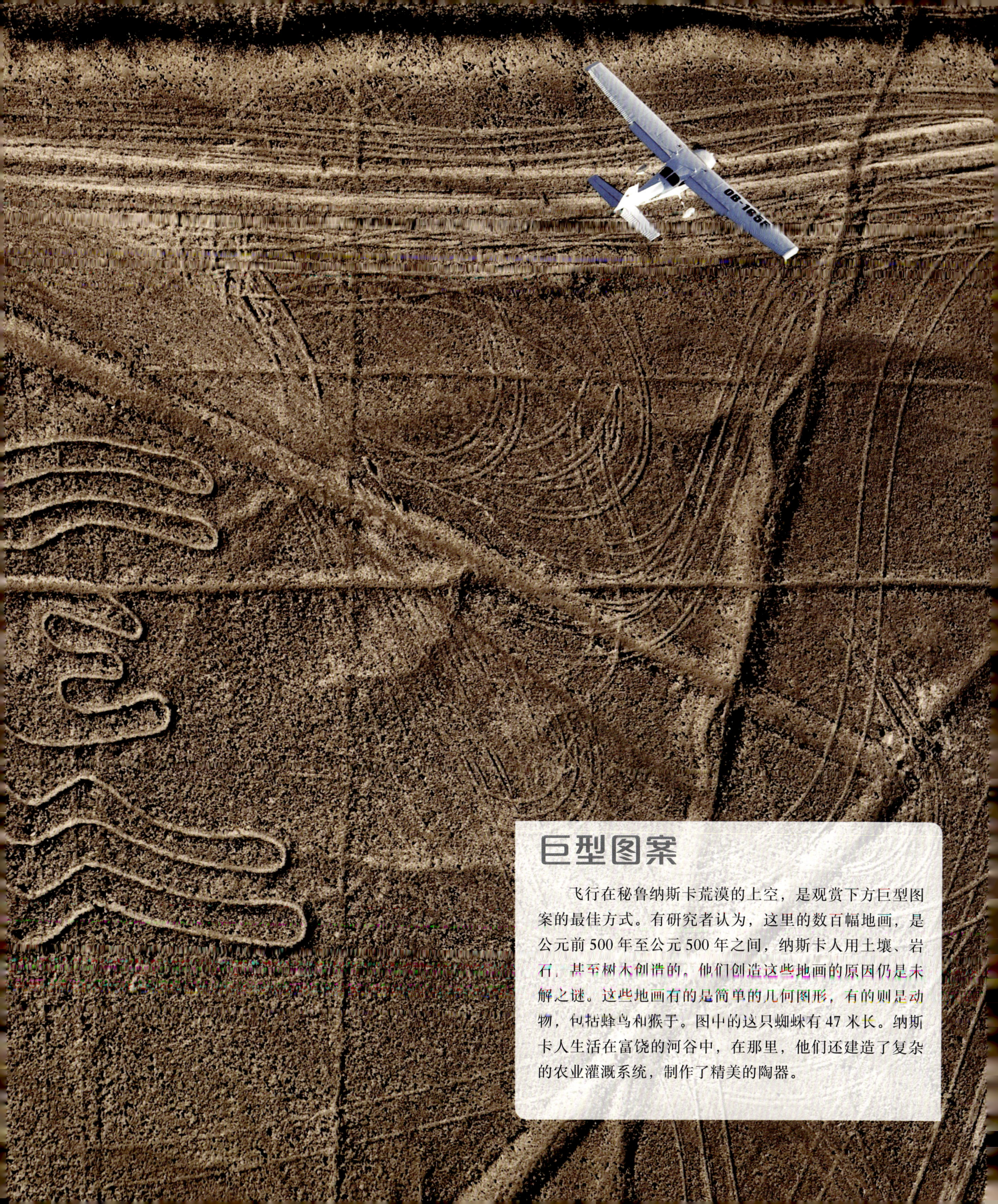

## 巨型图案

飞行在秘鲁纳斯卡荒漠的上空，是观赏下方巨型图案的最佳方式。有研究者认为，这里的数百幅地画，是公元前 500 年至公元 500 年之间，纳斯卡人用土壤、岩石，甚至树木创造的，他们创造这些地画的原因仍是未解之谜。这些地画有的是简单的几何图形，有的则是动物，包括蜂鸟和猴子。图中的这只蜘蛛有 47 米长。纳斯卡人生活在富饶的河谷中，在那里，他们还建造了复杂的农业灌溉系统，制作了精美的陶器。

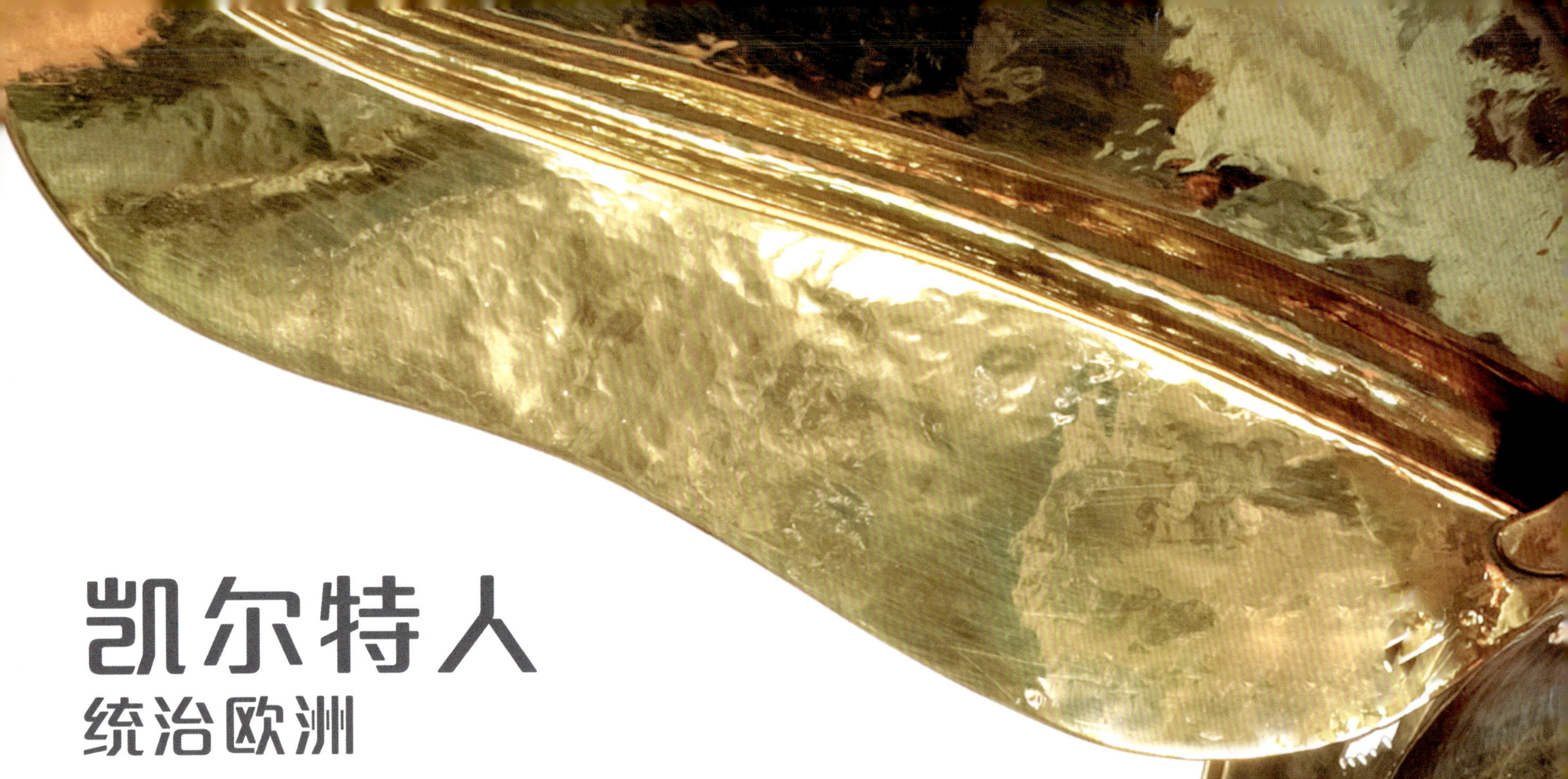

# 凯尔特人
## 统治欧洲

在罗马帝国扩张之前，欧洲的大部分地区一度为凯尔特人占据。公元前8世纪到公元前1世纪，凯尔特文明繁荣发展。凯尔特人散居在许多不同的部落中，他们自认不是一个单一的民族。不过，凯尔特人使用着相似的语言，他们的习俗、宗教信仰、艺术风格也很相似。凯尔特人的文化和语言至今仍存在于欧洲部分地区。

**山丘上的堡垒**

凯尔特部落在英国的山丘上建造了巨大而坚固的堡垒，比如位于英格兰南部的梅登堡。梅登堡的顶部是木质的城墙，周围环绕着迷宫般的沟渠，用以迷惑来犯的敌人。堡垒内建有圆形木屋，可容纳数百人在这里生活。

**英勇的女王**

每个凯尔特部落都有自己的国王或女王。古罗马人征服不列颠时，爱西尼部落的女王布狄卡领导了一场大规模的反抗起义。公元前61年，布狄卡战败，但她领导的起义军已经摧毁了三座古罗马城市。

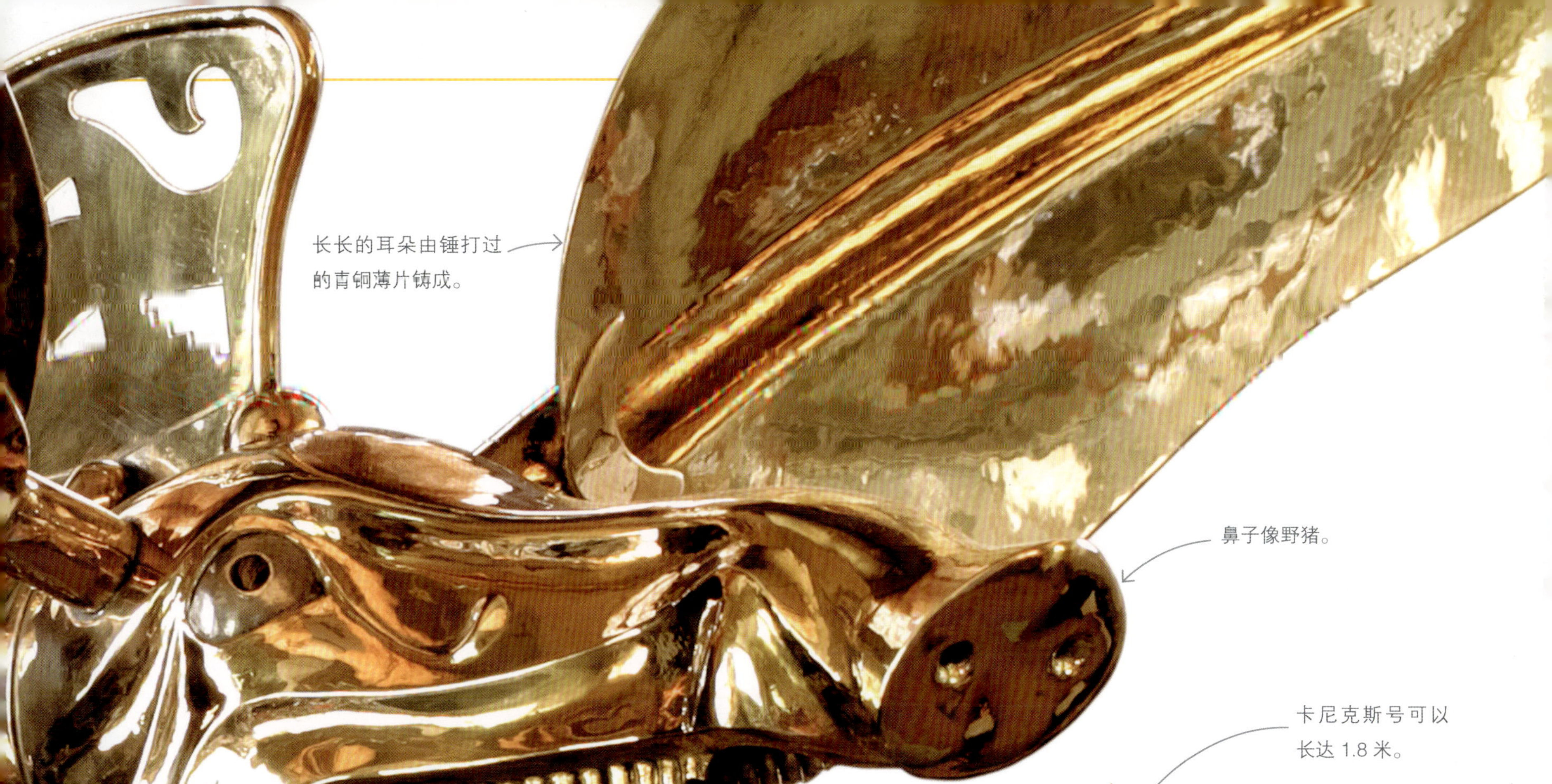

### 战斗的号角

士兵把卡尼克斯号高举向空中，作为集结点标志，类似古罗马军队的军旗。此起彼伏的军号声鼓舞着凯尔特战士，也让他们的敌人恐惧。

### ▲军用号角

这个名为卡尼克斯号的青铜军号，出土于法国的坦蒂尼亚克遗址。军号的顶端装饰着一只凶猛野兽的头，它一部分是野猪，一部分是毒蛇。当时，有七支号角被留在圣地献给神灵，卡尼克斯号就是其中一支。凯尔特人留下的类似的祭品遍布整个欧洲，主要分布在他们的圣地和临水之地，比如湖泊、沼泽和河流旁。

### 华丽的头盔

凯尔特人擅长打造金属，精于创制复杂的图案。这顶装饰华丽的头盔来自高卢，属于一位高级战士，他戴着这顶头盔是为了荣耀，而非战斗。古希腊人和古罗马人在作战时都以团体为单位，纪律严明；而凯尔特人则以个人为单位，希望能在战争中为自己争得荣誉。

古罗马短剑

古罗马军队会像这样把盾牌并在一起，形成“龟甲阵”，以保护士兵。

# 强盛的古罗马帝国

2000 多年前，古罗马人建立了古罗马帝国，这是世界历史上最有影响力的帝国之一。得益于训练有素的军队，古罗马人控制着帝国周边的土地。来自不同地区的人们因为文化的共通，而认同自己古罗马人的身份。从建筑物到国家体制，古罗马帝国的遗产留存至今，仍然可见。

### ▲ 骁勇善战的士兵

古罗马军队中最杰出的战士是全副武装的步兵，他们组成了古罗马军团。他们是全职军人，以紧密的阵型并肩作战。士兵们穿着一种带钉子的凉鞋，这种鞋被称为行军靴，可以产生很强的抓力并保护脚，非常适合战斗。毕竟，他们每天可能要行军超过 30 千米。

举起的盾牌阻挡飞来的箭。

古罗马士兵的曲面盾牌上绘有鹰和雷电图案，这是帝国守护者、众神之神朱庇特的象征。

### 百夫长的头盔

古罗马军团中，由 80 名士兵组成一队，每队的领导被称为百夫长。百夫长戴着一顶独特的头盔，头盔上有羽饰，有助于士兵在战斗时看到他。

睡垫和披风被卷起来绑在背包上方。

### 士兵的背包

行军时，军团的士兵会把所有必需品都装在一个背包中。士兵肩膀上扛着一根担子，背包就系在上面，外面挂着挖掘用的鹤嘴锄、烹饪用的锅、水壶和食物袋，袋子里的食物够一个人吃三天。

### 鼎盛的古罗马帝国

117 年，图拉真皇帝在位时，古罗马帝国疆域达到最大。它东西绵延 4000 千米，拥有数千万人口。这时，地中海沿岸附近的土地都属于一个国家——古罗马帝国，这在世界历史上是空前的。

### 维护统治

古罗马的士兵也负责建设，他们修筑道路、营地和边境防御工事，如横跨英国北部的哈德良长墙。长墙沿线的固定位置建有大型要塞，都按照一定标准建造。古罗马军队通过这些要塞和道路保卫着帝国的边疆。

### 古罗马文化的传播

这是阿尔及利亚东北部城市提姆加德，由古罗马皇帝图拉真建立。起初，这里住着退役的士兵，后来也吸引了大批非洲人。像提姆加德这样拥有浴场和剧院的城市，广泛地传播了古罗马文化。许多住在这里的人虽未到过古罗马，却把自己视作古罗马人。

轮子与巨大的
机械臂相连。
轮子里面的人在
踏板上不断行走，
像在跑轮里的宠
物仓鼠。

# 古罗马人：优秀的工程师

古罗马人擅长建筑学和工程学。他们发明了混凝土，使建造大型建筑的速度更快、成本更低。他们还建造了拱桥样式的引水渡槽，为发展中的城市输送源源不断的水。许多古罗马建筑现在仍屹立不倒，其建筑风格对今天的建筑仍有深远的影响。

## ◀ 踏轮式起重机

踏轮式起重机是古罗马人发明的吊举重物的机械。巨大的轮子中有踏板，人在踏板上走动，轮子就转动起来。转动的轮子上缠绕着绳子，能把重物吊到空中。古罗马人会奴役战俘，让他们在采石场或建筑工地工作，负责转动起重机。

**塞哥维亚大渡槽**

渡槽是人工修建的引水沟渠，通过管道或拱桥将水引入城市。位于西班牙塞哥维亚的古罗马渡槽有 167 个拱洞，是世界上保存最完整的古罗马渡槽之一。

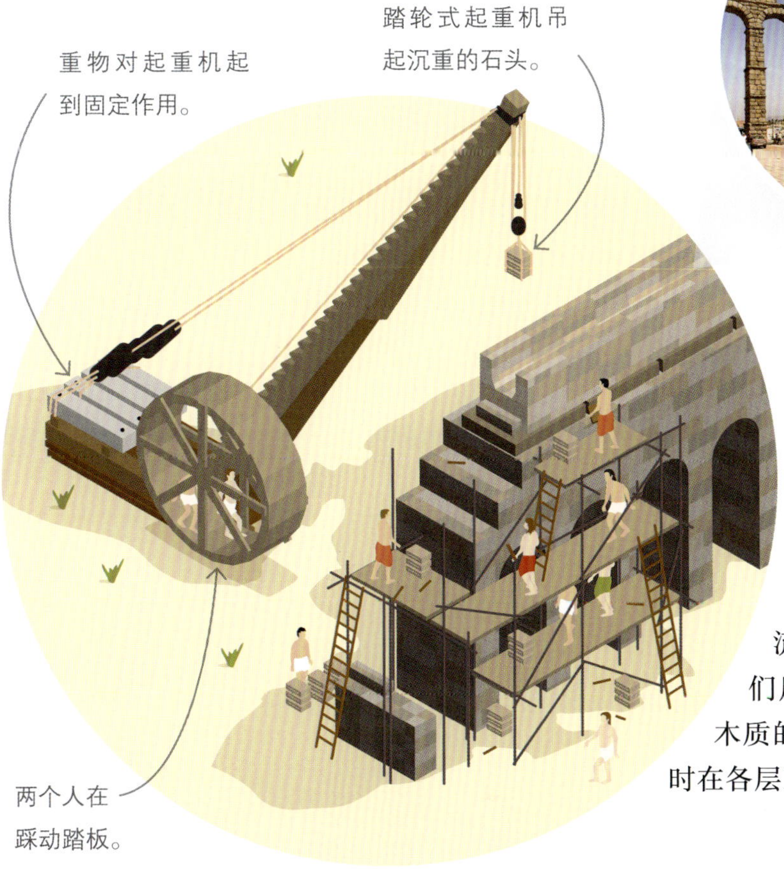


## 修建渡槽

古罗马的渡槽可长达 100 多千米，修建渡槽需要精湛的工程技术，并且耗费大量人力资源。渡槽由混凝土和石块建成，水流可以顺着渡槽向下流。人们用踏轮式起重机吊起石块，木质的脚手架可以让建筑工人同时在各层工作。

## 坚固的混凝土

古罗马人的混凝土是用石灰浆、碎石和火山灰制成的。石灰浆能让混凝土凝结，碎石使其坚固，火山灰在其中产生化学反应，进一步加固混凝土。这堵墙位于西班牙的恩普里斯，墙体的核心便是混凝土。

## 经久不衰的穹顶

古罗马人用混凝土修筑建筑物的穹顶，比如万神殿穹顶。万神殿是古罗马帝国皇帝哈德良在 120 年前后下令重建的，至今仍屹立不倒。这座大型建筑内部没有柱子支撑，这在建筑史上还是首次。

## 古罗马的道路

古罗马人建造了庞大的道路网，连接着帝国的前哨和罗马城。这些道路由士兵建设，有多层的地基和排水的曲面。亚壁古道以坦荡平直著称，连接着罗马城与意大利东南部的布林迪西。

中世纪时期，许多古代建立的**商路**进一步延伸，变得更为繁忙。**商品**、**技术**、**宗教**、**思想**等跨过陆地和海洋，**传播**到世界各地。同时，**新崛起的强大帝国**重塑了世界格局。

# 商贸的繁荣

# 中世纪时期时间轴

古罗马帝国灭亡后的数百年间，一批实力强劲的国家在西亚、欧洲、非洲建立起来。东亚和美洲地区也建立起庞大的帝国。新兴的宗教伊斯兰教诞生了。维京人跨越北大西洋，波利尼西亚人到达遥远的太平洋岛屿，他们都创造了非凡的航海壮举。

450年

**476 年**
**帝国的终结**
古罗马帝国于 395 年分裂成东西两部分。日耳曼人雇佣兵首领奥多亚克废黜了西罗马帝国最后一个皇帝，西罗马帝国灭亡。

**11 世纪**
**密西西比河流域城市**
北美洲密西西比河流域的人们建立了当地最早的城镇。每个城镇都以巨大的人工土丘为根基，这些土丘常常是举行重大仪式的场所。

**1095 年**
**十字军东征**
教皇乌尔班二世以从穆斯林手中夺回“圣地”耶路撒冷为由，号召组织十字军远征。十字军的第一次东征开始于 1096 年，此后还有多次。

**约 1041 年**
**活字印刷**
中国宋朝的毕昇发明了活字印刷术，活字由胶泥制成。这项新技术被用于书籍的大量印刷。

塞尔柱王朝的壶

**1025 年**
**朱罗王国**
朱罗攻打巽他群岛上的海上强国室利佛逝，削弱了后者的国力，朱罗成为当时印度洋上的霸主。

**1066 年**
**诺曼征服**
诺曼底公爵威廉在黑斯廷斯战役中击败哈罗德，赢得了英格兰的王位。

源赖朝

印加帝国的美洲驼塑像

**1040 年**
**塞尔柱突厥人**
来自中亚的塞尔柱突厥人征服了说波斯语的伽色尼王朝。1071 年，他们击败拜占庭帝国，占领了小亚细亚的大部分地区。

**1206 年**
**成吉思汗**
铁木真统一蒙古诸部落后，被尊为“成吉思汗”，意为“拥有海洋四方的可汗”。他于 1227 年去世，这时蒙古已经通过征战建立起一个庞大帝国。

成吉思汗

**1185 年**
**镰仓幕府**
日本的平安时代随着源氏、平氏之争的落幕而终结。源赖朝建立了镰仓幕府，开启了日本的武士政治统治时代。

**约 1200 年**
**印加王国**
曼科·卡帕克在库斯科建立了印加王国。到 15 世纪，印加已成为美洲最强大的奴隶制帝国，拥有广阔的道路网、严密的行政体系、高超的工艺技术，制造出大量精美的工艺品。

**约 1235 年**
**马里王国**
马里国王松迪亚塔在位期间击败了索索王国，使马里控制了利润丰厚的跨撒哈拉贸易路线。

**6 世纪**
**玛雅城邦**
玛雅人在墨西哥南部以及中美洲地区发展出了先进的文明，他们修建的错综的道路网将许多城邦连接在一起。

拜占庭风格的十字架

**622 年**
**伊斯兰教的诞生**
这一年，伊斯兰教先知穆罕默德从麦加迁往麦地那，这一事件标志着阿拉伯帝国逐步开始建立，这一年也被定为伊斯兰历的元年。

**711 年**
**入侵西班牙**
阿拉伯人和北非的柏柏尔人入侵西班牙，并把这块土地命名为阿尔－安达卢斯。他们控制了西班牙的部分地区，直到 1492 年被西班牙人驱逐为止。

萨马拉螺旋塔

**527—565 年**
**拜占庭帝国的扩张**
查士丁尼统治时期，拜占庭帝国达到鼎盛。拜占庭帝国以君士坦丁堡为首都，1453 年被奥斯曼帝国灭亡。

**618 年**
**中国唐朝**
唐朝在重新统一起中国的隋朝之后建立，它的统治一直持续到 907 年。

**750 年**
**阿拔斯王朝**
阿拔斯王朝推翻了倭马亚王朝，其统治期间曾定都巴格达和萨马拉。阿拔斯王朝一直延续到 1258 年。

**936 年**
**朝鲜半岛的统一**
918 年，王建建立高丽。高丽先后灭新罗和百济，统一了朝鲜半岛。

**约 802 年**
**吴哥王朝**
阇耶跋摩二世统一真腊，创建了一个一直延续到 15 世纪中期的强大东南亚国家——吴哥王朝。

查理曼

**8 世纪末**
**四处奔袭的维京人**
维京人自 8 世纪末起就频繁突袭西欧沿海地区。他们沿欧洲海岸建立了商贸网络，还渡过黑海，到达俄罗斯。

维京长船

柬埔寨吴哥窟

**800 年**
**查理曼加冕**
圣诞节当天，教皇利奥三世将法兰克人的领袖查理曼加冕为“罗马人的皇帝”，即查理大帝。

**1325 年**
**特诺奇蒂特兰城**
阿兹特克人在特诺奇蒂特兰建立新首都，即现在的墨西哥城。到 1500 年，阿兹特克帝国已经统治了今天墨西哥的中部、南部的广大地区。

**1347 年**
**黑死病**
黑死病在欧洲暴发。这种传染病通过老鼠传遍整个西欧。到 1353 年，它已经造成约一半欧洲人死亡。

明朝青花瓷器
1370年

**约 1280 年**
**波利尼西亚人到达新西兰**
波利尼西亚人驾着巨大的独木舟，借助星星和洋流导航，到达了新西兰。这是他们航行所至的最远的地点之一。

**约 1300 年**
**伊费王国**
约鲁巴人建立的伊费王国逐渐富强起来。伊费王国制造的艺术品巧夺天工，还与西非的其他王国有着密切的商业联系。

伊费王国制造的青铜头像

**1337 年**
**英法百年战争**
英王爱德华三世发动战争，试图夺取法国的王位。战争断断续续地进行了百余年，于 1453 年结束。

**1368 年**
**中国明朝**
元朝末年爆发农民起义，朱元璋率军推翻元朝，建立明朝。明朝的统治一直持续到 1644 年。

# “蛮族”入境

几个世纪以来，古罗马帝国一直都被帝国周遭的部落和民族所侵扰，比如来自北欧的日耳曼部落。古罗马人称这些部落和民族为“蛮族”。他们没有建立统一的国家，而是分成一个个部落。随着古罗马帝国日渐衰微，“蛮族”开始大规模移民，进入古罗马帝国东部和北部。古罗马帝国灭亡后，“蛮族”军队横扫欧洲，在昔日古罗马帝国的领土上建立起自己的王国。

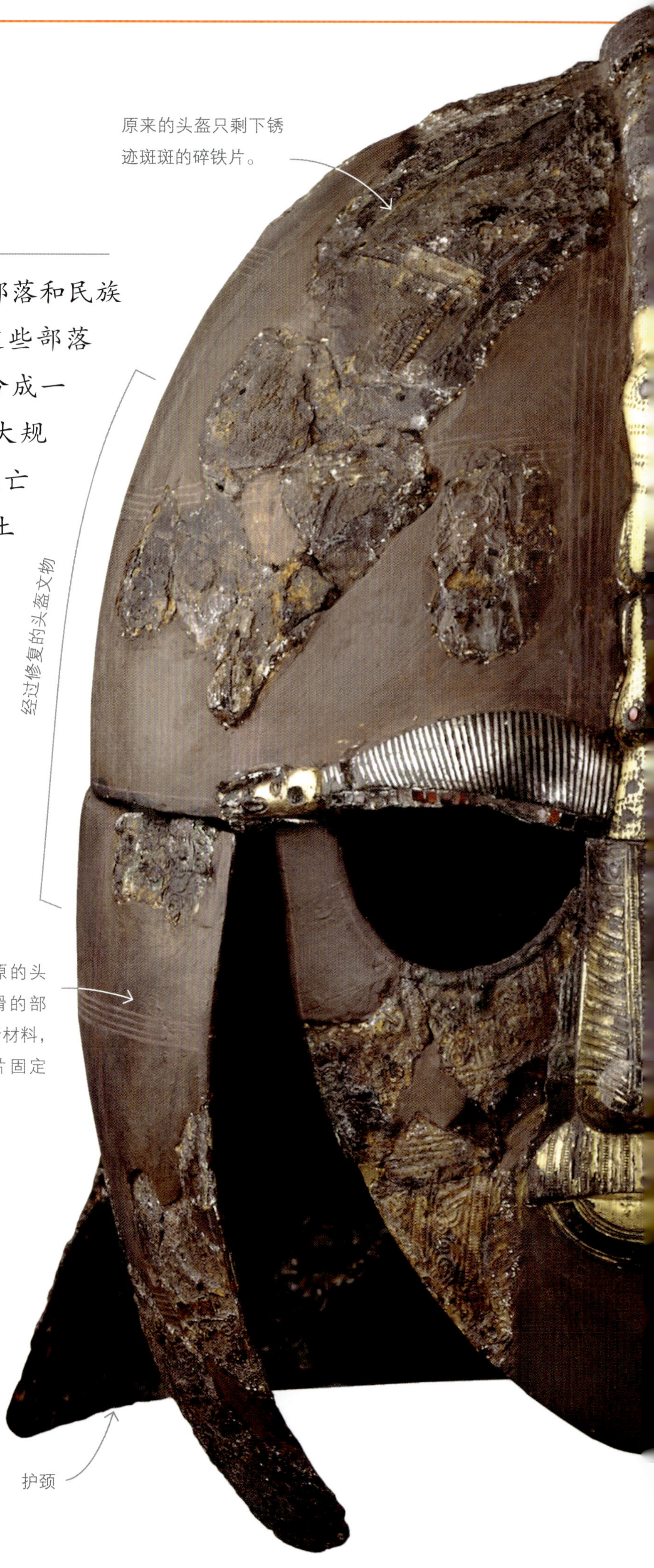


### ▶ 盎格鲁–撒克逊人的头盔

5 世纪，盎格鲁人、撒克逊人和朱特人从丹麦和德国北部来到不列颠岛。这些人后来融合成为盎格鲁–撒克逊人，他们建立了几个小王国，经常相互征战。一些盎格鲁–撒克逊国王死后，会和他们心爱的珍宝一起埋葬在船上。这个头盔是在英国萨顿胡发现的，它被埋藏在一位 7 世纪的盎格鲁–撒克逊国王的“船墓”中。

**古罗马帝国的衰亡**

这幅浮雕雕刻了一名“蛮族”战士攻击古罗马士兵的场景。476 年，日耳曼雇佣兵领袖奥多亚克废黜了西罗马帝国最后一位皇帝罗慕路斯·奥古斯都，西罗马帝国灭亡。奥多亚克自立为王，统治意大利地区。

5 世纪后期的日耳曼王国

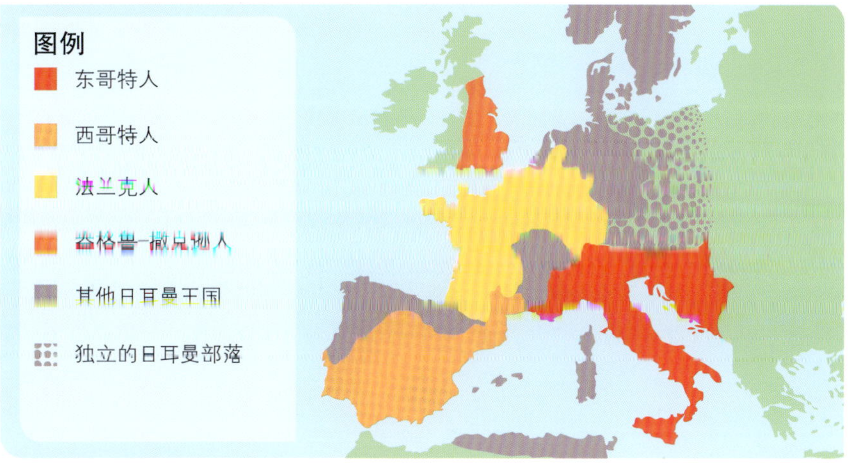


## 日耳曼人大迁徙

大迁徙期间，大量日耳曼人涌入古罗马帝国境内，试图寻找新的土地定居。5 世纪后期，日耳曼人已经遍布各地，在欧洲和北非建立起一个个王国。

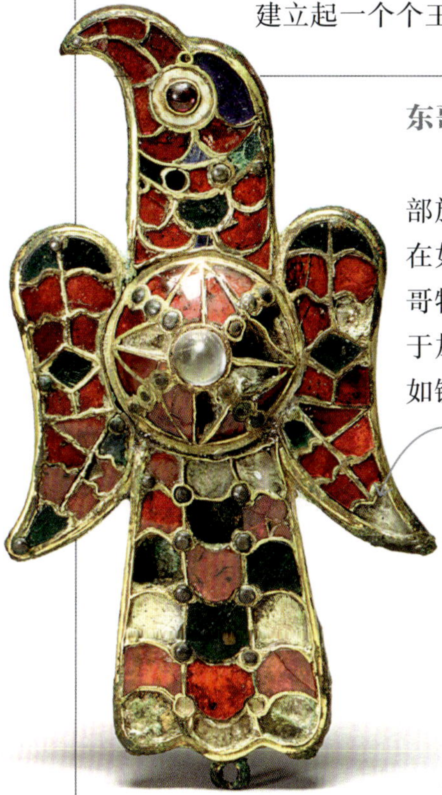

## 东哥特人与西哥特人

哥特人是日耳曼人中最骁勇善战的分支部族之一，后来分裂成两个群体，西哥特人在如今的西班牙和法国南部建立了王国，东哥特人在意大利建立了王国。许多哥特人善于加工金属，能制作出许多精美的物品，比如镶嵌着宝石的胸针。

西哥特人的鹰形胸针

## 法兰克人

511 年，法兰克国王克洛维一世率领法兰克人征服了原古罗马帝国高卢行省的大部分地区。后来，法兰克国王查理曼进一步扩展了王国领土，将大半个西欧收入囊中，还在他征服的土地上传播了基督教。800 年，查理曼被教皇加冕为“罗马人的皇帝”。

查理曼青铜像

# 拜占庭帝国

数百年来，古罗马帝国统治着欧洲和北非的大部分地区。公元 395 年，古罗马帝国一分为二。西罗马帝国逐渐衰亡，而东罗马帝国尽管常受外族攻击，还是继续存在了近千年之久。东罗马帝国又称拜占庭帝国，定都君士坦丁堡（今伊斯坦布尔），也就是希腊古城拜占庭。拜占庭帝国的名称即由此而来。

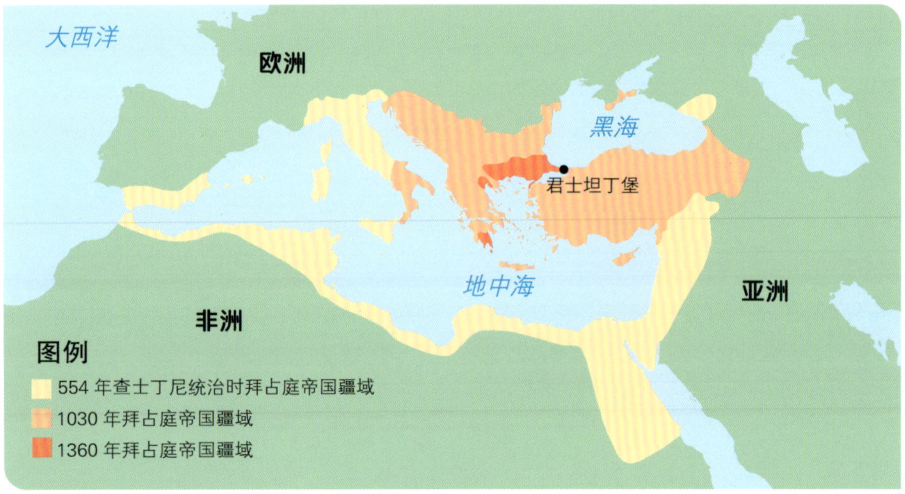


**不断缩小的帝国**

6 世纪，拜占庭帝国在皇帝查士丁尼的统治下达到鼎盛，疆域空前扩大。随着时间的推移，阿拉伯人征服了西亚和北非，土耳其人夺取了安纳托利亚（今土耳其境内），拜占庭帝国的领土逐渐缩小。到 14 世纪，拜占庭帝国的领土仅余君士坦丁堡周围的一小块土地。

**保卫帝国**

拜占庭人一次次击退了入侵者。717 年，阿拉伯舰队攻打君士坦丁堡，拜占庭人用“希腊火”来保卫自己的城市。“希腊火”是种神秘的物质，遇水则燃，可以用来焚烧敌船。

**▶ 查士丁尼大帝**

拜占庭皇帝查士丁尼（527—565 年在位）从日耳曼人手中夺回了原先西罗马帝国的部分领土，力图恢复古罗马帝国昔日的辉煌。这幅绚丽的镶嵌画位于意大利拉韦纳的一座教堂中，画中将查士丁尼描绘成古罗马皇帝。

**狄奥多拉皇后**

查士丁尼的妻子狄奥多拉与丈夫一同治理帝国。她原本是个演员，也是一个强权铁腕、充满智慧的女性。她是查士丁尼处理政务的首席顾问之一，鼓励查士丁尼修改法律，更好地保障了妇女的权利。

镶嵌图案由许多小块彩石组成。

光轮在基督教里是神圣的象征。

古罗马皇帝所穿的紫袍

**东方之都**

君士坦丁堡周围有坚固的城墙，城市中处处皆是美丽的宫殿和教堂。上图中的圣索非亚大教堂，是查士丁尼下令建造的，于 537 年完工。

**东正教**

拜占庭帝国所信仰的东正教是基督教的分支之一。东正教信徒崇拜绘有耶稣和圣母玛利亚的圣像画。这枚金银材质的玛利亚纪念章制造于 1100 年左右。

**衰亡的开端**

1204 年，十字军攻陷并洗劫了君士坦丁堡，拜占庭帝国虽未灭亡，但实力被大大削弱了。1453 年，奥斯曼帝国军队攻占君士坦丁堡，拜占庭帝国灭亡。

# 伊斯兰教的传播

7世纪，阿拉伯半岛的麦加人穆罕默德开始创传伊斯兰教。随着阿拉伯军队冲出阿拉伯半岛，通过征战建立起一个庞大的帝国，这个新宗教也很快传播开来。阿拉伯文化与被征服之地的文化相结合，创造出一个朝气蓬勃的新文明，开启了艺术与科学发展的黄金时代。

**新宗教的普及**

610年左右，穆罕默德开始宣传伊斯兰教教义，起初他在家乡麦加传教，后来前往麦地那。到632年穆罕默德去世时，大部分阿拉伯人已经接受了这种新宗教。在前四位哈里发的统治下，伊斯兰教迅速传播到更广阔的地区。之后，倭马亚王朝的哈里发征服了从中亚到西班牙的广大地区，伊斯兰教也随之传播。

## ▶ 清真寺

阿拉伯统治者在征服新领地的同时，也带去了他们的宗教和文化。于是风格多样的清真寺很快在伊斯兰世界的各地建立起来。清真寺是穆斯林做礼拜的地方，世界上第一个穆斯林礼拜之地是麦地那的穆罕默德故居。早期伊斯兰世界最大的清真寺是西班牙科尔多瓦（阿拉伯统治者称该地为安达卢斯）的“大清真寺”，它以红白相间的马蹄形拱门而闻名。

### 寻找麦加

无论是过去还是现在，每天按时做五次礼拜都是穆斯林最重要的职责之一。礼拜诵经可以在任何地方进行，但找准麦加所在的方向至关重要，因为教义规定礼拜时必须面朝麦加神圣的“克尔白”（意为“立方体房屋”，中国穆斯林称“天房”）。随着伊斯兰教的传播，人们发明出更多方法来帮助信徒确定麦加所在的方向。

**克尔白**

克尔白位于今沙特阿拉伯的麦加禁寺中央，是穆斯林履行朝觐的中心。穆罕默德规定，穆斯林礼拜时必须朝向克尔白所在的方向。

**米哈拉布**

很早以前，人们就开始在清真寺的墙壁中建造壁龛，称作米哈拉布，以指示穆斯林礼拜的朝向（“基卜拉”），也就是克尔白所在的方向。

“基卜拉”指示器是一种利用天文学原理表示方位的仪器，内含一个罗盘。

**便携的工具**

穆斯林拿着图中这样的“基卜拉”指示器，可以在世界任何地方知晓麦加的方位。

# 波利尼西亚人
## 的太平洋航行

3000 多年前，现在波利尼西亚人的祖先从新几内亚岛东北部的岛屿开始迁徙。他们迁徙的确切原因尚无人知晓，但他们以星星为向导，凭借着对洋流和鸟类行踪的了解，在广阔的太平洋上自如地航行。波利尼西亚人在旅途中带着植物和动物，随着时间的推移，逐渐在太平洋零散的岛屿上定居下来。他们的后代如今就生活在这片广袤的区域内。

### ▶ 历史悠久的造船工艺

这艘斐济的双体独木舟（复制品）长达 8 米，航行速度很快，是波利尼西亚人数千年航海历史的见证者。勇敢的波利尼西亚航海家正是驾驶着这样的船只在太平洋上航行，只不过他们的船比这艘更大、更坚固，也更难操纵。波利尼西亚人用口述的方式将造船技艺代代相传，不同岛屿上的人们发明的船只也不尽相同。

两张船帆鼓起猎猎大风，使船快速航行。

**跨洋的远航者**

第一批到达夏威夷的移民驾着上图中这样的双帆独木舟航行了 3200 千米。这着实是一个令人惊叹的航海壮举。

这个平台将两部分船体连接在一起，船员也可以坐在上面。

双体独木舟独特形状的桅杆顶端也出现在斐济的纸币上。

## 迁徙路线

波利尼西亚人的迁徙是分阶段进行的。他们从新几内亚岛东北部的岛屿出发，前往瓦努阿图和新喀里多尼亚。公元前950年，他们到达斐济，然后又到了汤加和萨摩亚。波利尼西亚人在这里生活了将近2000年，然后继续向更远的东方探索，到达马克萨斯群岛。接着他们向不同的方向航行，最终到达夏威夷岛、复活节岛和新西兰（奥特亚罗瓦）。

船帆是用露兜树的树叶纤维编织成的。这种树形似棕榈树。

## 岛屿上的新文明

波利尼西亚人是新西兰的毛利人的祖先，也是夏威夷岛上的卡纳卡人的祖先。波利尼西亚移民在复活节岛雕刻了数百个巨大的石像，这些石像被称为“摩艾”，直到今天仍守卫着这座岛屿。

“摩艾”由火山岩雕刻而成，露出地面的部分大约有 4 米高。

支撑船帆的船体比另一侧船体长一些。

### ▼ 制作巧克力

玛雅人对可可豆十分珍视，把它们作为钱币和统治者的陪葬品。可可还能用来制作饮料。玛雅人先将可可豆进行发酵、烘烤，然后研磨成粉末，再加入水和玉米粉。这种浓郁的饮品里添加了芬芳的香料，泡沫丰富，饮用时盛放在特制的杯子里。

# 玛雅人的世界

大约2000年前，中美洲的尤卡坦半岛上出现了一个伟大的文明。这里的居民被称为玛雅人，他们建起一座座城市，每个城市都有自己的统治者，城中有巨大的石质金字塔和宫殿。玛雅文化精妙且复杂，玛雅人在数学和天文学方面成就极高。他们还会用城市周围的可可树，制作巧克力饮料。今天，仍有数百万玛雅人生活在中美洲。

### 可可饮料杯

玛雅贵族用高而雅致的杯子喝巧克力饮料，杯子上装饰的图案象征着拥有者的地位。巧克力是一种极其珍贵的饮料，常常在统治者聚集的宗教仪式上饮用。

杯子上的美洲豹神正在喝一杯巧克力饮料。

### 泡沫丰富的巧克力

玛雅人偏爱泡沫丰富的巧克力饮料。他们把混合好的饮料在两个容器之间反复倾倒，使空气进入液体中，从而产生泡沫。他们还加入蜂蜜使饮料变甜。

### 天文与历法

玛雅人在天文学上造诣很高，能准确地观察并记录恒星、行星和月球的运动轨迹。他们还能记录时间的流逝，创造出复杂精确的日历。这座建筑位于玛雅城市奇琴伊察，是一座观测天象的天文台。

### 玛雅文字

玛雅文字用许多图像符号来表示声音（如“wa”和“ka”）或物体。数百个象形文字组合在一起，可以组成不同的句子。玛雅人会把文字刻写在许多地方——石头上、杯子上、树皮或皮革做成的书上。

图像文字“KAKAWA”（可可豆）　图像文字“BAHLAM”（美洲豹）

### 玛雅神灵

玛雅人崇拜许多位神灵。他们会举行一些特别的仪式纪念神灵，比如有宗教性质的球赛。这些神中有创造万物的，也有掌管具体事物的。玉米神是玛雅文明中最重要的神之一，因为玉米是玛雅人的主食。

年轻的玉米神小雕像

# 封建王朝
## 的黄金时代

经过长期的社会动荡，有两个强大的封建王朝先后统治了中国：唐朝和宋朝。唐宋时期，中国的社会环境相对和平稳定，许多皇帝对艺术颇有兴趣，大力支持艺术发展，从而造就了文化与科技快速发展的黄金时代。在这一时期，中国的对外贸易体量进一步增长，对世界的影响力越来越大。

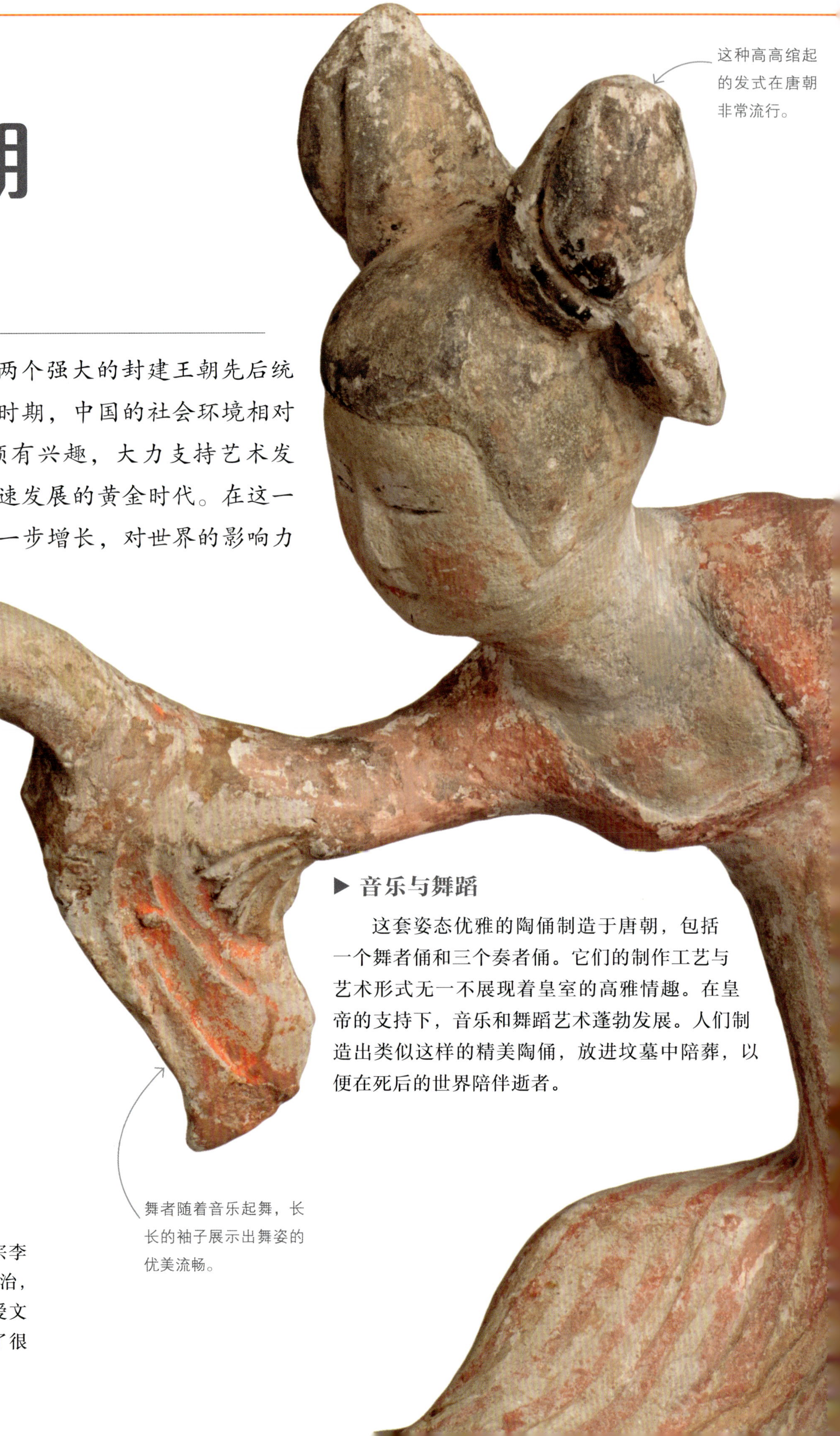

这种高高绾起的发式在唐朝非常流行。

舞者随着音乐起舞，长长的袖子展示出舞姿的优美流畅。

### ▶ 音乐与舞蹈

这套姿态优雅的陶俑制造于唐朝，包括一个舞者俑和三个奏者俑。它们的制作工艺与艺术形式无一不展现着皇室的高雅情趣。在皇帝的支持下，音乐和舞蹈艺术蓬勃发展。人们制造出类似这样的精美陶俑，放进坟墓中陪葬，以便在死后的世界陪伴逝者。

唐朝官员所戴的官帽。

**唐玄宗**

唐朝统治时间最长的皇帝是唐玄宗李隆基，在位 44 年，他统治前期励精图治，使唐朝的国力达到了鼎盛。唐玄宗热爱文学和音乐，曾在皇宫里设教坊，还写了很多首乐曲。

### 箜篌

箜篌是唐代十分流行的乐器。演奏者用双手拇指和食指拨弦，发出动听的声音。

箜篌的弦由动物的筋制成。

新烧制的陶俑色彩鲜艳，然后随着时间的流逝逐渐褪色。

乐师们跪坐着演奏。

### 宋朝的科技

宋朝时，中国在科技创新方面远远领先于欧洲，运河修建技术和火药技术都有了极大的进步。12 世纪，宋朝人在航海时已可以熟练使用罗盘。那时的罗盘已经和下图这个 19 世纪的罗盘模型非常相似了。

### 印刷术

唐宋时期，人们用雕版印刷术印制版画、书籍和世界上最早的纸币。雕版印刷，即人们把文字和图像反刻在木板上，然后在木板上刷墨、铺纸、施压，把木板上的图文转印在纸上。1041 年左右，中国人率先发明了活字印刷术。

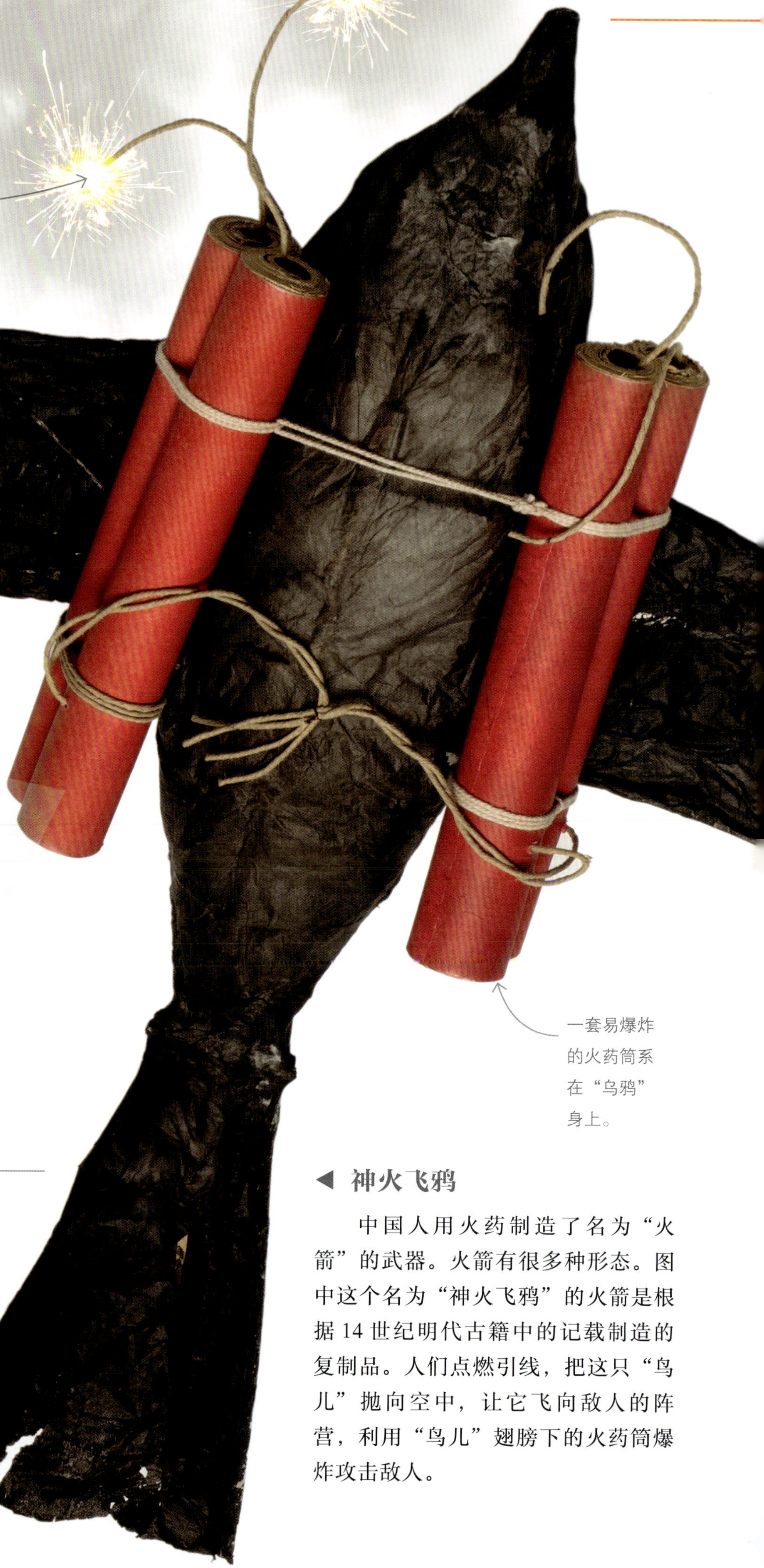


**火药筒**

人们在竹筒或纸筒内填满混合好的、易燃易爆的火药，制成火药筒。点燃火药筒顶部的引线。引线燃烧，最终引燃火药，引发爆炸。

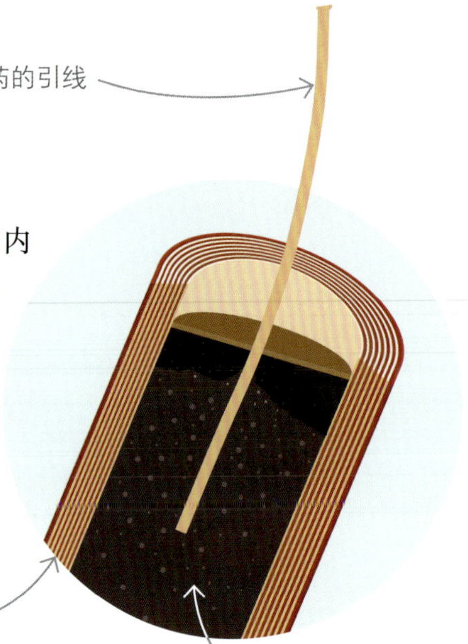

**爆竹的起源**

古代中国人发现幼竹燃烧时会发出爆裂的声音，于是人们在节日上用火烧竹，使其爆裂发声，用以驱邪。后来，人们在竹筒或纸筒里填满火药，让它发出更大的响声。这就是爆竹的起源，直至今天它还被用于各种节日和庆典。

◀ **神火飞鸦**

中国人用火药制造了名为“火箭”的武器。火箭有很多种形态。图中这个名为“神火飞鸦”的火箭是根据 14 世纪明代古籍中的记载制造的复制品。人们点燃引线，把这只“鸟儿”抛向空中，让它飞向敌人的阵营，利用“鸟儿”翅膀下的火药筒爆炸攻击敌人。

# 战争“变革者”：火药

大约1200年前，中国人发明了火药。火药由木炭、硫黄和硝石这三种物质混合而成，一旦点燃，就会迅速燃烧，然后爆炸。火药发明后不久就被用于战争。随着火药技术在世界各地广泛传播，人们开发出各种使用火药的武器，这些武器不断被改进，变得越来越强大、越来越具有破坏性。

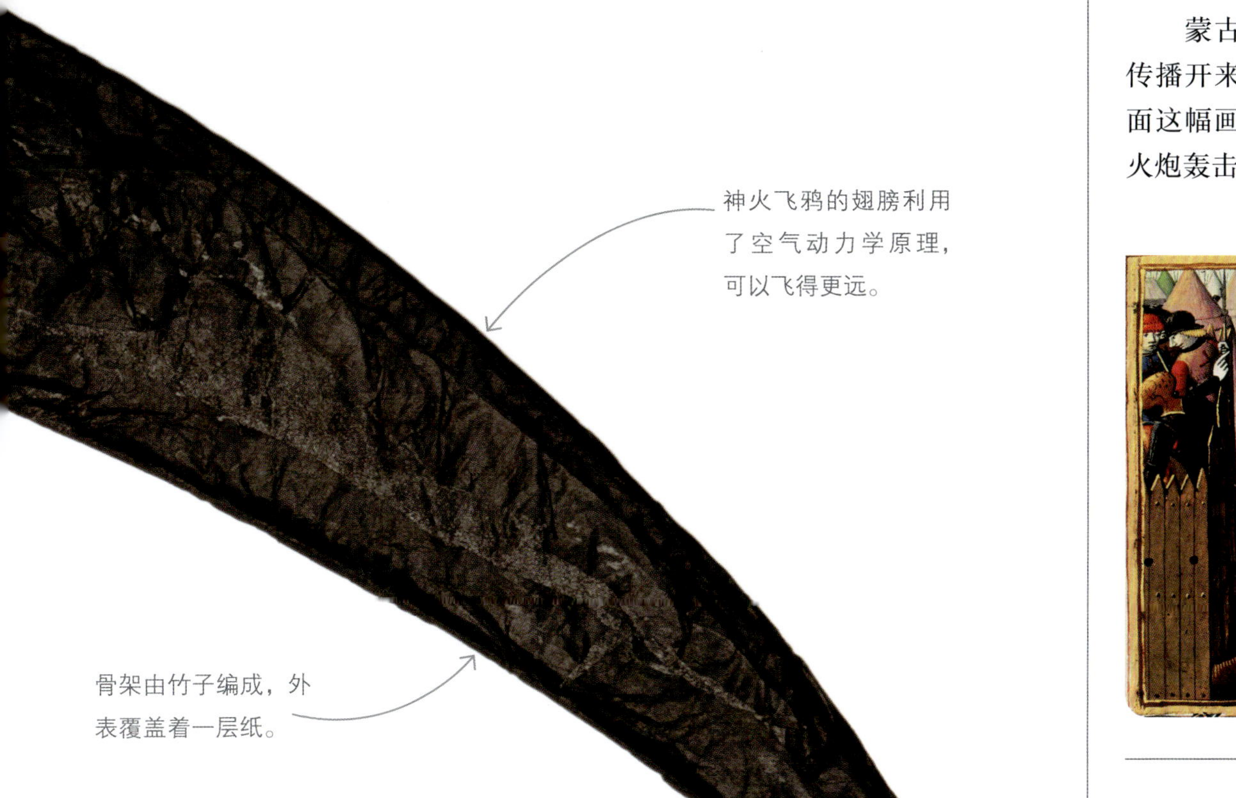

神火飞鸦的翅膀利用了空气动力学原理，可以飞得更远。

骨架由竹子编成，外表覆盖着一层纸。

### 火药与化学

中国的炼丹师们在炼制过程中，偶然发明了火药的配方。他们发现将木炭、硝石、硫黄等按一定比例混合后，就会遇火爆炸。这就是最早的火药。

### 最早的火炮

13世纪50年代，中国出现了以竹筒喷射火药的竹质突火枪。13世纪末，人们又发明了最早的火炮。火炮是用青铜铸造的，相比火枪射程更远、威力更大，能承受更剧烈的火药爆炸。

### 火药传入欧洲

蒙古人掌握了火药技术后，通过丝绸之路将它传播开来。到14世纪，火药技术已经传入欧洲。下面这幅画描绘的是1428年英法百年战争中，英军用火炮轰击奥尔良城墙的情景。

### 早期的枪

早期火器用火药发射子弹。虽然子弹威力极大，可穿透盔甲，但这些火器十分笨重。不久，人们发明了更轻便、射击更精准的枪支，取代了弓箭和长矛。从17世纪起，左图中这样的步枪成了常规武器。

有了支撑物，步枪才能瞄准目标并开火。

# 维京人
## 的劫掠与贸易

9世纪，维京海盗频繁从海上发动突然袭击，在欧洲引起了恐慌。他们驾着长船从丹麦、挪威和瑞典出发，洗劫了许多其他国家沿海的定居点。一些维京人定居下来，在英格兰、爱尔兰、苏格兰和法国建立聚居地。维京人是了不起的商人和探险家。他们与阿拉伯商人开展贸易，还向西航行，前往冰岛和格陵兰岛定居。他们甚至横渡大西洋，到达了纽芬兰，成为最早登陆美洲大陆的欧洲人。

**维京战士**

维京战士以凶猛好战著称。据说，维京战士投入战斗之前会咬盾牌，使自己进入狂暴状态。维京人称霸的时代结束后，挪威人用海象的牙雕刻了这枚棋子。它的制作时间距离维京人横行的时代已经过去很久了，可见他们的赫赫凶名。

**长途贸易**

瑞典的维京人率先沿着如今位于俄罗斯境内的河流开辟了远至黑海和阿拉伯帝国的新贸易路线。他们用琥珀、毛皮和奴隶换取阿拉伯银币、丝绸和香料。维京商人随身带着一架小天平，用来测量硬币的重量，由此确定它们的价值。

**居家的维京人**

维京人中的男性出海时，女性就负责家务和农活。她们还需要织布，来做衣服和船帆。维京人的房子内部结构简单，主体是一个大房间，人和动物共同居住在里面。

### ▶ 维京长船

这是一艘现代人复原的维京长船。它船身狭长，船体坚固，还有航速快、易于操控等优点。长船上有一面巨大的方形布帆，以便在海上长途航行。这样的船既能在海上乘风破浪，也可以载着维京人在欧洲内陆的河流中畅通无阻。

## 划船

当船快要靠岸或者海上无风时，维京人就会卷起船帆，拿出船桨。最大的长船可以承载80人。划船时，人们坐在储物的木箱上。他们还把战斧放在身边，以便随时拿起武器攻击。

# 传播知识的
# 阿拉伯科学家

中世纪是阿拉伯文明发展的黄金时代。阿拉伯学者们保存了被当时的欧洲人所忽视的古希腊、古罗马文化，并吸收转化为自己的文明。他们记下了许多医学、天文学、数学、工程学方面的知识，自己也取得了了不起的新成就。

背面

可旋转的照准仪。

照准仪两端有小孔，观测时透过小孔观察。

### ▶ 星盘

阿拉伯天文学家善于使用星盘。这是一种用途多样、精密复杂的仪器，既可判断当下时辰，也可以帮助人们寻找麦加的方向。上图中这个星盘制造于14世纪摩尔人统治下的西班牙安达卢斯。

**使用星盘**

星盘可以测量天体的高度，有助于人们计算地球上各地的坐标。使用星盘时，将星盘垂直放置，然后旋转照准仪，与被观测的天体对齐，然后从星盘边缘的刻度上读出高度。

天文学家正用星盘观测天体。

**工作中的天文学家**

这幅图展示了天文学家们在塔奇·阿尔丁主持建造的天文台中辛勤工作的情景。塔奇·阿尔丁是一名奥斯曼帝国的天文学家。他撰写了数十本医学、天文学、工程学等方面的书籍，还在书中介绍了如何用蒸汽轮机驱动机械设备。

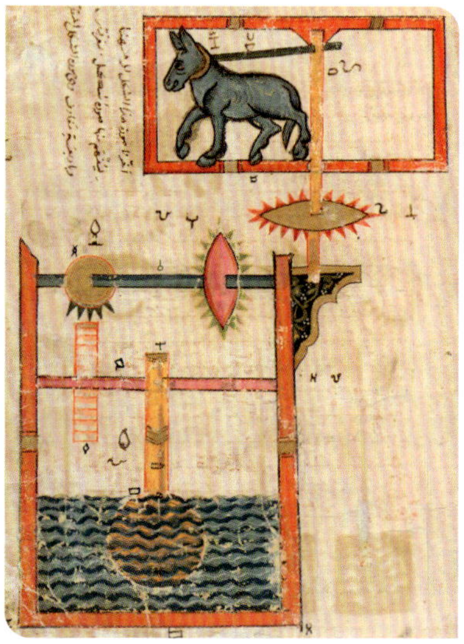

**令人惊叹的发明**

12世纪，一位优秀的工程师伊斯梅尔·贾扎里发明了各种各样精巧的机器，并为每一种机器配备了详细的说明书。他发明的机器由水、轮子和齿轮驱动，涉及范围很广，既有娱乐性的，比如漂在水上的“音乐船”（类似音乐盒，上面有四个音乐家玩偶，可以击鼓奏乐），也有实用性的，比如图中用驴拉动的水泵。

圆盘上用阿拉伯语和拉丁语刻着黄道十二宫的名称。

星盘由铜和银制成。

夹在中间的圆盘是可拆卸的。观测者所在的位置不同，看到的夜空也不同，因此每个星盘配有多个圆盘，以便观察者根据需要更换。

最外层的镂空圆盘上有星星和星座的位置，可以旋转。

### 玻璃制造技术

阿拉伯文明的玻璃制造技术也取得了极大的进步。他们发明了用金属给玻璃上色的新技术，比如用银上色，使玻璃富有光泽。人们还会在玻璃表面刻画复杂精美的图案。这些玻璃器皿大量出口，传入欧洲后，为威尼斯工匠日后创造著名的玻璃制品带去了灵感。

这盏灯来自叙利亚，上面用彩色玻璃写着阿拉伯文字。

### ◀ 青铜艺术

朱罗王朝信仰印度教。他们崇拜的湿婆是印度教最有影响力的主神之一。这尊青铜像呈现了舞王相的湿婆。他在火焰组成的光环中起舞，这象征着他的两大能力：毁灭与重生。朱罗艺术家们以铸造这样精致优雅的青铜像而闻名于世。湿婆像是他们最著名的作品，当然，他们也会创作其他印度教神灵的艺术品。

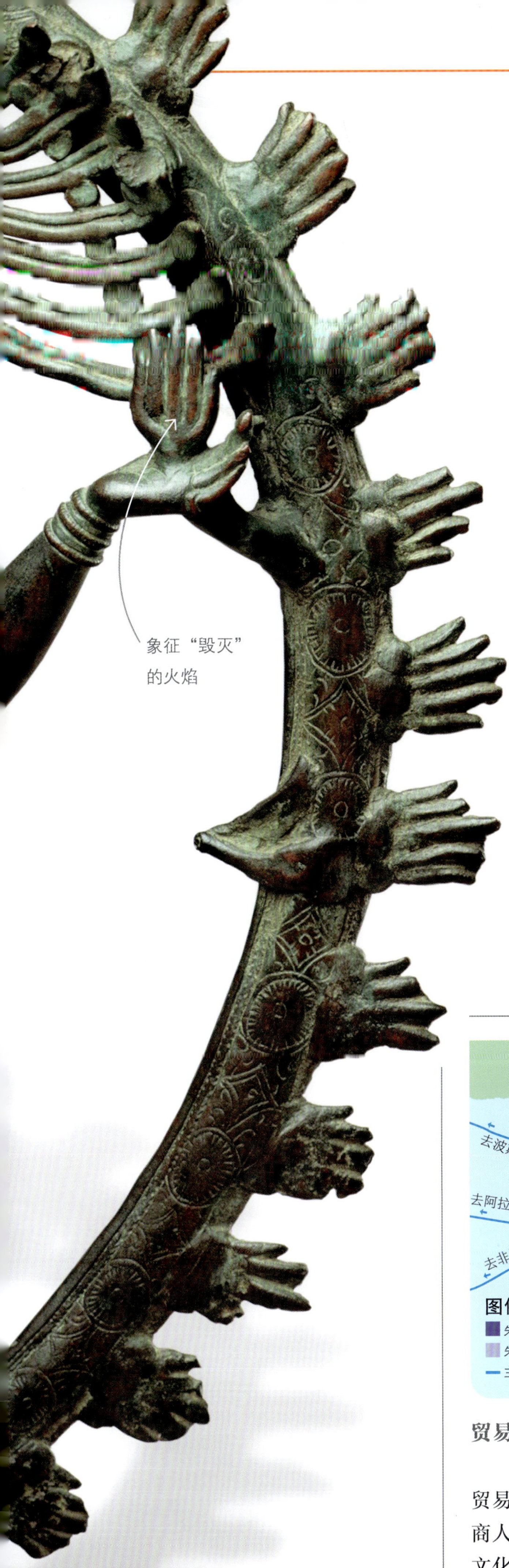


# 朱罗王国
## 统治印度

9—13世纪，朱罗王国的国王们建立起了印度历史上最强大的王朝之一。朱罗王朝的中心位于印度南部的泰米尔地区，它一度统治了印度南部的大部分地区，以及斯里兰卡和马尔代夫。朱罗王朝的影响遍及东南亚。国王们大力支持艺术、建筑、文学的发展。

### 建造寺庙

布里哈迪斯瓦拉神庙位于印度泰米尔纳德邦的坦贾武尔，由巨大厚重的花岗岩建成，是印度南部最大的寺庙之一，也是朱罗国王建造的数座印度教寺庙之一。这样的寺庙既是宗教场所，也是社会和文化生活的中心。

### 贸易大国

朱罗王朝凭借强大的海军力量控制了印度洋的海上贸易。他们征服了沿海邻国，并向它们征收贡品。朱罗商人不仅与其他地区交易商品，还传播了朱罗的艺术和文化。他们的贸易路线可以通往中国和阿拉伯帝国。

### 贵重的商品

朱罗利用海运出口珍贵的红宝石和珍珠。当然，朱罗还出口其他货物，比如香料和未加工的棉花。

manus imponent z bene ha
bebunt. Et dominus quidez
ihesus postquam locutus
est eis assumptus est in ce
lum et sedet a dextris dei.
Illi autem prophecti predi
caverunt ubiqz domino co
operante et sermonem con
firmante sequentibus sig
nis. Deo gracias. Oro
Protector in te sperantiu
Deus sine quo nichil est
validum nichil sanctum multiplica
sup nos miaz tuā ut te rectore
te duce sic transeam⁹ p bona tēpa
ralia ut non admittam⁹ eterna.

## 书籍也是艺术品

在还没有使用印刷术的中世纪欧洲，书籍是人们手工制作的，比如这本15世纪的祈祷书。人们用工整的字母仔细地写下文字，辅以手绘的精美插图，书页的细节处用闪闪发亮的金箔装点。这些书籍被称为泥金装饰手抄本，其中的书页由特制的羊皮做成，称为羊皮纸。如果人们需要更多本这样的书，就得小心翼翼地照着最初的那本制作。修道院是当时的文化中心，所以这项繁重的工作常由修道院的人完成。

## ▶ 宫廷女性

平安时代的女性贵族都受过良好的教育，并且有权拥有财产。她们非常讲究穿衣打扮，在正式场合要层层叠叠地穿着许多件衣服。一些女性会根据季节和心情搭配不同颜色、不同图案的衣服。男性贵族的穿着也很讲究，宫廷里的人都打扮得光鲜亮丽。

**身份地位的象征**

这种彩绘的折扇在平安时代的日本很受欢迎。当时，只有上层阶级才可以使用折扇。扇骨的数量彰显着所有者的社会地位。

# 平安时代的日本

794 年，桓武天皇迁都平安京（今京都），日本的平安时代开始了，这是日本文化发展的高峰期之一。平安时代的贵族非常重视繁复优雅的服饰和礼仪。他们支持人们创作优秀的书法和绘画作品，鼓励人们热爱自然。

**宫廷生活**

平安时代的宫廷生活非常优雅，与宫廷外的普通人的生活相去甚远。公卿大臣们醉心于研究四季风物，并常常据此创作诗歌。这幅画描绘了一位公主在两名侍女的陪伴下欣赏樱花的情景。

**诗歌与小说**

当时日本宫廷中的许多女性会写诗歌或小说。其中比较著名的是一位叫紫式部的女官，她创作的小说《源氏物语》是日本的经典名著。

**新的都城**

平安京的街道笔直宽阔，两旁的木建筑排列整齐，市场热闹非凡，花园精致美丽。上图为平等院，是为数不多的保留下来的平安时代建筑之一。

**平安时代的终结**

平安时代后期，天皇逐渐丧失了权力。地方领主们组建起私人军队，这些军队由武士组成，效忠于领主。后来，源氏和平氏两大家族争权，战争爆发了。1185 年，源氏家族的源赖朝建立了日本历史上第一个幕府，结束了平安时代。

“征夷大将军”源赖朝

## 伊费王国

约鲁巴人主要生活在今天的尼日利亚，伊费王国是约鲁巴人建立的古代王国。伊费文化以青铜、赤陶雕像闻名。随着奥约王国和贝宁王国的崛起，伊费王国逐渐衰落。

这个饰物是国王的象征。

这个青铜头像铸造于 14 世纪，面容栩栩如生，令人震撼。

这个动物木雕是一个具有宗教意义的巫术偶像，据说蕴含着某种精神力量。

## 刚果王国

刚果王国包括今天安哥拉的部分地区和刚果民主共和国的部分地区，14 世纪前后由班图人建立。刚果王国军事力量强大，木雕巧夺天工，纺织品十分精美，逐渐成为一个强盛的国家。1665 年，刚果王国遭到葡萄牙殖民军入侵，国力日渐衰弱，1885 年被比利时等国瓜分。

# 非洲诸王国

中世纪时期，非洲大陆上出现了许多王国。其中，加纳王国是非洲最早建立的王国之一，盛产黄金。加纳王国一直存续到13世纪。其后马里王国兴盛起来，成为西非最强大的国家。非洲的其他诸国家也繁荣发展，它们与亚洲国家进行贸易，后来贸易范围又拓展到欧洲。非洲诸王国的艺术与文化都十分繁荣，宗教也各有不同，有的信仰本地的多神崇拜，有的信仰伊斯兰教或基督教。

拉利贝拉的圣乔治教堂外观呈十字形。它与当地其他教堂一样，是直接从岩石中开凿出来的。

## 埃塞俄比亚王国

埃塞俄比亚王国起源于古代的阿克苏姆王国，是一个东正教国家。拉利贝拉是该国最神圣的城镇之一，那里坐落着几座于13世纪修建的岩石教堂。王国早期遵循游牧民族的传统四处迁移，直到1635年才将贡德尔定为首都，并在那里建立起宏伟的宫殿。埃塞俄比亚王国一直延续到1974年国王被废黜为止。

“大围场”四周环绕着高达10米的石墙，可能是国王的宫殿残垣。

用皂石雕刻的“津巴布韦鸟”雕像被放置在“大围场”内。

## 津巴布韦王国

津巴布韦王国控制了内陆地区与东非海岸斯瓦希里城镇之间的黄金贸易，从而发家致富。大津巴布韦古城如今已是一片废墟，但从遗址的痕迹可以看出，这里曾经属于一个富有、繁荣的国家。

# 教会势力
## 的崛起

到 10 世纪，基督教已经传播到了欧洲大部分地区。基督教的组织被称为教会。教会极具权势，对人们的日常生活有着巨大的影响。中世纪的欧洲人大多不识字，只能依靠神父向他们传授《圣经》。

**长途跋涉的朝圣者**

基督教的朝圣者会长途跋涉去参观那些著名的圣物，希望圣物能奇迹般地治愈疾病，或者让自己的罪责能被上帝宽恕。还有一些人会前往罗马，在罗马城的一座座教堂中祈祷。朝圣者来自社会各个阶层，有男性也有女性，有国王也有农民。为了旅途安全，他们经常有组织地结伴而行。

### ▶ 神圣的遗物

在基督教中，一些品德高尚或为了捍卫信仰殉教的人被封为“圣徒”。人们认为圣徒的遗物——比如一块骨头或一件衣服——具有超自然的力量。这些遗物被保存在圣物箱中，信徒们渴望触摸它们，或在它们旁边祈祷。这只银色的圣物箱 1450 年制造于瑞士巴塞尔，据说里面装着耶稣时代被杀害的一个小男孩的骨头。

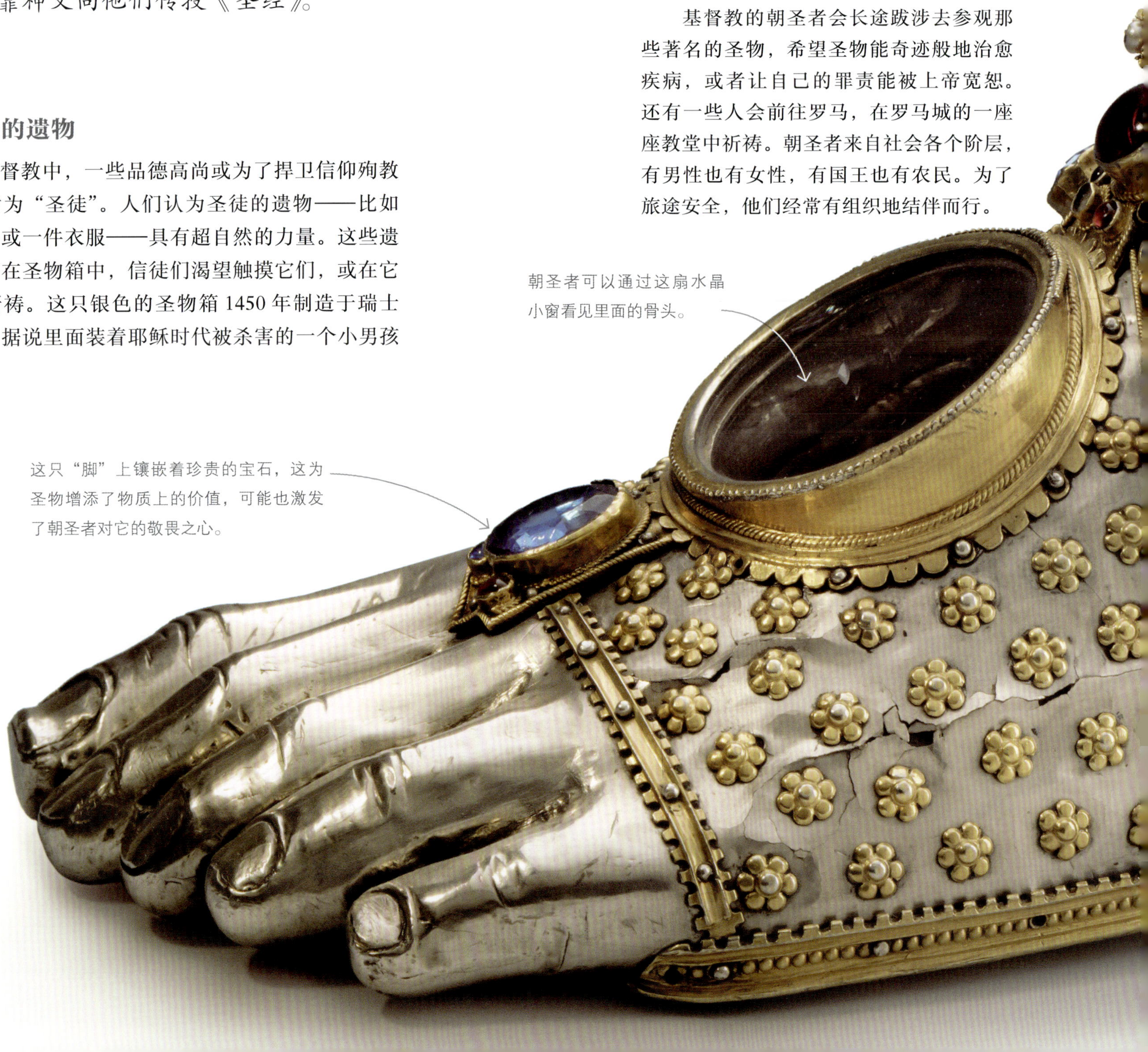

朝圣者可以通过这扇水晶小窗看见里面的骨头。

这只“脚”上镶嵌着珍贵的宝石，这为圣物增添了物质上的价值，可能也激发了朝圣者对它的敬畏之心。

小小的金色十字架代表着基督教的信仰。

这个圣物箱长 24 厘米，主体为木质，覆盖着银外壳，用黄金装饰。

### 地位显赫的教皇

教皇居住在罗马，所有信奉天主教的人都要服从他的宗教权威，包括各国的国王。违反教皇意志的统治者可能会被逐出教会，没有人敢冒这个风险。右图是教皇所戴的黄金冠冕，称作“三重冕”。

### 建造教堂

在不断发展的城市里，由教会建造的教堂拔地而起，从很远的地方就能望见。许多教堂成了教育中心，孕育出最早的大学。图中这座高大的教堂就是法国的巴黎圣母院。

### 上天堂，还是下地狱？

当时人们认为，只有遵循教会的教导，死后才能前往天堂，而不是地狱。看着教堂里这样的壁画，人们会对地狱中的苦难产生可怕的想象。

# 效忠领主的
# 中世纪骑士

骑士是国王或领主军队中的精锐，身穿闪闪发亮的盔甲，在马背上作战。他们是职业的战士，需自己配备盔甲和战马，随时准备听从召唤，踏上战场。中世纪的欧洲实行封建制度，社会等级森严，骑士是这个等级制度中至关重要的阶级。

**成为骑士的准备**

接受骑士训练的少年被称为“侍从”。侍从需要照料骑士的马，打理骑士的盔甲，作为学习战斗技巧的回报。那时马匹和盔甲都很昂贵，所以骑士和侍从通常都出身于贵族家庭。

## ▶ 闪闪发亮的骑士盔甲

骑士的盔甲由一片片钢板制成，钢板之间用皮带连接，可以将身体从头到脚保护起来。尽管盔甲可重达 25 千克，骑士却仍可以在里面行动自如。骑士还会在盔甲里面穿一件棉质紧身上衣，既可让盔甲穿起来更舒适，也可以起到保护作用。

为了便于手臂活动，外层盔甲的连接处会有缝隙，这就需要内层的锁子甲提供保护。

这层皮革内衬是最后的防线。

### 城堡之外

国王和领主们住在城堡里，统治着城堡周围的乡村。农民耕种城堡周围的土地，每年向领主上交一部分收成，作为土地的租金。城堡里的领主会在战争时期保护领地的农民，平时也负责解决纠纷。

### 城堡之中

领主及其家人、骑士和仆人都住在城堡里。领主级别越高，他的城堡就越大。除了私人房间、小礼拜堂、厨房、花园以外，每个城堡还有一个招待客人的大厅。国王会在宽敞的待客厅里举行盛大的宴会。

### 中世纪欧洲的封建制度

中世纪的欧洲，国王拥有国家的所有土地。国王把一块土地授予贵族（这块土地叫封地或采邑），贵族要宣誓为国王而战，他可以亲自上阵，也可以为国王提供骑士。贵族可以将自己的土地分成小块奖励给骑士，骑士在这块地上建立庄园，雇佣农民在庄园里耕种、劳作。

# 十字军东征

11—13 世纪，西欧封建主、天主教会和意大利商人对地中海东部沿岸地区发动了战争。这场战争始于 1096 年，欧洲人称其为“十字军东征”。当时，在天主教会的支持下，西欧各国的封建主和骑士组织军队，前去攻打耶路撒冷，其时穆斯林统治这座城已近 500 年。

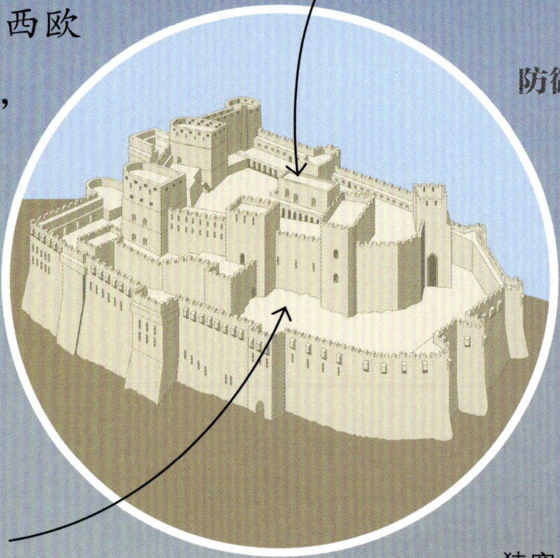


### 防御的围墙

骑士堡周围环绕着防御性的高墙，墙上建有塔楼。内墙比外墙高得多，防守的士兵可以在内墙上向下射箭，击退攻打外墙的入侵者。

### 被占领的土地

1098 年至 1109 年，十字军在他们占领的土地上建立了四个国家。1144 年，穆斯林军队夺回爱德沙。尽管新的十字军源源不断地到来，但伊斯兰国家的实力也在逐渐恢复，其他三个十字军国家也逐渐感到了压力。1291 年，最后一个十字军侵占的据点阿克城为穆斯林占领。

### ▶ 十字军的城堡

占领耶路撒冷后，一些十字军留在了当地。由于寡不敌众，他们建造了巨大的城堡来保卫他们占据的领土。在后来的冲突中，不少城堡都经历过至少一次易主。骑士堡建立在坚实的岩石上，曾经抵抗了三次围攻，直到 1271 年才被穆斯林军队攻陷。

### 攻城武器

穆斯林军队和十字军都会使用攻城武器攻击对方的城堡，比如投石机。投石机是一种巨大的弹射器，可以投掷沉重的石头。操纵投石机需要5到20人。

### 有力的回击

穆斯林军队在萨拉丁的领导下对十字军国家进行了有力的反击。1187年，萨拉丁在哈丁战役中击败了一支庞大的十字军军队，虽然经历了短时间的围困，但最终夺回了耶路撒冷。

### 文化交流

穆斯林和基督徒的接触并不只有战争。十字军从伊斯兰文化中获益良多，并把新思想带回了欧洲。他们还发现了新的调味品，比如当时在欧洲不为人知的糖。东西方之间的贸易往来日益频繁了

# 蒙古人征服亚洲

13 世纪，蒙古军队踏出了他们征服的脚步，以令人闻风丧胆的军事实力征服了东起东亚、西至多瑙河和地中海东部沿岸的土地。他们的首领成吉思汗是一位天才的战争统帅，他于 1206 年建立蒙古汗国。他统一了蒙古各部落，把他的子民训练成了有史以来最强大的骑兵之一。

### 四处迁徙的生活

蒙古人是游牧民族，常常带着马、骆驼、绵羊和山羊在草原上迁徙。一旦找到新牧场，他们就迅速搭起轻便蒙古包居住下来。

### ▶ 蒙古士兵

蒙古士兵骑术出众，从小就长期接受骑马训练。每个士兵都有一两匹体形小、速度快的马。他们身穿坚硬的皮质轻型盔甲，这使他们在战斗中行动迅速、身姿灵活。蒙古军队最喜欢使用这样的战术：一群士兵假装撤退，趁敌人追击时突然转身，和提前埋伏好的己方军队一起攻击敌人。

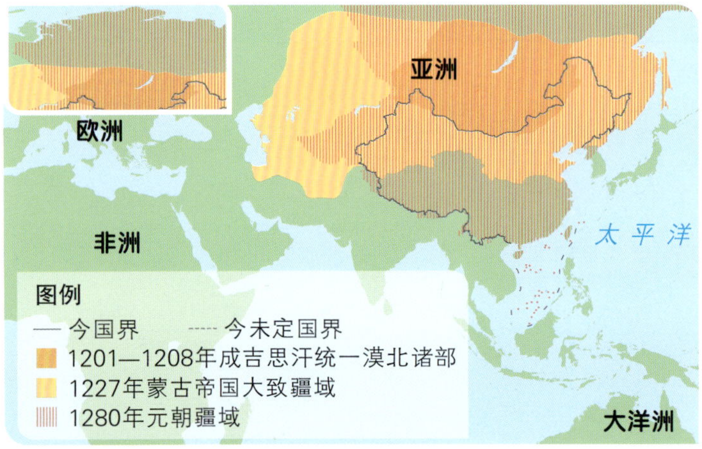


### 蒙古汗国

蒙古人仅用 50 多年，便建立起一个疆域辽阔的帝国，占据了东亚、中亚、西亚、东欧的广大地区，引起欧洲震惊。统治这样广大的地区自然是难上加难，被征服的地区被分封给皇族，建立了几个“宗藩之国”。

## 弓与箭

为了狩猎、打仗，蒙古人从小就苦练箭术。战士们骑马飞驰，可以在马上突然转身，向敌军射出铺天盖地的致命箭矢。

## 忽必烈

成吉思汗的孙子忽必烈在1271年定国号为“元”，次年定都大都（今北京）。1276年，元朝军队攻占了南宋的都城，南宋灭亡。忽必烈在位期间，丝绸之路的贸易继续蓬勃发展，繁荣程度达到历史新高。

# 北美洲各民族

数千年来，无论是靠近北极地区的冰原，还是西南部酷热的沙漠，北美洲的各个角落都已遍布了人类的足迹。北美洲分布着数百个部落，每个部落生活的自然环境不同，其传统习俗与生活方式也各有特色。

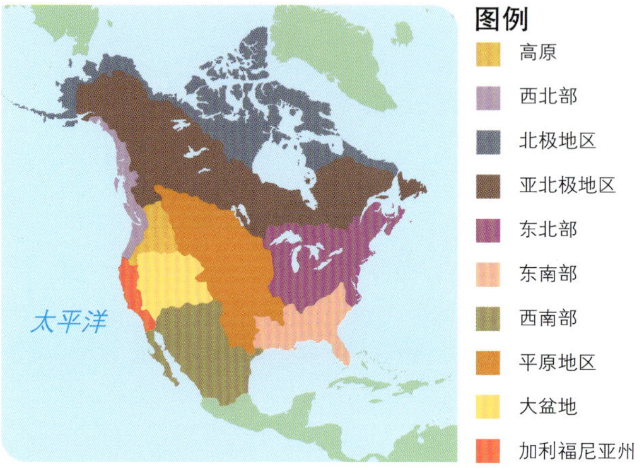


**休戚与共的家乡**

北美洲可以被划分为10个主要的生物群落，每个生物群落都有不同的气候和地貌特点，比如山脉、平原、河流、海岸或沙漠。每个区域都生活着许多不同的部落和民族，这些部落或民族都与生活的土地休戚与共。本页的物品都来自不同的部落，具体位置已在地图上用黑色标示。

**农民和商人**

在11—15世纪间，生活在密西西比河流域的人们制作了这个人形罐子，可能用于某种仪式或典礼。密西西比河流域的居民长期定居于此，从事农业，种植玉米、南瓜和豆类作物。他们在土丘上建造房屋和庙宇，贸易往来的范围远至落基山脉和五大湖地区。

**航海的渔民**

这尊半人半豹木雕是卡卢萨人制作的。卡卢萨人生活在佛罗里达州西南部的大沼泽地区，沿沙质海岸和海湾定居。他们擅长航海，主要以用网捕获的贝类和鱼类为食。一些卡卢萨人甚至远航到古巴，与当地人贸易。

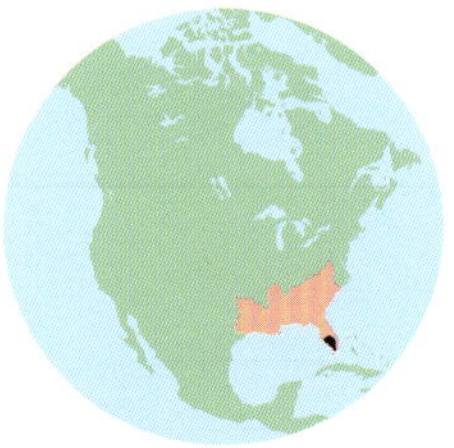

雕像跪坐的双腿与人类相似。

**独木舟大师**

数千年来，特林吉特人一直生活在西北太平洋沿岸地区。英语中“特林吉特”的意思是“潮汐中的人”。他们乘着装饰华丽的雪松独木舟（如图所示）航行在河流与大海上。特林吉特人会庆祝冬季赠礼节，举办盛宴，彼此分享礼物。

### 纺织能手

大约 600 年前，纳瓦霍人从北美洲北部迁移到西南部的沙漠地区。他们可能从普韦布洛人那里学习了农业技能，并将传统的采集、狩猎生活方式与农耕相结合，成为擅长制陶和纺织的民族。

### 技艺高超的工匠

大约 2000 年前，生活在今俄亥俄州南部的人们雕刻了许多精美的工艺品，比如这个河狸形的烟斗。他们还会制作铜饰品，并与来自大西洋沿岸和落基山脉的人们进行贸易活动。

从这个小孔吸烟。

绿松石做的眼睛

### 悬崖上的居民

1000 多年前，普韦布洛人生活在北美洲西南部，祖祖辈辈务农。普韦布洛人的村庄建立在峡谷陡峭的一侧，其中一些建筑有几层楼高，可以通过绳子或木梯进入。普韦布洛工匠用腐朽的木头雕刻了图中这只青蛙。

### 东南部民族

北美洲东南部地形多样，有山脉、沼泽和沿海平原。大约 1000 年前，生活在今佛罗里达州西北部和亚拉巴马州南部的人们擅长狩猎和捕鱼，还会在小花园里种植农作物，比如向日葵和葫芦。他们还会制作动物形或人形的精美陶器。

这个罐子里可能装着一位重要人物的骨灰。

人像的脸被涂成黑色，表示戴着面具。

前腿有脚，但后腿没有，这可能是为了做成凳子的形状。

# 黄金与盐矿上的王国

中世纪时期，非洲各王国在全球贸易中扮演着重要的角色。其中最强大的是西非的马里王国。13 世纪 30 年代起，它控制了该地区黄金和盐的贸易通道。马里不断扩张，统治者也拥有了大量财富，国王曼萨·穆萨曾是当时世界上最富有的人之一。15 世纪，随着邻国的崛起，马里开始走向衰落。

**掌控贸易**

马里恰巧位于盐矿和金矿中间——北边是沙漠中的盐矿，南边是金矿。进入马里的商队都要交税，这既增加了王国的税收，也保证了所有贸易路线都被马里牢牢把控。

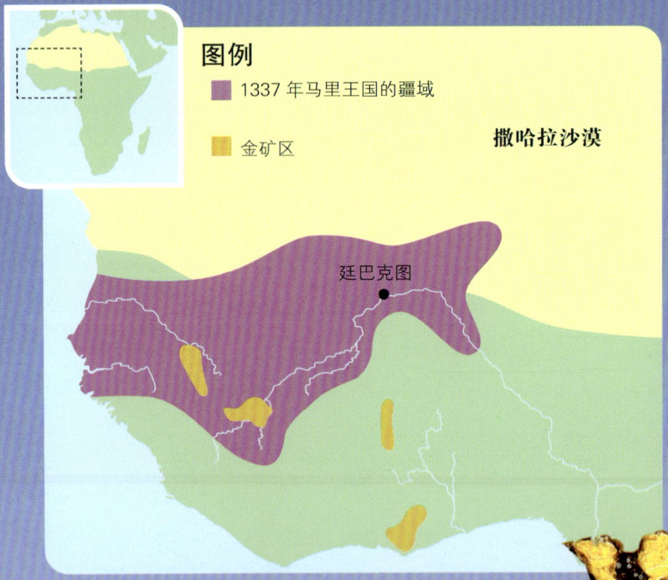


马里王国

**最富有的国王**

曼萨·穆萨于 1312 年登上王位，他用庞大的军队使王国的领土扩展到原先的两倍，并加强了对盐矿和金矿的控制。1324 年，他前往麦加朝圣时花费了许多黄金，从此声名远扬。

曼萨·穆萨

《加泰罗尼亚地图集》中描绘了曼萨·穆萨的形象。这本地图集绘制于 1375 年，画出了当时欧洲人已知的世界地图及重要的人物。

**廷巴克图**

廷巴克图城（今通布图）本是贸易枢纽，后来又成为举世闻名的文化中心。曼萨·穆萨前往麦加朝圣后，在廷巴克图建立了宏伟的津加里贝尔清真寺。清真寺中收藏了大量珍贵的手稿，吸引了许多学者前来。

▶ **载盐的商队**

运输盐最高效的方式是使用骆驼商队，所以骆驼至今仍在履行这样的职责。人们从马里北部撒哈拉沙漠的塔阿扎盐矿中挖出盐块，再用骆驼运到马里的贸易城镇中卖出。交易完成后，商队满载着黄金和其他货物返回北方。一个商队有几百甚至几千头骆驼。

天平可以称量破碎的盐块。

## 贸易城镇

商队抵达马里繁忙的贸易城镇，在那里用盐和黄金进行交易。盐在这一地区非常宝贵，它是一种人体必不可少的矿物质，可以在炎热的气候中维持人的生命健康。人们还可以利用盐来保存食物。

骆驼可以在不喝水的情况下行走数天。

大的盐块可重达 80 千克。

至今，人们仍用骆驼穿越撒哈拉沙漠，运输盐块和其他货物。

## 失落的王国

吴哥王朝建立于802年，曾是东南亚最强大的国家之一。王朝建立后，疆域不断扩大，财富不断累积，并控制了面积广阔、土壤肥沃的水稻种植地区，包括今天的泰国、柬埔寨、老挝和越南。1120年，国王苏利耶跋摩二世开始在吴哥王城建造一系列庙宇，其中就有壮观的吴哥窟。吴哥窟至今仍是世界上最大的宗教建筑群。后来，吴哥王朝与他国发生战争，逐渐走向衰落。1440年，吴哥城被遗弃，许多庙宇被毁。

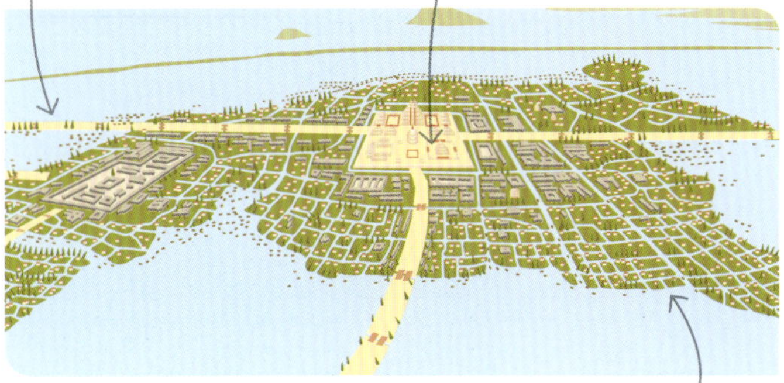


**阿兹特克帝国的首都**

阿兹特克人把他们的首都建立在湖中的一座岛上，即特诺奇蒂特兰城。据说，有一只鹰曾降落在湖中岛屿的一棵仙人掌上，成为他们在这里建立城市的启示。特诺奇蒂特兰城曾是世界上最大的城市之一，人口众多。阿兹特克人在浮田上耕作，即用肥沃的土壤造一个人工小岛，在上面种植作物。这种耕种方法养活了城市的 20 万人口。

**旅行的商人**

阿兹特克商人游走于帝国内外，以获取所需的、稀有的商品，比如羽毛、宝石、纺织品和可可豆。他们还充当间谍，向首都发回重要情报。这些商人受到帝国的高度重视，他们在城市中有特定的居住区域。

# 阿兹特克帝国

约 1300 年，阿兹特克人在墨西哥谷地定居。在一个世纪内，他们征服了大部分邻近的城邦（或与之结盟），建立起一个组织十分完备的帝国，并将帝国疆域扩展到中美洲。帝国的统治者居住在首都特诺奇蒂特兰城。臣服的城邦必须向中央朝贡，贡品包括食物、布料和奢侈品。阿兹特克人一直统治着今墨西哥大部分地区，直到 1521 年入侵的西班牙殖民者占领了特诺奇蒂特兰城。

▶ **骷髅面具**

据说，这个面具代表了特斯卡特利波卡神，他是阿兹特克人崇拜的最强大的神灵之一。面具由人类头骨制成，阿兹特克祭司可能会在宗教仪式上佩戴它。面具上装饰着小块绿松石和褐煤，排列成复杂的、马赛克般的图案。制作面具的材料来自帝国的不同地区，其中鲜艳美丽的绿松石是阿兹特克人极为珍视的一种宝石。

**雄鹰战士**

阿兹特克人的所有男孩都必须接受军事训练，只有最优秀的人才会成为“雄鹰战士”或“美洲豹战士”，也就是阿兹特克军队中的精英。士兵们需在战争中表现出一定的勇气，并抓获俘虏，才能获得这样的头衔。右图是一个穿着战斗服装的雄鹰战士泥像。雄鹰战士的服装由厚布制成，表面覆盖着羽毛，上面有鹰头和翅膀形状的饰物。

**掌管诸多事务的神**

特斯卡特利波卡是代表夜晚、战争、领导者等的神，也是专门训练战士的学校的守护神。阿兹特克人的所有男孩和女孩都可以上学，接受文化教育。他们家庭关系亲密，可以每天在家中学习生活技能，接受道德教育。

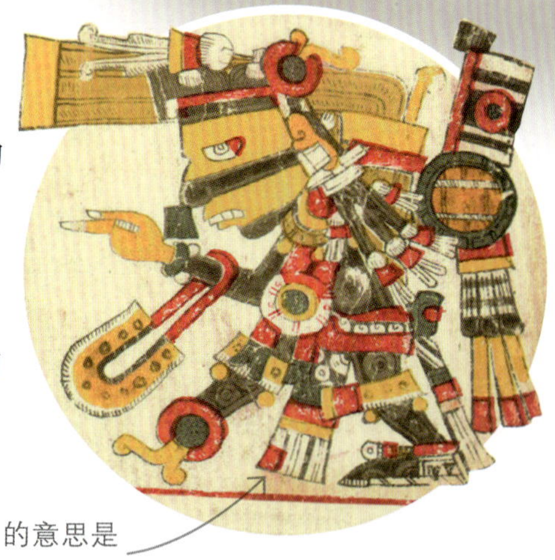

“特斯卡特利波卡”的意思是“冒烟的镜子”。

黑色的碎片装饰是用褐煤做的。
面具内有动物皮做的内衬。
绿松石是一种蓝绿色的珍贵矿物。
眼睛由黄铁矿石制成，外围有一圈海螺壳，勾勒出眼睛的形状。
珊瑚勾勒出鼻腔的形状。
鹿皮做的皮带最初被涂成红色。
大部分牙齿还保留在头骨上。

# 印加人
## 统治的山间帝国

15 世纪，印加人统治的印加帝国是当时世界上最大的帝国之一。印加帝国沿太平洋海岸绵延约 4000 千米，领土从今天的厄瓜多尔延伸到智利，以位于安第斯山脉高处的库斯科为都城。印加人修建起庞大的道路网，将食物储存在沿途的仓库中，以便更好地统治帝国。他们还建立了组织严密的军队。

**山脊之城**

印加城市马丘比丘建造于 15 世纪，坐落在安第斯山脉的高处，十分宏伟壮观。大约 200 座石质建筑散落其间，由数百阶石砌台阶连接。

**精美的纺织品**

印加人擅长纺织，他们用柔软的骆马、家羊驼或小羊驼的毛纺线织布，织成的布匹带有复杂的几何图案。最精美的纺织品往往要留给地位高的人。美丽的布匹比黄金更有价值，人们经常把它们作为祭品献给神灵和祖先。

**浑身是宝的羊驼**

家羊驼和体形更小的小羊驼，都是印加人生活的重要组成部分。羊驼能够在高海拔地区生活，常被用来驮重物。它们还能为人类提供毛和肉，粪便也能作为燃料。

**巡行的君主**

印加帝国的君主被称为“萨帕印加”，自称是太阳神的后裔。君主出巡时，会坐上华丽的轿子。

## ▼ 庞大的道路网

印加帝国疆域辽阔且多山，印加人用石头铺就了大约39000千米的道路，连接起帝国各地。他们在峡谷上建造吊桥，在岩石间挖掘短隧道。有了这些道路，帝国的军队、官员与信使便可以快速到达要去的地方。

道路表面铺有厚厚的石板，可以保护道路免受雨雪侵蚀。

### 信使的工作

印加帝国建立了完备的道路驿站系统。官方信使可以迅速将货物或消息从一个地方传递到另一个地方。印加人用绳结传递消息。绳子的颜色，绳结的数量、大小及位置都代表着具体的信息。

**奔跑的信使**

除了绳结，每个奔跑的信使还会随身带着一个海螺壳，像吹小号一样将海螺壳吹响，以提醒前方等待的信使准备好接过绳结，在下一段路继续传递。

绳结被递到下一位信使手中。

**交接**

路途中有许多可供休息的驿站，信使们就在那里交接。上一位信使奔跑得筋疲力尽，可以在此休息，恢复体力。信使们交接时会口头复述一遍绳结代表的复杂信息。

接力的信使体力充沛，接过绳结。

**传递完成**

最后一位信使会把绳结交给等待消息的官员，有时还会向他口述绳结传递的内容。通过帝国的驿站系统，消息可以在一天内传递到数千米外。

储存物资的仓库

# 欧洲贸易的发展

1100年以后，欧洲人的生活变得比以前轻松多了。在这一时期，农业丰收，人口增长，城镇涌现，商贸网络扩张，这一切共同促进了贸易的繁荣。民众变得更加富裕，对来自遥远地区的奢侈品的需求也水涨船高。长途贸易路线将欧洲和欧洲以外的地区连接起来。

### ▶ 集市货摊

许多城镇都有会持续数周的集市。集市的货摊上出售各种商品，有农产品，也有进口商品，比如西班牙的皮革、英国的羊毛、北欧的皮草，以及意大利的细棉布、丝绸和香料。这些商品来源于一些更大型的集市。这种集市往往能吸引来自欧洲各地的商人。右侧大图是皮革商人的货摊模型，上面有加工好的皮毛，还有最新款的鞋子模型。

货摊的支架可以折叠收纳，以便商人带着货摊在各个集市之间往来。

**繁荣热闹的集市**

集市向来十分繁忙，不仅出售商品，还举行娱乐活动，为人们提供社交的机会。集市常常设在城镇中心。周边地区的农民可以到集市出售货物，也可以以物易物，用多余的蔬菜、奶酪或鸡蛋来交换皮鞋、瓶子等生活物品。

**羊毛贸易**

在中世纪的欧洲，羊毛贸易规模很大。像英国、西班牙这样的国家，每年会饲养大量的羊，然后将最好的羊毛出口到佛兰德斯和意大利北部生产纺织品的城镇中。这些城镇的人们以羊毛为原料制作衣服，在整个欧洲出售。

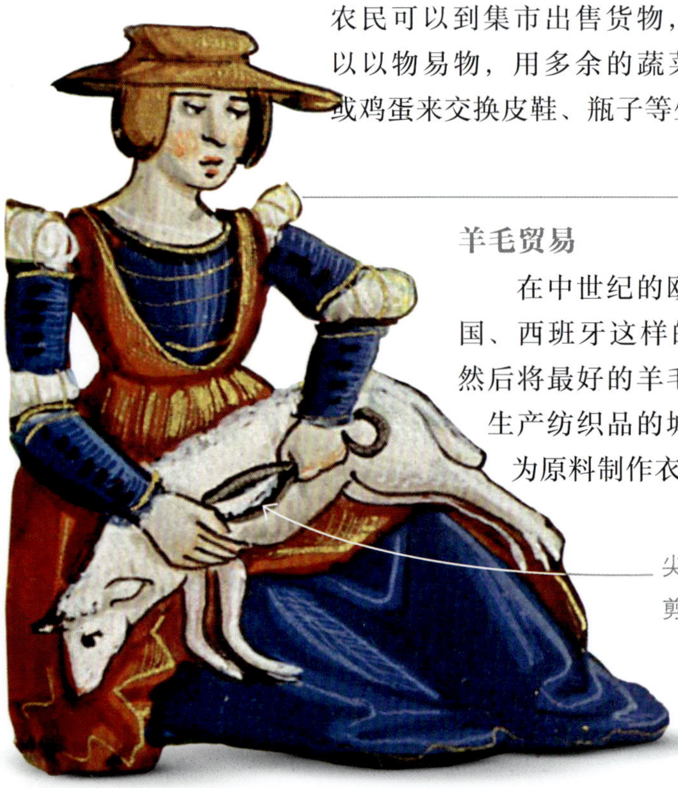

尖锐的铁质剪刀是剪羊毛的重要工具。

### 汉萨同盟

汉萨同盟是一个商业、政治联盟，主要由德意志北部城市组成，垄断了波罗的海地区的贸易，并着力打击海盗。汉萨同盟影响力极强，从诺夫哥罗德到伦敦的沿海各地，都有它的商站。

### 与亚洲的贸易

意大利城市威尼斯曾凭借做欧洲与亚洲的中转贸易发家致富。来自中国、印度的商品最终抵达地中海东岸的港口。威尼斯商人会在那里收购丝绸、香料等贵重货物。

### 早期的银行

早期银行的职能是处理与贸易有关的资金，并为国王和商人提供贷款。最早的银行出现在 14 世纪的意大利。“银行”一词来源于拉丁语“banco”，意思是兑换货币时用的长凳。

# 黑死病
## 席卷欧洲

14 世纪中叶，一场被称为“黑死病”的鼠疫传染病在欧洲暴发，并迅速沿着贸易路线大范围传播。欧洲约有 50% 的人死亡。这不是人类历史上第一次大规模鼠疫，也不是最后一次——在接下来的几个世纪里，黑死病不时地卷土重来，袭击人类，影响社会发展。

黑死病的传播范围

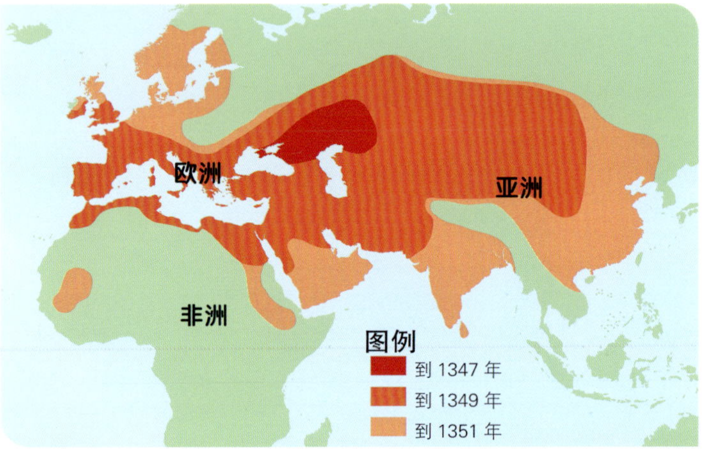


### 黑死病

黑死病出现不久便传播到东亚、南亚和西亚，并从君士坦丁堡传播到地中海沿岸地区，然后到达非洲和欧洲，通过商队和商船传入港口和城镇。

### 传播媒介

鼠疫是由一种名为鼠疫杆菌的细菌引起的烈性传染病。这种细菌寄生在老鼠身上，又经由鼠蚤传染给人类。商船上往往有很多老鼠，鼠疫就这样沿着繁忙的贸易路线从一个港口传播到另一个港口。当时，人们并不完全了解鼠疫的传播方式，也不知道如何预防或治疗这种传染病。

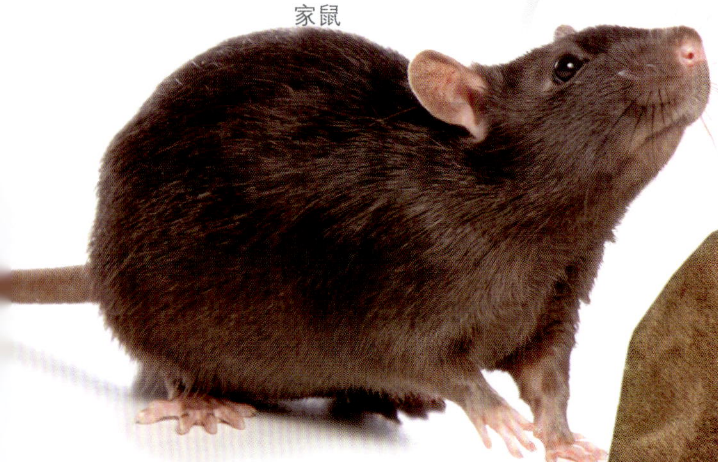
家鼠

鼠蚤

鼠疫杆菌

### ▶ 治疗黑死病的医生

从 1347 年到 1700 年，黑死病在欧洲多次暴发。17 世纪治疗黑死病病人的医生有时会戴着鸟嘴形面具，以使自己免受感染。因为他们错误地认为，腐烂的东西散发出难闻的气味，黑死病会通过这种污浊的空气传播。

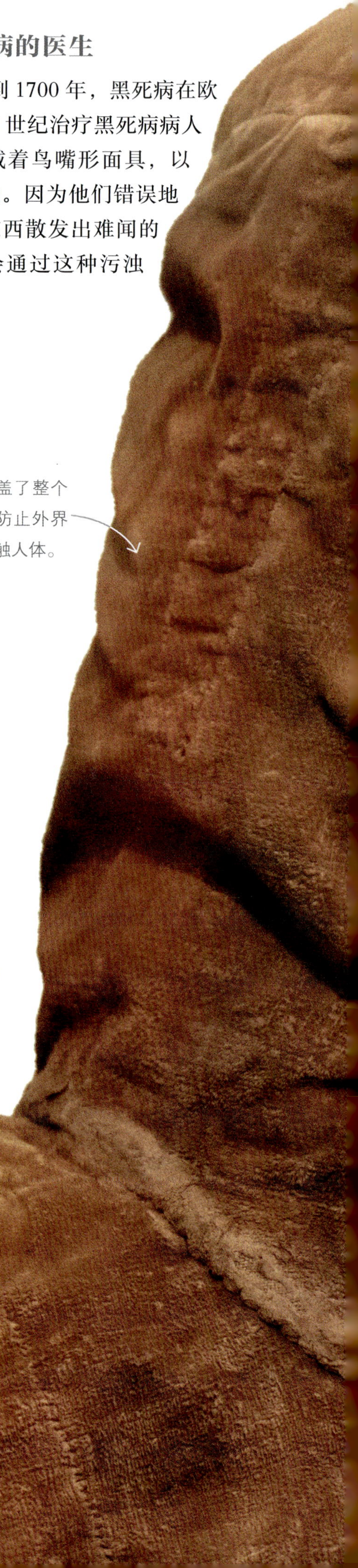

面罩覆盖了整个头部，防止外界空气接触人体。

### 社会的变化

黑死病暴发以来，约有一半的欧洲人染疫死亡，其中不仅有农民，也有教士和贵族。这幅画描绘的是死神即将带走一位富有的年轻女子的场景。人们荒废了大片的土地，幸存者逃到城镇，成为雇佣工人。这对欧洲的封建制度和森严的社会等级制度造成了一定冲击。

### “鸟嘴”里的填充物

面具上的“鸟嘴”中塞满了干花、草药和香料。医生可以通过鼻孔附近的两个小洞呼吸。

人们在“鸟嘴”中填入芳香的药草，他们相信这样可以过滤“污浊的空气”。

### 个人防护

当时人们认为，黑死病是通过污浊的空气传播的。于是在拥挤的城市街道上，为了净化空气，保护自己，人们开始携带装满香料或药草的香盒。

17 世纪的香盒

# 明朝

## 统治中国

1368年，朱元璋率军推翻了元朝的统治，成为明朝的开国皇帝。为了抵御可能入侵的北方敌人，明朝统治者修筑并加固了长城。在明朝统治的近300年里，城市繁荣发展，对外贸易规模不断扩大。

▼ **明长城**

明长城从明朝建立初期开始营建，后来经过多次加修，东起鸭绿江，西抵嘉峪关，全长超过8000千米。

**坚固的防御工事**

长城上修建了大约25000个敌楼，还有不少图中这样的大型关城。关城周围环绕着高大的砖石城墙，修建有坚固的大城门。城门上方的建筑物中驻扎着士兵，随时准备抵御来敌。

长城上每隔数百米就会修建一座敌楼。

**紫禁城**

明朝皇帝在北京建造了宏伟的宫殿建筑群，这座宫城又名“紫禁城”，周围环绕着护城河与高耸的城墙。这里守卫森严，不允许随意进入。

**郑和的船队**

为了彰显国威，明朝航海家、外交家郑和在1405—1433年进行了七次海上远航。他的船队满载着礼物，到达了西太平洋和印度洋区域的30多个国家和地区。

**明代瓷器**

明代瓷器以青花瓷为主。青花瓷胎釉精细，纹饰优美，造型多样，当时，只有中国人才知道烧制方法。明朝时，皇家有专门的官窑厂大规模生产瓷器。到17世纪初，中国瓷器已经大量出口到欧洲，以满足欧洲人的需求。

龙是明代青花瓷上常见的图案。

长城的宽度足以让10名士兵并肩而行。

**烽火示警**

当敌楼上的士兵发现敌军袭击时，就会发出警报——白天释放烟雾，晚上点燃烽火。邻近的敌楼看到示警的信号后，也会发出同样的警报，军情就这样被迅速传到各地。

# 记录时间

数千年来，人类一直试图追寻时间的踪迹，但最早的计时方法远不如现在的精确。13 世纪，第一台机械钟问世，从那以后，人类的计时方法逐渐变得更加精确。时钟经人们不断改进，结构变得更加复杂，也可以表示更小的时间单位。随着钟表愈发精准，人们的生活质量也随之提高。

16 世纪的重锤式机械自鸣钟

### 古代计时方法

古时候，人们日出而作，日落而息。通过观察太阳的位置，人们可以大致推算出当日的时间。右图这个希腊日晷就是利用日影测得时刻的计时工具。

### 公共时钟

13 世纪，欧洲出现了最早的机械钟。人们将机械钟安装在教堂塔楼或公共广场上，有人定时敲钟，提醒人们放下手中的事务，前往教堂做礼拜。有些时钟有更多功能，比如天文钟，可以显示天空中太阳、月亮、星星的位置。

### ▲ 家用时钟

15 世纪，最早的家用时钟诞生了。这时的家用时钟只能显示小时，而不显示分钟。最早的机械钟（如图所示）是由悬挂的重锤驱动的，而且必须经常上发条，才能准确报时。

钟表表面标有罗马数字，表示小时，最顶端的“XII”表示“12”。

正面

钟表唯一的指针表示小时。

## 私人钟表

随着技术的进步，人们制造出体积更小、报时更精确的钟表，可以显示小时和分钟。16 世纪早期，怀表开始流行，并被使用至今。这幅画创作于 1650 年，画中的荷兰人正拿着一块怀表。

金怀表

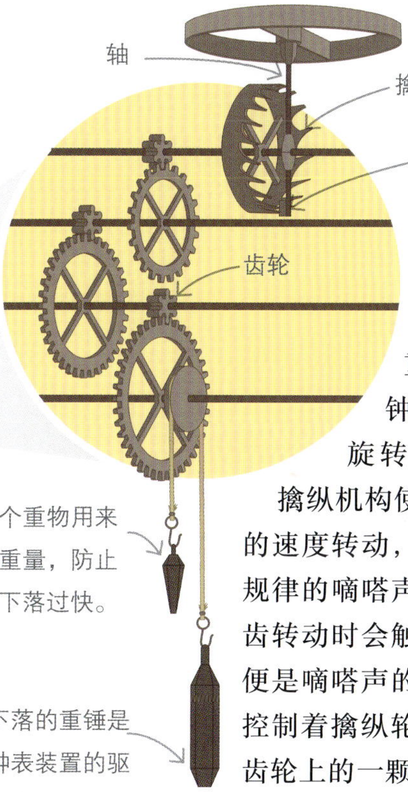


另一个重物用来平衡重量，防止重锤下落过快。

下落的重锤是钟表装置的驱动力。

## 钟表装置

下落的重锤带动时钟内部的齿轮旋转。钟表内的擒纵机构使齿轮以恒定的速度转动，发出一连串规律的嘀嗒声。擒纵轮的齿转动时会触碰到瓦，这便是嘀嗒声的来源。瓦也控制着擒纵轮，每次只让齿轮上的一颗齿通过。

## 手表

20 世纪初，士兵们普遍开始使用手表。手表比怀表更实用，因为它不需要反复拿出、放回，解放了人们的双手。第一次世界大战后，手表开始成为人们普遍的选择。

第一次世界大战时期的手表（带有保护罩）

在欧洲、非洲、美洲和亚洲，一些国家发展成**庞大的帝国**，有些帝国的领土甚至横跨**几个大洲**。然而，帝国内部的**财富**分配严重不均，普通百姓**受到统治阶级残酷的剥削**。于是，一些国家的民众奋起反抗统治者，引燃了**革命**的火花，最终建立起新的**国家**。

# 帝国的扩张

# 近代早期时间轴

当今社会的许多特征都是在世界历史的近代早期形成的。来自不同大洲的人们更加频繁接触，各地商品开始在全球流通，各类思想也在世界范围内传播。许多人在思考组织政府和社会的新方法，并付诸实践。

**1435 年**

**1438 年**
**印加帝国**
印加帝国在君主帕查库特克的统治下迅速扩张，征服了南美洲的安第斯山区。

**1519 年**
**第一次环球航行**
在西班牙王室的资助下，出生于葡萄牙的斐迪南·麦哲伦开始了他的环球之旅。这次环球航行于 1522 年完成，整个船队只有一艘船平安归来。

**1519 年**
**入侵美洲**
西班牙人埃尔南·科尔特斯开始了对阿兹特克帝国的征服。随后在 1531—1535 年，弗朗西斯科·皮萨罗征服了印加帝国。

脚镣

**1526 年**
**第一艘横渡大西洋的贩奴船**
一艘葡萄牙船只载着非洲奴隶穿越大西洋来到巴西。这艘船为此后长达 344 年的罪恶的黑奴贸易拉开了帷幕。

**1526 年**
**莫卧儿帝国**
巴布尔入侵印度，建立莫卧儿帝国。莫卧儿帝国的统治一直延续到 1857 年。

**1568 年**
**荷兰共和国**
在威廉·奥兰治的领导下，主要信奉新教的荷兰人奋起反抗信奉天主教的西班牙人。1581 年，荷兰共和国成立。1648 年，西班牙正式承认了荷兰独立。

釜山镇之战

**1592 年**
**日本入侵朝鲜**
丰臣秀吉下令出兵朝鲜，这是他执政期间两次入侵朝鲜中的第一次。1598 年，日本军队再次被击败，这意味着日军的两次入侵均以失败告终。

**1600 年**
**英国东印度公司**
这家新成立的英国贸易公司专门从事英国对东方的商业垄断贸易。1757 到 1858 年间，东印度公司迅速扩张势力范围，占领了广阔的土地。

詹姆斯敦

**1607 年**
**詹姆斯敦**
英国人在今美国弗吉尼亚州的詹姆斯河畔建立了他们在北美的第一个永久定居点，命名为詹姆斯敦。

**1618 年**
**三十年战争**
以德意志为主战场，天主教徒和新教徒之间爆发了一场大规模战争。这场战争持续了 30 年，欧洲主要国家均被卷入其中。

**1643 年**
**路易十四登基**
年幼的路易十四成为法国国王，直到 1715 年去世。在漫长的统治时期中，他为了扩大法国的影响力和威望，在欧洲发动了一系列战争。

顺治皇帝

**1644 年**
**中国清朝**
来自中国东北的清军入关，定都北京，建立了一个新王朝。1911 年，清朝的统治被辛亥革命推翻。

**约 1439 年**
**印刷书籍**
德国印刷商约翰内斯·谷登堡成为欧洲最早使用金属活字印刷机的人。

贝宁战士雕像

**1453 年**
**奥斯曼帝国**
这一年，奥斯曼帝国占领了君士坦丁堡，拜占庭帝国灭亡。奥斯曼帝国疆域辽阔，地跨西亚、北非和欧洲。

**1464 年**
**桑海王国**
桑尼·阿里成为桑海国王。他征服了贸易发达的廷巴克图和杰内，并在西非建立了庞大的桑海王国。

**约 1440 年**
**贝宁王国兴起**
埃瓦雷成为贝宁国王。他在位时，贝宁的领土迅速扩张，宗教和艺术也得以发展。

**1480 年**
**莫斯科大公国**
莫斯科大公伊凡三世不再向钦察汗国纳贡，莫斯科大公国开始独立发展、扩张。

萨非王朝的瓷砖画

**1502 年**
**萨非王朝**
伊斯梅尔一世建立萨非王朝，入主伊朗高原。这是自 651 年萨珊王朝灭亡后，第一个统治伊朗高原的波斯政权。

**1492 年**
**哥伦布到达美洲**
意大利航海家克里斯托弗·哥伦布在西班牙王室的赞助下首次横渡大西洋。他发现了一个欧洲人此前不知道的大陆，也就是美洲大陆。

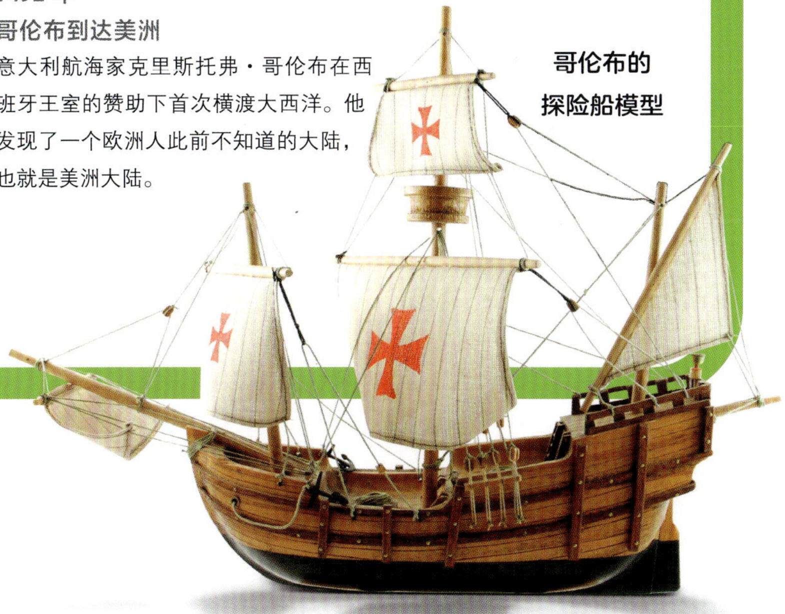
哥伦布的探险船模型

**1517 年**
**欧洲宗教改革**
德国神学教授马丁·路德对天主教教会的行径提出抗议，引发了一场席卷欧洲的宗教改革运动。

**1492 年**
**收复失地运动**
摩尔人自 8 世纪起就占领了西班牙和葡萄牙的部分地区。信奉天主教的西班牙国王伊莎贝拉和斐迪南二世征服了格拉纳达王国，结束了摩尔人对这里的统治。

**1682 年**
**彼得一世**
彼得成为俄国沙皇，直到 1725 年去世。1703 年，他营建新首都圣彼得堡，并于 1721 年建立了俄罗斯帝国。

**1768 年**
**库克的航行**
英国船长詹姆斯·库克开始了首次探索太平洋的航行。此后他又两次奉命前往太平洋。库克的船员中有植物学家、艺术家和天文学家，船队到达了塔希提岛、新西兰、澳大利亚和夏威夷。

**1776 年**
**美国独立**
1775 年，英国和 13 个北美殖民地之间的冲突演变成战争。一年后，各殖民地宣布独立。1781 年，英军投降，战争结束。1783 年，英国承认美国独立。

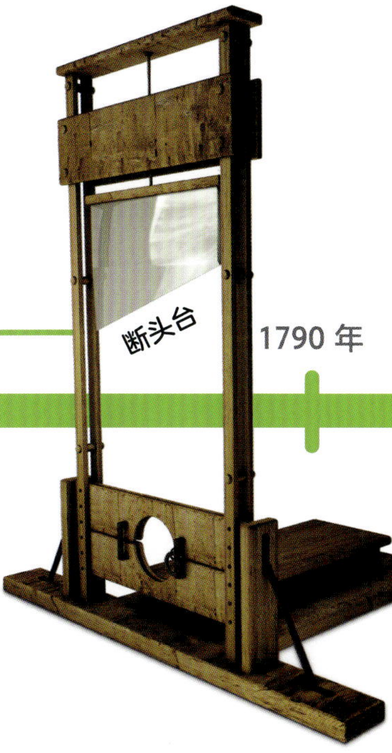
断头台

**1790 年**

**1757 年**
**英国征服印度**
罗伯特·克莱武指挥英国东印度公司军队战胜了孟加拉人的军队，确立了东印度公司在现孟加拉国的统治地位。后来，英国顺理成章地在南亚次大陆进行了首次领土收购。

**1789 年**
**法国大革命**
7 月 14 日，巴黎人民起义，攻占了巴士底狱，法国大革命爆发了。1792 年，法兰西第一共和国成立。次年国王路易十六经审判后被处决。

彼得一世

### ▶ 达·芬奇的机器狮

意大利艺术家、科学家、工程师达·芬奇多才多艺，是文艺复兴时最著名的人物之一。他曾发明了一只机器狮，作为礼物送给法国国王。在一场王宫庆典上，机器狮向国王走去，它的胸部可以打开，里面是献给国王的花朵。图中的机器狮是基于达·芬奇当时的图纸复制的。

机器狮的舌头由一块单独的木头制成。

# 文艺复兴 变革思想

文艺复兴标志着欧洲思想史上新时代的开端。文艺复兴开始于14世纪，当时欧洲的艺术家和学者们重燃了对古希腊和古罗马艺术、建筑和文学作品的兴趣。他们对古典文化之美的追求影响了当时的艺术创作和机械发明，并对当时的政治思想和科学产生了重大影响。

### 建筑与工程

意大利佛罗伦萨大教堂的圆顶于1436年完工，是欧洲自古罗马时代以来建成的最大圆顶。它的设计师是布鲁内莱斯基，设计这个圆顶之前，他曾仔细研究过古罗马建筑。

### 政治思想

意大利政治思想家马基雅弗利所写的《君主论》是文艺复兴时期最有影响力的书之一。他在书中为统治者如何赢得权力、巩固权力提出了建议。他认为，君主的政治手腕比道德品质更重要，这一观点引起了许多人的震惊，但产生了持久的影响。

### 新的艺术风格

古希腊雕像有栩栩如生，优雅健美的特点。文艺复兴时期的艺术家受此启发，摆脱了中世纪刻板僵硬的艺术风格，开始以更加写实的方式描绘人与自然。这座高5.17米的雕像名为《大卫》，由一整块大理石雕刻而成，作者是意大利艺术家米开朗琪罗。大卫是《圣经》中的英雄。这座雕像是文艺复兴时期的代表艺术品。

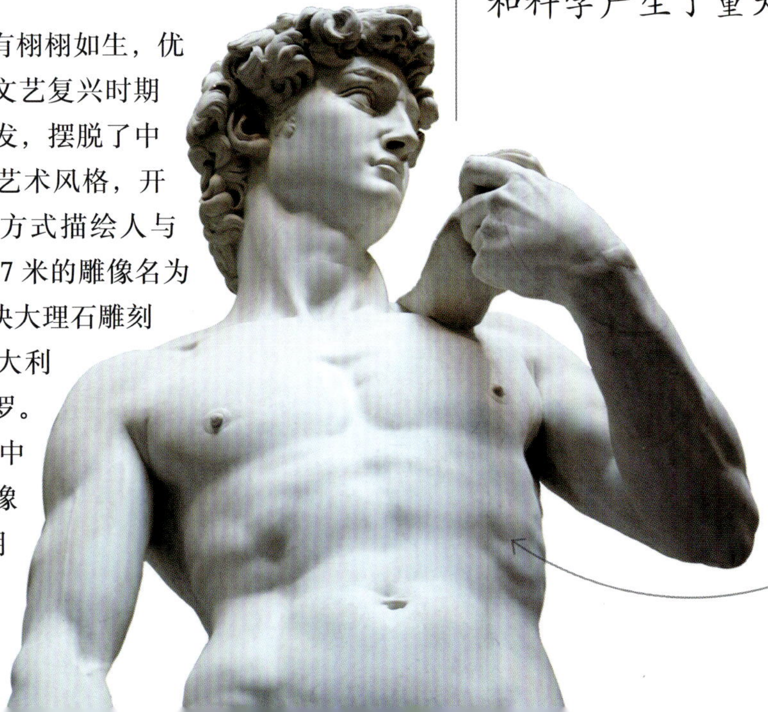

突出的肋骨使得雕塑在细节上更为生动逼真。

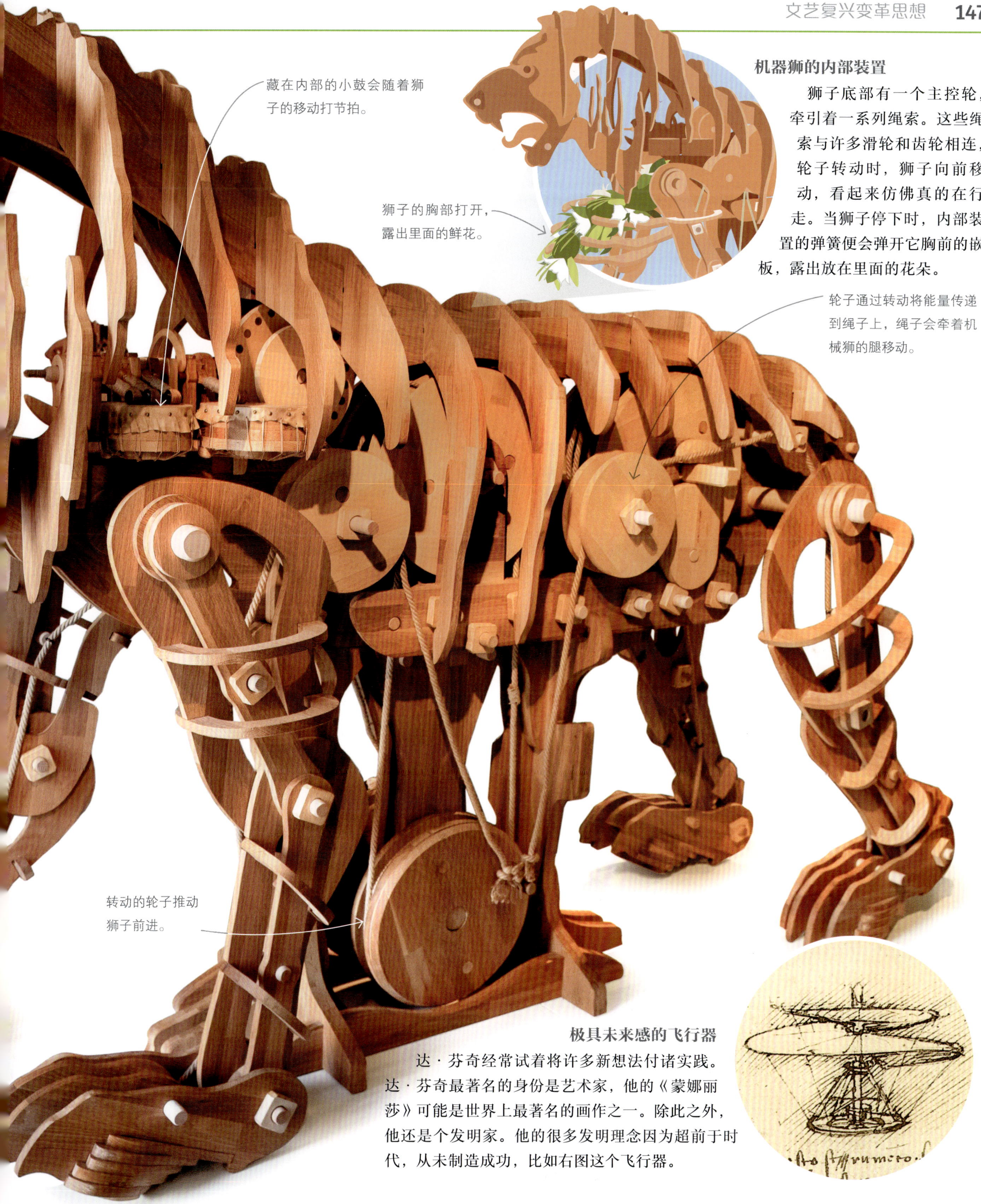


**机器狮的内部装置**

狮子底部有一个主控轮，牵引着一系列绳索。这些绳索与许多滑轮和齿轮相连，轮子转动时，狮子向前移动，看起来仿佛真的在行走。当狮子停下时，内部装置的弹簧便会弹开它胸前的嵌板，露出放在里面的花朵。

**极具未来感的飞行器**

达·芬奇经常试着将许多新想法付诸实践。达·芬奇最著名的身份是艺术家，他的《蒙娜丽莎》可能是世界上最著名的画作之一。除此之外，他还是个发明家。他的很多发明理念因为超前于时代，从未制造成功，比如右图这个飞行器。

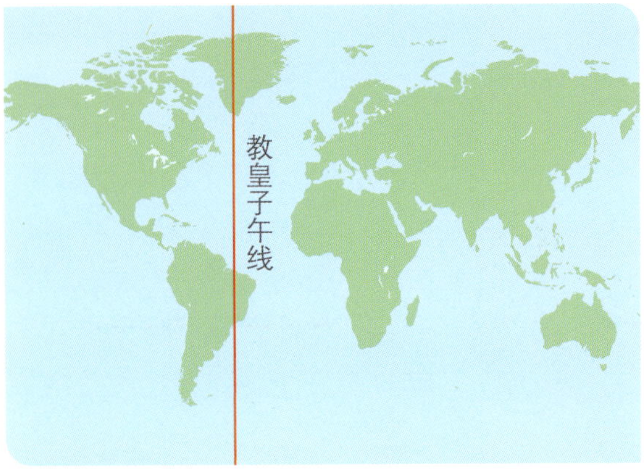


**划分世界**

西班牙和葡萄牙都声称对本国航海者发现的新地区拥有主权。于是两国在教皇的调停下，设定了一条虚拟分界线（即教皇子午线），分界线以西属于西班牙的势力范围，以东属于葡萄牙的。不过，两国划分时并未取得这些地方居民的同意。

**航海技术**

阿拉伯人的造船技术和航海技艺十分高超，葡萄牙人从他们那里学得技术，制造出坚固的船只，命名为卡拉维尔帆船。这种帆船能抵御大西洋的狂风和强劲的洋流，实现远洋航行。

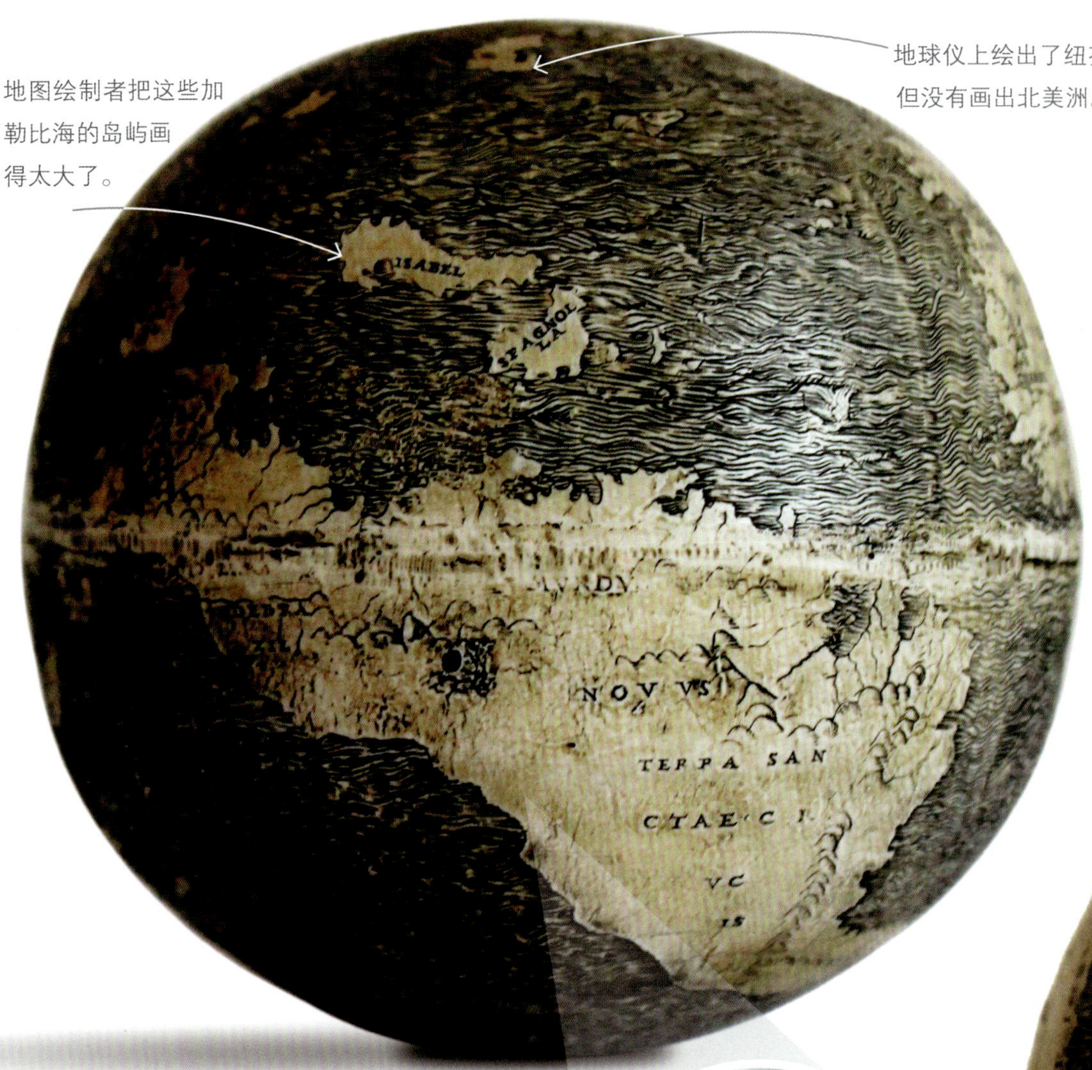

**被画错的美洲大陆**

图中红色的部分是鸵鸟蛋地球仪上绘制的美洲大陆，绿色的部分是实际的美洲大陆。地图绘制者把南美洲画得太大了，却完全没有画出北美洲。

# 探险家

## 绘制世界地图

15世纪中期起，葡萄牙和西班牙的航海者开始沿着非洲海岸探索，并穿越大西洋，寻找通往亚洲的海上航线。探索归来的航海家们带来了许多先前不为欧洲人所知的消息，既有关于其他大陆的，也有关于外国民族的。这激励着一批又一批欧洲探险家、商人和移民踏上航海的旅程。

### ▶ 最早的地球仪

这个地球仪制造于意大利，是我们已知现存最早的绘有完整世界地图的地球仪。它由鸵鸟蛋制成。人们把地图刻在两半的鸵鸟蛋壳上，然后粘在一起。虽然地图并不准确，但它记录了欧洲人在亚洲和美洲的地理新发现。

**双向交流**

欧洲人到达美洲，使两个原本互相独立的世界连接起来。第一次航行到美洲前，欧洲人从来没有吃过西红柿，美洲人也没有见过马。这次跨越大西洋的植物、动物和病菌的双向交流被称为“哥伦布大交换”。

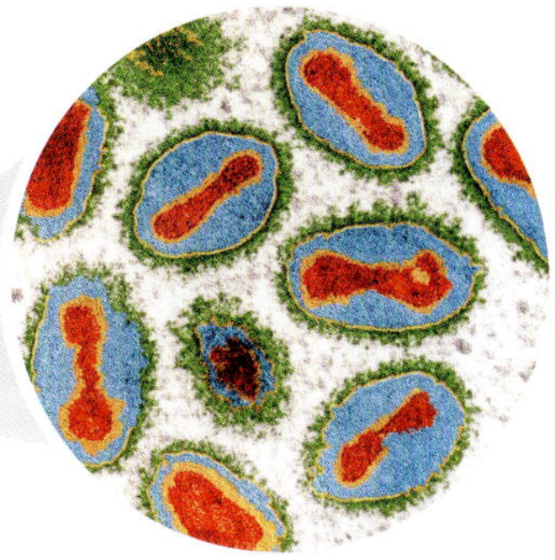

**疾病的传播**

欧洲人给美洲带来了许多疾病，比如天花。这些病毒在美洲居民中迅速传播，导致数百万人死亡。

亚洲内陆的地形大多是绘制者根据想象画的。

地球仪的两半被沿着赤道粘在一起。

**盛产香料的群岛**

早期欧洲的探险家们有一个重要航海目标，那就是找到一条通往所谓香料群岛（即东印度群岛）的航线，以获得昂贵的香料，比如胡椒和肉豆蔻。

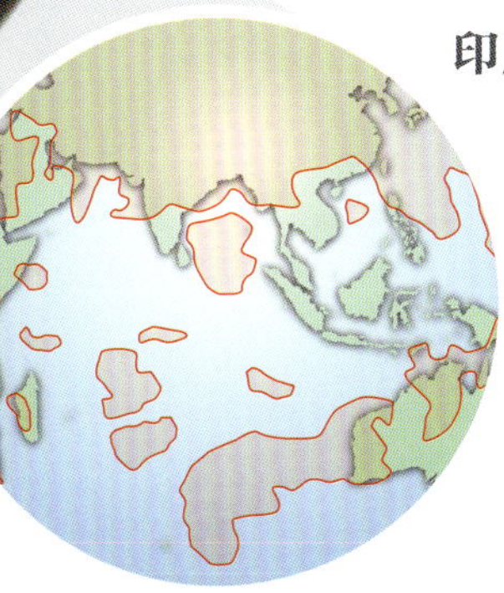

**印度洋**

鸵鸟蛋地球仪的绘制者凭猜测在印度洋上画了几个大岛，而没有绘出东南亚的大部分地区。

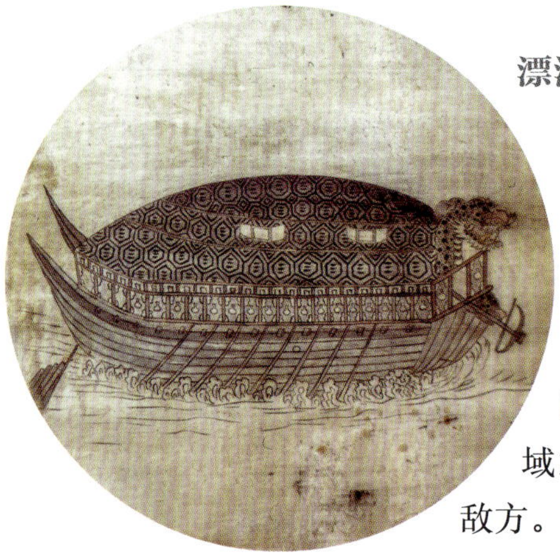

**漂浮的堡垒**

龟船上满载着大炮，在敌方船只靠近之前就可以射出炮弹摧毁它们。然而龟船在海上行驶缓慢笨拙，所以只在近岸的浅海区域才能最有效地攻击敌方。

上部的铁锥可以防止敌人登船，避免了贴身肉搏。

每支船桨都由四人掌控，这提高了船的速度，也增加了机动性。

大炮可以从船身侧面的炮口射击。

# 朝鲜王朝 统治朝鲜半岛

1392 年，朝鲜王朝（又称“李氏朝鲜”或“李朝”）建立，并统治朝鲜半岛长达 500 多年。这一时期，朝鲜受中国古代儒家思想的影响，形成了一种独特的文化认同。壬辰卫国战争（1592—1598 年）期间，朝鲜的龟船舰队抵御了日本的入侵。

**▲ 龟船**

上图中是朝鲜龟船的现代复制品。15 世纪初，朝鲜的水军就开始使用这种船只，由于外层保护壳形似龟壳，故名龟船。每艘龟船可装载多达 26 门大炮，船首有一个威风凛凛的龙头，其中也藏着一门大炮。龙头中还有喷射器，可以释放烟雾，以便在近距离战斗中遮蔽敌人的视线。

**制胜的策略**

龟船是由朝鲜将领李舜臣研制的。在壬辰卫国战争中，他曾多次指挥龟船舰队。李舜臣打过的最著名的胜仗是鸣梁海战。这幅画描绘了这场海战中双方交战的情景。

**朝鲜的文字**

1446 年，朝鲜世宗主导推行了由 28 个字母组成的朝鲜文字。在此之前，朝鲜人长期使用汉文作为书面语。但汉字复杂，大多数人都读不懂。世宗还编订了《训民正音》来详细说明这套新文字系统。

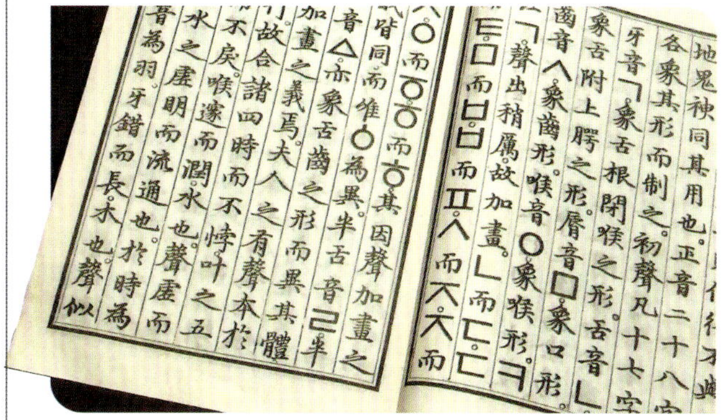

**重视教育**

世宗在位 32 年，他推行的各项政策有效地改善了百姓的生活。他非常重视教育，专门拨款用于培养人才，许多年轻人得以进入书院学习，下图是位于今韩国安东市的屏山书院。

# 印刷术 传播新思想

1455 年，德国发明家约翰内斯·谷登堡用活字印刷机印出了欧洲的第一本活字印刷书籍。印刷术发明之前，人们不得不手抄书籍，不仅成本高，而且耗时长。因此，只有富人买得起书，能读书识字的人也很少。印刷术的推广使书籍不再罕见，书中的知识可以被更多人读到，由此向世界传播了新知识、新思想。

金属块上有清晰凸起的字母。

每块活字上都有凹槽，便于固定在木框中。

## ▶ 活字印刷

谷登堡使用的印刷术，关键在于活字。活字就是刻有凸起的单个字母的金属块。印刷工人将一个个字母排列成单词，然后放在木框中，印成书籍的一页。中国人在 11 世纪就已经发明了类似的印刷术。利用活字印刷术可以大量复制书籍，比手抄书更廉价易得。

### 为活字刷墨

印刷用的油墨由灯灰和油混合而成，有一定黏性。印刷工用两个墨球（填充马毛的皮球）为活字刷墨。他们把墨球压在活字上，使字母尽量均匀地染上墨水。

### 谷登堡《圣经》

谷登堡印刷的第一本书是《圣经》。起初《圣经》是用拉丁语写成的，很少有人能读懂，这也是后来人们进行宗教改革的原因之一。宗教改革时，大多数欧洲国家都用本国的语言翻译并印刷了《圣经》。当时，许多人都渴望拥有一本《圣经》并能自主阅读，这促进了欧洲识字率的提高。

### 印刷机使用方法

要想印刷一张书页，首先要把一张纸装在木框中，然后放在刷过墨水的活字上。印刷机会放下重物，压在活字和纸张上，这样，凸起的字母就被清晰地印在了纸上。

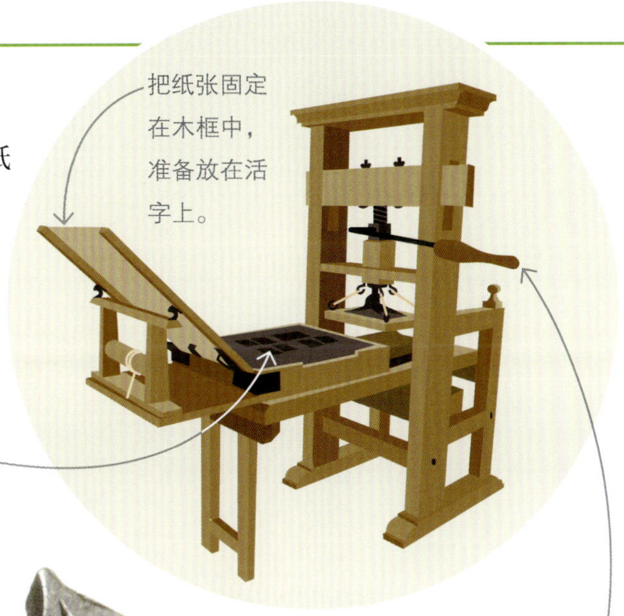

### 印刷的力量

印刷术对欧洲产生了巨大而持久的影响。到1500年，也就是金属活字印刷术使用后不到50年，欧洲的280余个城市就至少印刷了900万本书。随着市面上的书籍和小册子的数量不断增加，新的思想迅速传播开来。

**全民阅读**

印刷术使人们接触到更多阅读材料，让更多人拥有了读写能力。城镇中的图书馆和阅读社团如雨后春笋般涌现，人们（大多为男性）可以在那里阅读报纸，了解最新的思想。

**分享科学知识**

金属活字印刷术发明后，思想家得以出版和分享他们的作品，知识的普及改变了人们看待世界的方式。这幅双峰驼的插图来自一本早期印刷的自然历史书籍。

**传播革命思想**

小册子和书籍传播了新的政治思想。例如，一些书籍以呼吁平等权利、期待更公平的社会为主题，从而点燃了美国独立和法国大革命的火花。

# 西方教会的分裂

数百年来，天主教一直是西欧基督教唯一的主流派别。到16世纪早期，天主教会的权威受到越来越多的质疑，神职人员的腐败引起了人们不满，一场声势浩大的变革运动——宗教改革席卷了整个欧洲。宗教改革使教会再次分裂为不同的两派，罗马教廷为一方，各种要求改革的宗教团体为另一方，他们建立了独立于罗马教廷的新教。

**▶ 不同的礼拜场所**

新教教堂与天主教教堂看起来迥然不同。大图左边是天主教教堂，室内金碧辉煌，圣徒的雕像环绕着华丽的圣坛。右边的新教教堂则要简朴得多，圣坛上只铺着一块简单的白布。

**天主教的宗教仪式**

对天主教徒来说，神父是上帝和信徒之间的桥梁。人们认为，当神父把面包和酒放在圣坛上并念诵祝祷文时，面包与酒就“变成”了耶稣基督的身体和血液。从宗教改革时期一直到20世纪60年代，天主教的宗教仪式都是用拉丁语进行的。

## 宗教改革的开端

1517 年，德国神学教授马丁·路德在一座教堂的大门上张贴了一张名为《九十五条论纲》的辩论提纲，表达对教会出售赎罪券的愤怒。教会声称，购买赎罪券的教徒在死后将免受地狱之苦。天主教会拒绝进行宗教改革，因此路德及其支持者决定与天主教会决裂，按照自己的方式信仰基督教。

## 宗教战争

宗教改革运动使欧洲的天主教徒和新教徒陷入了激烈的冲突，他们之间的一系列斗争持续了 150 年。斗争中，人们打着宗教的旗号做出了许多暴行。1572 年，法国天主教暴徒在巴黎街头屠杀新教徒，这就是著名的圣巴托罗缪大屠杀。宗教战争直到 1648 年才结束。

## 新教的宗教仪式

在新教的教堂里，牧师在讲坛或诵经台上主持仪式，向教堂会众布道、解释《圣经》。与天主教不同的是，从宗教改革时期起，新教在举行宗教仪式时就开始使用当地的语言，而不再使用拉丁语。许多新教徒认为，圣餐（面包和酒）只是耶稣基督身体的象征，并不会“变成”它们。

# 西班牙人

# 入侵拉丁美洲

15世纪90年代，一些欧洲探险家陆续登陆美洲。据说美洲盛产黄金，于是西班牙人很快跟随而来，在这片土地上寻找财富。他们被称为“西班牙征服者”，用武力中断了拉丁美洲本土辉煌的文明，并宣称这片土地归西班牙国王所有。随着西班牙的入侵，数百万拉丁美洲土著居民死亡，他们的城市也遭到掠夺和破坏。

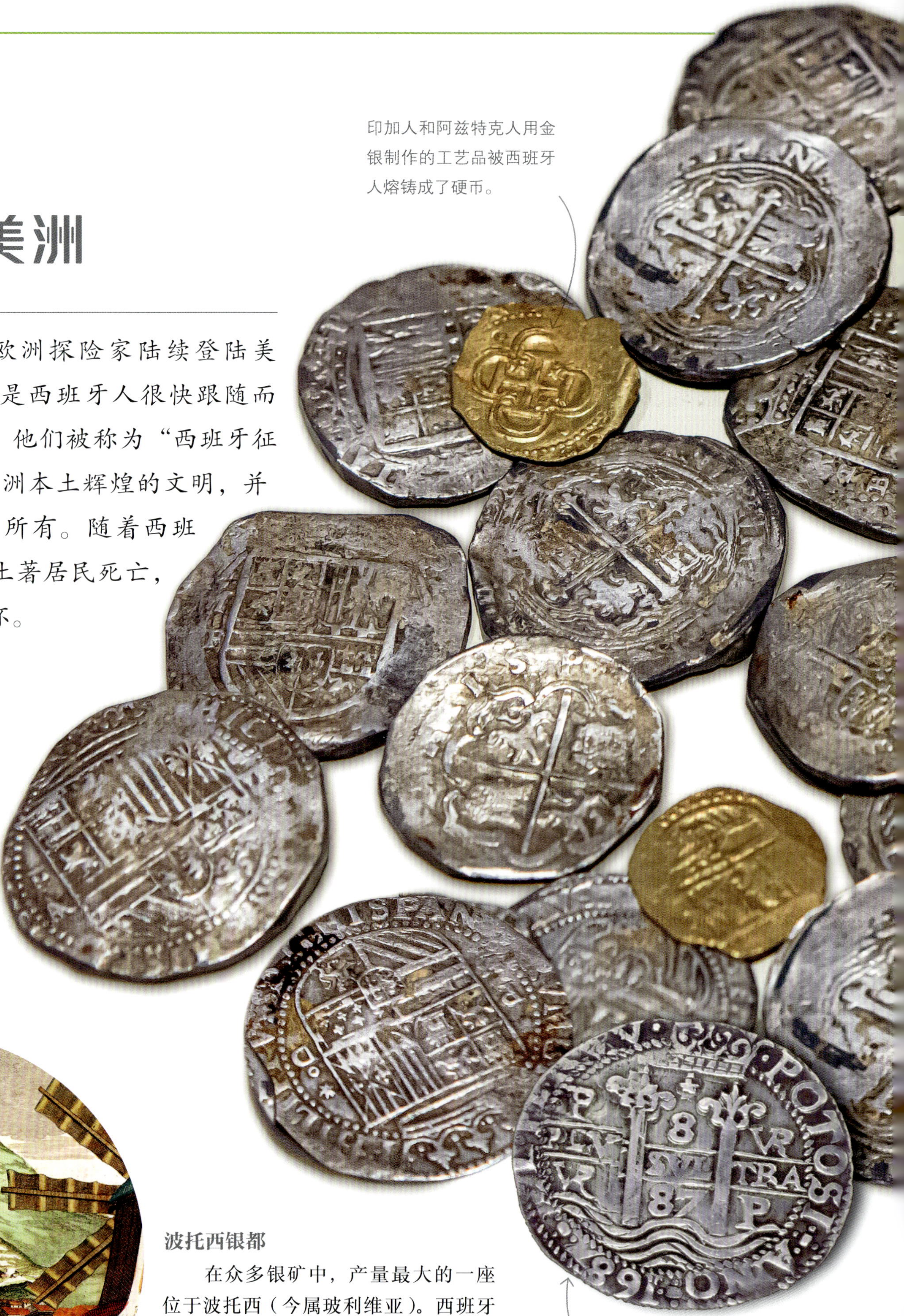

印加人和阿兹特克人用金银制作的工艺品被西班牙人熔铸成了硬币。

这枚“八里亚尔币”上刻的“P”和“8”表明它是在波托西铸造的。

### ▶ 西班牙银币

西班牙征服者在墨西哥和南美洲发现了大量银矿。于是他们开始大量铸造西班牙银币，又称“八里亚尔币”，价值相当于8里亚尔（西班牙旧时货币单位）。这些银币不仅在欧洲各地流通，甚至流入了中国，且极受海盗青睐。这些银币使西班牙成为当时的世界强国。

**波托西银都**

在众多银矿中，产量最大的一座位于波托西（今属玻利维亚）。西班牙人不仅强迫当地土著居民在银矿劳动，还运来数以千计的非洲奴隶。银矿引来了不少生意，不久后，一个繁荣的城镇在这里兴起。1572年，西班牙人在这座城镇建立了皇家铸币厂。

许多在波托西铸造的硬币会在西班牙熔化重铸（通常在塞维利亚）。

阿兹特克人用矛、弓箭和锋利的棍棒反抗入侵者。

特拉斯卡拉人

### 激烈的冲突

许多土著居民奋起抵抗入侵者。入侵者的优势在于拥有枪炮和马匹，这对美洲人来说都是未知事物，不过他们还是坚持抵抗了数百年。西班牙人与一些土著部落结盟，从而保住了胜利的果实。这幅图片展示了阿兹特克人战败的场景。图中，与阿兹特克人长期为敌的特拉斯卡拉人正和西班牙人并肩作战。

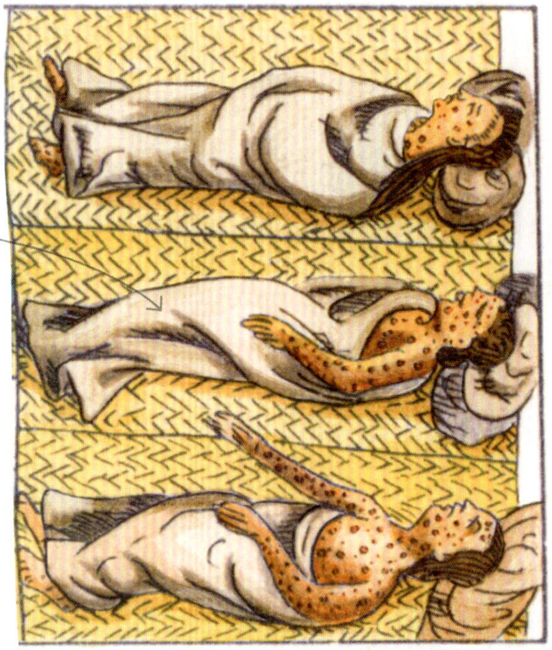

阿兹特克人不幸感染了可怕的天花。

### 致命的疾病

大约 80% 的土著居民死于西班牙人的入侵。他们对欧洲人带来的一些传染病毫无免疫力。

### 殖民与传教

西班牙人侵者认为他们担负着一种宗教上的职责，那就是让土著居民皈依基督教。西班牙入侵者修建了教堂，派出传教团，并试图禁止土著居民信仰自己的神灵。

## ▶ 贝宁青铜器

贝宁的金属工匠擅长用黄铜和青铜制作精美的装饰品。这块铜板是一组贝宁青铜艺术品中的一件，曾装饰过奥巴的王宫。贝宁的金属工匠都隶属于一个手工业公会，专门为国王服务。

为首的士兵拿着一把礼仪用剑。

**国王的宫殿**

奥巴的宫殿建于 13 世纪，宫中的大量柱子上装饰着数千块铜板。它们镌刻着贝宁王国历史上的重大事件，也赞美了奥巴的代代祖先。奥巴的宫殿于 1897 年被英国人摧毁，于 20 世纪初重建。

**统治者奥巴**

这张图片中的骑马者是一位 18 世纪的奥巴。奥巴是贝宁的国王，被臣民奉若神灵。贝宁最著名的奥巴是埃瓦雷王（1440—1480 年在位）。他重建了贝宁城，并修建宽阔的护城河与围墙，提高了城市的防御能力。

这块铜板曾经被固定在柱子上，固定装置在上面留下了孔洞。

侍从身形较小，说明他们地位较低。

# 贝宁王国

在约 12 世纪的西非森林里，贝宁王国成立了。王国的居民主要是埃多人，由国王“奥巴”统治。王国的首都贝宁城周围环绕着城墙，奥巴就住在城市中心的巨大宫殿里。到 15 世纪，贝宁王国因从事贸易而日渐富裕，以精美的象牙雕刻和青铜雕像而闻名。后来葡萄牙、英国、荷兰殖民者相继入侵，王国的实力日渐衰落。1897 年，贝宁王国沦为英国殖民地。

持枪的葡萄牙士兵

## 与葡萄牙的贸易

1485 年，一些葡萄牙探险家造访贝宁，成为第一批到达该国的欧洲人。此后，贝宁人与葡萄牙人的贸易蓬勃发展。贝宁的商品主要有胡椒、象牙、棕榈油，葡萄牙人则带来了黄铜器、铜币等欧洲货物。上图是一尊 17 世纪葡萄牙士兵的黄铜雕像。葡萄牙人还为贝宁带来了枪支，他们常与贝宁人并肩作战，对抗敌国。

## 贝宁的陷落

19 世纪，由于贸易争端，贝宁和英国之间的关系日趋紧张。1897 年，英国官员不顾奥巴的反对前往贝宁。这队英国人接近贝宁时遭到了袭击，并被杀害。为了报复，英国派出一支庞大的军队攻打贝宁。在战争中，贝宁城被夷为平地，宫殿里的财宝被洗劫一空，贝宁成了英国的殖民地。

# 奥斯曼人

## 建立帝国

在奥斯曼帝国存在的600多年里，它的版图从土耳其拓展到了欧洲和西亚。尽管帝国的统治者苏丹和许多居民都是穆斯林，但它也容纳了许多基督教徒、犹太教徒在此安居。16世纪时，奥斯曼帝国的军事力量为欧洲最强。帝国一直存续到20世纪初期。

### ▶ 维也纳之围

1529年，奥斯曼帝国苏丹苏莱曼一世率军围攻奥地利的维也纳。然而，他没有成功夺取维也纳，这说明奥斯曼帝国向西的扩张到达了极限。右图是苏莱曼一世的军队在维也纳城下扎营的情景，士兵们的武器对准了城墙。苏莱曼一世将帝国的多部法律汇编成法典，因此被称为“立法者苏莱曼”。

### 迅速扩张的帝国

1453年，奥斯曼人占领了拜占庭帝国首都君士坦丁堡，将这座城市改名伊斯坦布尔，以此作为不断壮大的奥斯曼帝国的都城。奥斯曼人从被征服地区招募士兵，组成耶尼切里（意为“近卫军”）。事实证明，这是一支作战能力强大的军队，对奥斯曼帝国在地中海地区的扩张功不可没。

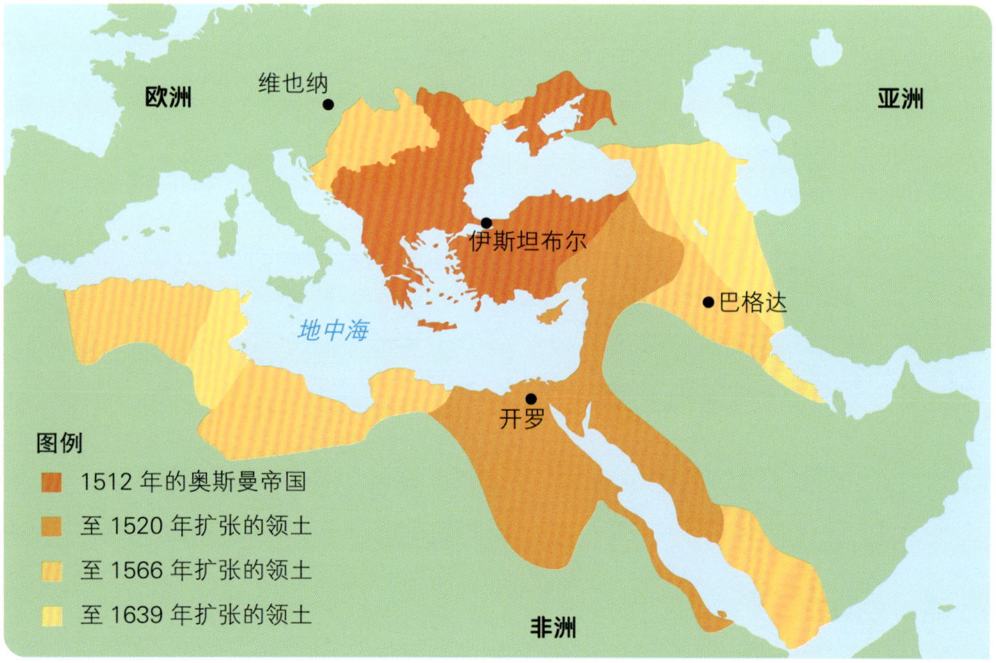

**公共浴室**

奥斯曼人在帝国各处建立了公共浴室，这种土耳其式浴室可以供人们社交和放松。浴室也方便了穆斯林居民，因为他们做礼拜之前需要净身。

**托钵僧旋转舞**

伊斯兰教有一个神秘主义派别，叫作“苏菲派”，在奥斯曼帝国人数众多。他们会跳一种旋转舞，作为宗教冥想的方式。

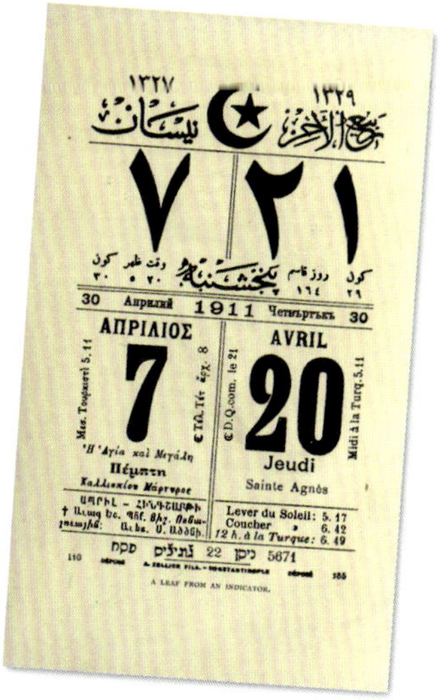


**多种语言的日历**

奥斯曼帝国的统治者如何管理这个多民族国家？这份日历向我们做了展示。这是一页奥斯曼帝国统治末期的日历，以阿拉伯语、希腊语、法语、土耳其语等语言书写了“1911 年 4 月 20 日”。

**签订公约**

“五月花号”靠岸之前，船上的成年男性乘客签署了《五月花号公约》，他们一致认为，应该制定并实施公正、平等的法律。但船上的女性和儿童被排除在此之外。这份公约是北美第一份书面的政治性契约。

## ▶船上的乘客

1620年9月，一艘名为“五月花号”的船从英国出发前往北美，抵达时，船上有移民102人。船上的许多乘客是信仰基督教新教的清教徒。他们受到英国国教会的迫害，于是希望迁居北美，开启新生活。

这是当年清教徒所乘的船的现代复制品，被称为“五月花二号”。

乘客不得不挤在没有窗户的甲板间舱。

# 欧洲殖民者

## 来到北美

16 世纪，欧洲殖民者开始陆续到达北美洲。其中一些殖民者受到了贵族或商人赞助，他们前往美洲主要是为了获得财富。起初，他们试图寻找黄金，后来则偏爱值钱的经济作物，比如烟草。另一部分殖民者是为了追求自由，按自己的意愿信仰宗教。到 18 世纪晚期，欧洲人声称他们已经获得了北美洲绝大部分土地的所有权。这片大陆原本是印第安人的家园，但在欧洲人的殖民浪潮中，印第安人的村落被摧毁，他们被迫离开。

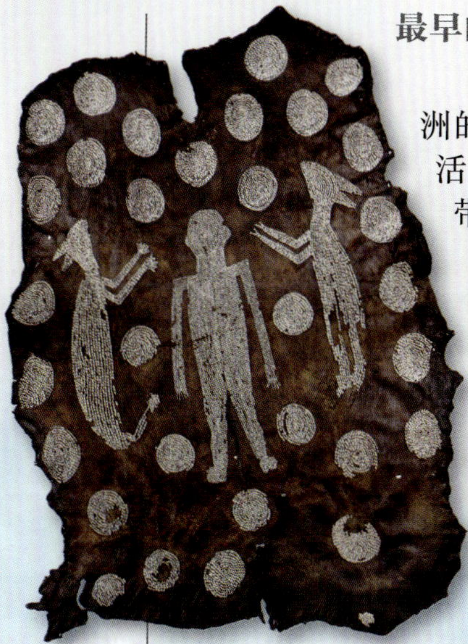

### 最早的居民

欧洲人到来之前，北美洲的土著居民已经在这里生活了数千年。这张巨大的、带有图案的鹿皮属于印第安部落酋长波瓦坦，他组织了一个印第安部落联盟，并用自己的名字命名。英国殖民者在邻近波瓦坦的弗吉尼亚州建立了定居点詹姆斯敦。殖民者和土著居民之间既有贸易往来，又有冲突。

### 奋力求生的殖民者

起初，殖民者的定居点规模很小，他们依靠与土著居民的贸易维持生计。英国清教徒乘着“五月花号”到达北美，建立了普利茅斯定居点，也就是下图中的小镇。尽管一半清教徒没能熬过抵达北美后的第一个冬天，但到了 1690 年，定居点的移民数量已经超过 7000 人。

1754 年的北美洲

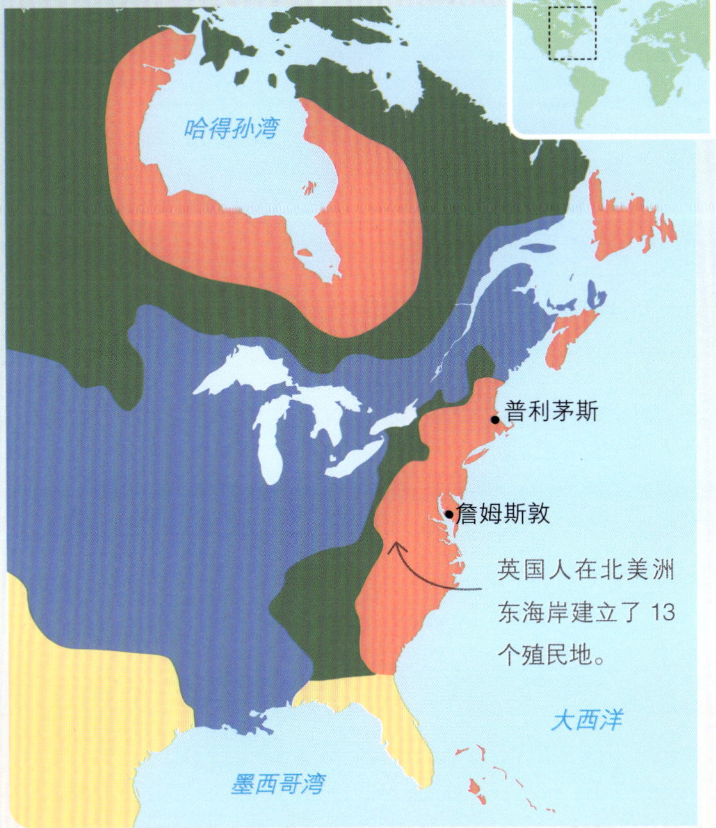


图例
- 英国殖民地
- 法国殖民地
- 西班牙殖民地
- 印第安人居住区

### 殖民地的拓展

250 多年来，欧洲殖民者逐渐遍布北美洲东部和南部。英国殖民者占领了东部海岸，法国人则在加拿大等地安营扎寨。虽然北美洲北部和西部早已有土著居民定居，但英国和法国都声称自己才是那些广阔土地的主人（其实很少有欧洲人到过那里）。虽然殖民者也会指定一些土地为土著居民居住区，但常常是形同虚设。

### 加拿大的毛皮贸易

这一时期，用河狸毛皮做的毡帽在欧洲很受欢迎。法国人渴望控制毛皮贸易，于是他们来到今天的加拿大进行殖民。殖民者驾着独木舟沿圣劳伦斯河而下，进入五大湖区，用枪支弹药来交换当地人手中的毛皮。

白色河狸皮高礼帽

## 萨非王朝的辉煌

伊朗的伊玛目清真寺，入口处富丽堂皇，穹顶上贴有数百块图案精致繁复的瓷砖。该建筑外部共有47.5万块瓷砖，在阳光下闪闪发亮，象征着建造者阿拔斯一世显赫的权势。萨非王朝是一个延续了200多年的伊斯兰国家，统治者被称为“沙阿”。王朝鼎盛时期的疆域从土耳其西部横跨波斯，一直延伸到今阿富汗的山区。阿拔斯一世将首都迁到帝国中心的伊斯法罕，1611年，他下令建造这座清真寺，作为新都城最辉煌壮丽的标志性建筑。

# 清朝统治中国

1644 年，农民起义军攻占了北京城，推翻了明朝的统治。随后，活动于中国东北地区的清朝军队进入山海关，占领了北京，逐步建立了对全国的统治。清朝统治者是满族人，他们在政治上基本沿袭了前代王朝的政策，在思想文化上推崇儒家学说，继承了历代文化传统。

### ▶八旗制度

满族在统治中国之前，就已发展出一种社会组织形式，被称为八旗制度。每个满族人都被划分到“八旗”中的一旗下，每旗以不同的颜色命名（分别为正黄、正白、正红、正蓝、镶黄、镶白、镶红、镶蓝），制服也各自不同。同一旗的成员们一起生活，共同战斗。后来，清朝统治者也将其他民族的人编入八旗。

八旗铠甲的颜色不同，以便区分。

长长的无袖铠甲可以保护腿部。

**满族弓箭手**

清朝拥有一支庞大而机动的军队，帮助统治者迅速征服了大片的土地。许多士兵都是擅长射箭的骑兵，他们使用木材和树皮制成的弓。

旗帜上有龙的图案。

### 帝王之巡

康熙皇帝于1662—1722年在位，他是清朝的第三位皇帝，对文学、艺术和数学有很大的兴趣。康熙皇帝定期巡视南方，以维护皇帝权威，视察国情，监督臣民，巩固统治。

### 剃发令

清朝统治者强迫汉人依从满族习俗剃发。实行“留头不留发，留发不留头”，违抗者处死，激起各地人民的反抗。

### 京剧

中国传统戏曲中的京剧就形成于清朝。从乾隆皇帝在位期间四大徽班到北京演出开始，京剧逐渐发展成具有广泛影响的剧种。下图中展示的是京剧演员华丽的戏服。

# 幕府统治下的日本

从 12 世纪后期起，日本进入幕府时代，幕府将军（也称“征夷大将军”）成为日本实际上的最高统治者。1603 年，德川家康掌权，建立江户幕府。江户幕府统治日本 260 余年，这段时间被称为日本的江户时代。幕府的统治为日本带来了和平与稳定，然而，他们要求民众严格遵从社会等级制度。1633 年，江户幕府开始实施闭关锁国政策，禁止日本与海外交往。

**江户幕府的创立者**

德川家康是江户幕府的第一位征夷大将军。他是一位大名（日本封建时代的领主）的儿子，通往权力之路上经历了 90 多场战争。他没收了敌对的大名的领地，1603 年被天皇正式任命为征夷大将军。掌权后，他命令其他大名每年必须到幕府所在的江户居住几个月，以实现对他们的控制。

**严格的等级制度**

江户时代的日本社会等级森严。天皇是形式上的国家元首，他任命幕府将军代表自己统治国家。幕府将军之下是获得分封的大名，再往下是武士。这个卷轴展示了大名和武士出行时的仪仗，他们旁边跟随着处于社会底层的农民。

一位有学问的武士正在阅读。

一位商人正背着货物。

## ▲日本的“根付”

江户时代，日本的“根付”艺术发展到顶峰。根付是用象牙或木头雕刻成人或动植物形象的物件，系在和服的腰带上，用以固定随身携带的物品。各式各样的根付反映了日本生活与文化的方方面面。

这个象牙吊坠雕刻了武士搏斗的情形。

**浮世绘**

江户幕府统治时期，反映大众生活的流行文化蓬勃发展。描绘日常生活场景的木版画诞生了，这种画名为浮世绘。“浮世”就是现世的意思。

**封闭的国家**

幕府将军希望日本社会不受外国影响。除长崎外，幕府关闭了日本所有的港口，而且只允许和中国、朝鲜、荷兰等国进行贸易。

根付被系在腰带上，以固定物品。

**为何佩戴根付？**

日本的传统服装和服没有口袋，钱包和笔等物品只能用细绳挂在腰带上。人们把根付拴在细绳末端，可以防止绳子另一端的物品滑落。

# 海盗之祸

纵观人类历史，世界各地的海洋中总有海盗的身影在悄然徘徊，寻找着掠夺的机会。17 世纪后期，加勒比海是海盗收获最丰的“猎场”之一。冷酷残忍的海盗潜伏在温暖的海域中等待时机，抢劫载着黄金和其他贵重货物的西班牙船队。随着亚洲、美洲和欧洲之间的贸易繁荣发展，世界其他地方的船只也遭到了海盗的袭击与劫掠。

**保卫港口**

货船在加勒比海特别容易受到海盗袭击。于是人们修筑了坚固的防御工事来保护港口，以防藏在岛屿附近的海盗突然攻击毫无防备的船只。

**可怕的旗帜**

海盗旗通常是一面黑色旗帜，画着狞笑的骷髅、交叉的骨头。无人知晓它的来历，不过它确实向人们传达了恐怖的信息。海盗准备进攻时，就会把这面旗子挂在桅杆上。

被抓获的海盗被关在特制的“笼子”中，以警告其他海盗。

基德的尸首被悬在泰晤士河上示众长达三年。

**海盗的命运**

英国船长威廉 · 基德是历史上最著名的海盗之一。他曾在印度洋上抢劫了一艘满载黄金和丝绸的货船，1701 年，他被处以绞刑。

### ▶吊笼

英国政府曾派出专门的军队清剿海盗。每个被活捉的海盗首领都将面临可怕的惩罚。他会被绞死，尸体留在铁笼中，以此警告其他海盗。

铁条禁锢着受刑人的胳膊。

**私掠船**

海盗行为并不总是被视为犯罪。欧洲国家的君主会批准一些“私掠船”抢劫敌国船只，然后把一部分利润上交国家。弗朗西斯·德雷克是英国的一名私掠船船长，他在16世纪末期多次袭击西班牙商船。图中是他的“金鹿号”的复制品。

**巴巴里海盗**

在过去的好几个世纪中，地中海的北非海岸被称为“巴巴里海岸”。一群海盗活跃在那里，袭击地中海周围的沿海城镇，并在大西洋航线上进行劫掠。美国海军在打击海盗方面发挥了作用。图中这场战役发生于1804年的利比亚的黎波里港。

**海盗女王**

郑一嫂是中国海盗红旗帮的领袖。红旗帮一度给清朝政府造成了很大麻烦。1810年，郑一嫂接受了官府的招抚。后来在鸦片战争时期，她还曾积极参与抗击英军。

# 莫卧儿帝国

## 统一印度

从 1526 年到 1857 年，莫卧儿帝国征服并统治了南亚次大陆的大部分地区。莫卧儿统治者是蒙古人的后裔，信仰伊斯兰教。他们几乎统一了南亚次大陆。莫卧儿帝国有着不同的宗教信仰和文化背景。为了与拉其普特人结盟，巩固统治，许多莫卧儿皇帝会在拉其普特家族中娶妻。莫卧儿帝国统治时期，印度的文学和艺术蓬勃发展，贸易兴盛，带动了帝国的繁荣。

**阿克巴皇帝**

1526 年，巴布尔建立了莫卧儿帝国，在他的孙子阿克巴皇帝（1556—1605 年在位）统治时期，帝国达到鼎盛。阿克巴拓展了帝国的领土，努力让庞大国家中各种文化背景的人们团结在一起。他积极推进经济、宗教和社会改革，比如不再强迫非穆斯林缴纳人头税。细密画是莫卧儿帝国十分流行的艺术形式，在这幅细密画中，阿克巴皇帝正坐在他的宝座上。

**▼战象**

莫卧儿帝国之所以能统治长久，关键在于其强大的军事力量。帝国拥有一支强大而技术先进的军队，使用火药、火枪和火炮作战。早期，莫卧儿军队按照印度传统使用战象作战。一群群大象可以践踏敌军，击溃对方的防御工事。然而，大象在战斗中很难驾驭。所以，后来人们仅用大象来展示力量，而不再用于战斗。

身穿盔甲的驭象人控制着大象，大象的高度也能为驭象人在战争中提供开阔的视野。

制造于18世纪中期的棉质长袍上有花卉图案。

**贸易与纺织品**

莫卧儿帝国通过国际贸易获得了大量财富。他们出口大米、靛蓝染料、原棉和纺织品。18世纪，制作礼服用的华丽棉布和丝绸，以及一种名为“平纹细布”的精致薄棉布，备受欧洲女性的青睐。

**莫卧儿帝国的奇迹**

泰姬陵（上图）是莫卧儿帝国皇帝沙贾汗为他的妃子蒙泰姬建造的陵墓。经过20多年的艰苦劳动，泰姬陵终于在1654年修成。它的建筑风格集波斯、奥斯曼、伊斯兰和印度传统的风格于一身，是莫卧儿王朝建筑震撼人心、恢宏壮美的典范。

# 现代科学的开端

大约从1550年开始，欧洲的思想家和科学家陆续在天文学、医学和数学方面取得重要发现。他们不再盲目遵循过去的学说，而是通过实验和观察来检验新的想法。他们开创性的发现为现代科学奠定了基础。

**现代天文学先驱**

几个世纪以来，人们一直认为地球是宇宙的中心。1543年，波兰天文学家尼古拉·哥白尼出版了《天体运行论》一书，提出“地球和太阳系其他行星围绕太阳运行”。

**科学革命**

16、17世纪，人们在科学方面有了许多激动人心的新进展。望远镜和显微镜等仪器的发明，使得科学家对宇宙和自然有了新发现。由于数学的进步，科学家们可以进行更精确的计算，为自己的理论提供支持。

**伽利略的望远镜**

1609年，意大利物理学家、天文学家伽利略制造了一台观察天空的望远镜。他发现了木星的卫星，并通过观察为哥白尼的日心说提供了有力的证据。但他因此遭到教会的迫害。

**牛顿的理论**

英国科学家艾萨克·牛顿对万有引力的研究奠定了经典力学的基础。他还发现白光是由不同颜色的光组成的。

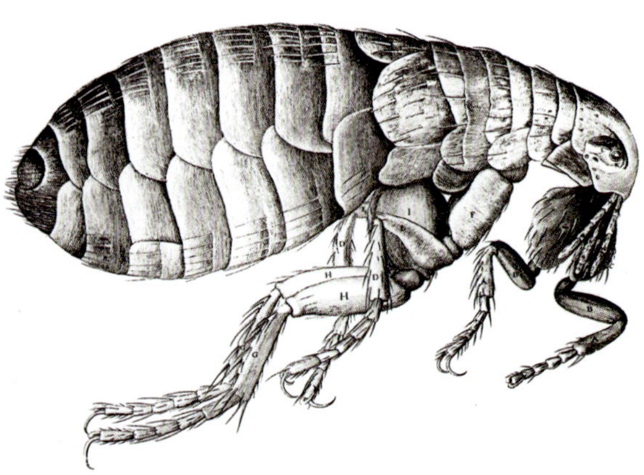

**微型的世界**

大约1590年，人们发明了显微镜。显微镜使科学家得以观察肉眼无法看到的微小生物。图中是英国科学家罗伯特·胡克于1665年出版的《显微制图》中的跳蚤图。

这个“太阳系仪”制造于18世纪，上面仅有六颗行星。这是因为天王星和海王星那时还未被发现。

### ▼太阳系仪

这个仪器名为太阳系仪，可以演示太阳系的行星及其卫星的运动。当人们转动它的手柄时，每个行星都会沿着独立的轨道绕太阳移动。

## 观察自然

随着各大洲间的旅行变得越来越容易，一些欧洲的艺术家和博物学家开始外出旅行，记录不同地方的动植物和风土人情。1699 年，德国昆虫学家、画家玛丽亚·西比拉·梅里安带着女儿从阿姆斯特丹出发，到达南美洲的苏里南。她绘制了数本动植物图谱。她的这幅画展示了一只眼周有花纹的凯门鳄正在保护自己的蛋免受蛇的伤害。建立现代生物命名法的瑞典博物学家林奈曾将这幅画用在自己的作品中。

# 绝对君主制

实行绝对君主制的统治者以绝对权力统治国家。他们能完全控制臣民，决定法律，以及何时发动战争。在17到18世纪，例如俄罗斯、法国、西班牙和丹麦这些欧洲国家的统治者，都采取这样的统治方式。这些君主相信，他们的权力直接来自上帝，统治国家是他们的神圣权利。

## 王室荣光

这一时期最著名的专制君主莫过于法国国王路易十四（1643—1715年在位）。他被称为“太阳王”，因为法国的大小事务都要围绕着他运转。他在巴黎城外的凡尔赛为自己修建了一所华丽宫殿，要求贵族们也住在里面，以便盯紧他们的一举一动。宫廷里的奢侈品和那些巨大的战争开销，都来自法国人的纳税收入。路易十四在位72年，让法国成为欧洲最强大的国家。

穿着加冕长袍的路易十四

鸢尾花是法国王室的象征。

## 常备军

中世纪时期，贵族为国王提供所需的士兵。但君主专制政体撤销了贵族拥有军队（以及征税、立法）的权利。相反，统治者建立了自己的职业军队，士兵们时刻待命，拥有标准制式的武器和军服。民众要为此支付高额税费，维持军费开销，这引发了人们的强烈不满，尤其在饥荒时期。

## ▼王权的象征

自古以来，王冠就是王权的象征之一。这顶装饰有钻石和四颗硕大宝石的金王冠，是1671年为筹备丹麦国王克里斯蒂安五世的加冕仪式所作。这顶王冠和路易十四的很相似，克里斯蒂安很崇拜他，还规划了一座可以比肩法国凡尔赛宫的丹麦宫殿。

镶嵌有钻石、红石榴石和蓝宝石的金带

### 君主专制

克里斯蒂安五世于1670年至1699年统治着丹麦和挪威。他接替了父亲弗里德里克三世的王位，后者将绝对君主制写进了丹麦法律。克里斯蒂安五世为进一步强化王权，对德国人委以重任，以削弱丹麦贵族的势力。

### 国王送命

英国国王查理一世（1625—1649年在位）认为没有议会也能治理国家，他还将自己的宗教信仰强加于臣民身上，让很多人心生不满。内战随之而来。战败的查理一世被处以死刑。在克伦威尔的领导下，英国暂时成为一个共和国。

# 彼得一世改造俄国

当彼得一世于1682年登基成为俄国沙皇时，他的国家幅员辽阔，却封闭落后、经济基础薄弱。彼得一世决心将俄国改造成一个强盛的国家。他从欧洲其他国家引进新技术，兴建了一座恢宏的新首都——圣彼得堡。

留着传统长胡子的波雅尔

### ▶与旧日告别

波雅尔是俄国中世纪以来的高等级贵族的称号，他们非常传统，不愿适应变化。彼得一世命令宫廷中所有人都要将长胡子剃掉，穿上代表现代的西方服装。谁要是拒绝，就得交税。这幅作于1698年的漫画，描绘的是彼得一世亲手为一位不愿从命的波雅尔剪掉胡子。

**年轻的沙皇**

彼得一世10岁时，就与同父异母的兄长伊凡五世共同担任沙皇。他痴迷于战争和舰船。1689年亲政后，他出访欧洲其他国家，学习先进技术和军事思想，并学习了造船技术。彼得一世于1725年逝世。

彼得一世穿着西式服装，挥动着剪刀。

## 扩张的帝国

彼得一世即位时，俄国幅员辽阔，但西边陆上受到封锁。他与瑞典宣战，最后赢得了波罗的海出海口。叶卡捷琳娜二世统治时期（1762—1796 年），俄国版图进一步扩大，甚至到达北美洲的阿拉斯加地区。

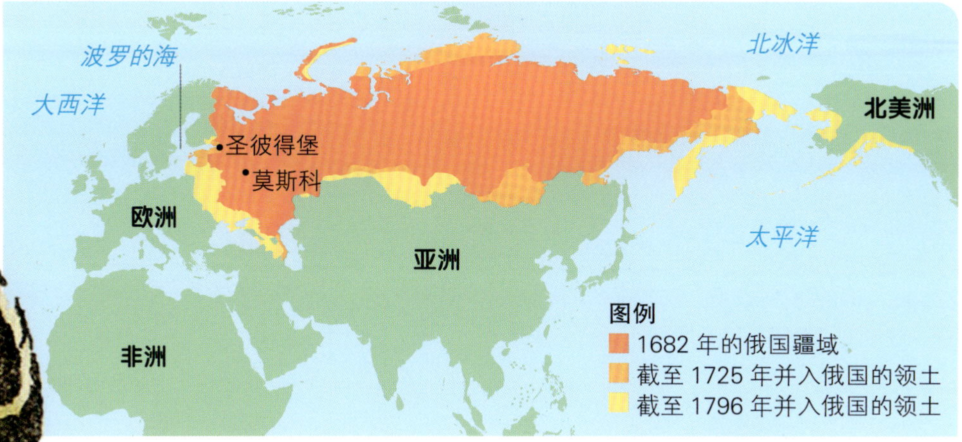


## 建立海军

俄国海军是彼得一世一手创建起来的。在他统治末期，驻扎在圣彼得堡的波罗的海舰队有 49 艘战舰和数百艘小型舰船。它们在对主宰波罗的海地区的瑞典作战中，起到了至关重要的作用。这是俄军波罗的海舰队的第一艘战舰“萨丹进击号”的复制品。

## 迁都

虽然彼得一世生于莫斯科这座俄国自中世纪以来的首都，但他一直讨厌那里。1712 年，他将首都迁到圣彼得堡。这座位于波罗的海沿岸的城市由他一手兴建，城内有许多意大利建筑师设计的精美古典建筑。

## 叶卡捷琳娜二世时期的发展

叶卡捷琳娜二世原本是德国公主，1762 年她在丈夫沙皇彼得三世去世后即位。在她漫长的统治生涯中，俄国成为一个具有影响力的欧洲国家。她将科学家和哲学家引入宫廷，搜集了丰富的艺术藏品。她还成功领导了几次军事行动，扩大了俄国的版图。

# 启蒙时代

在18世纪的欧洲，激动人心的新思想出现了。作家和思想家们开始挑战现有的关于政府、宗教和科学的观念，鼓励人们独立思考。发源于这一时期的许多思想，都对现代社会产生了深远影响。

**自由思想家**

法国哲学家伏尔泰是启蒙运动的领袖。他以发表讽刺作品闻名，主张言论自由和宗教自由，曾两次被法国政府逮捕。

吧台侍女，通常是咖啡馆里唯一的女性。

侍者来取咖啡和陶质烟斗。

**▲思想交流**

喝咖啡在17世纪末至18世纪的欧洲很流行。遍布欧洲各大城市的咖啡馆成为探讨问题的绝佳场所。这些场所在当时仅允许男性进入，思想家、作家和哲学家能共同坐在长桌旁，讨论时政新闻，或者打探最新的科学发现。

## 妇女权利

女性在启蒙运动中很少发声，仅有的案例是英国哲学家、文学家玛丽·沃斯通克拉夫特。她在《女权辩护》一书中，主张给予女性同男性平等的教育权，认为女性应当与男性享有相同的权利。

## 知识汇编

《百科全书》（全名为《科学、艺术和工艺详解词典》）是启蒙时代的重要作品。这本巨著由法国启蒙思想家德尼·狄德罗主编，启蒙运动的大部分思想家都参与了这部书的撰写。

每天的报纸传递激进的新思想。

# 横跨大西洋的奴隶贸易

在16世纪到19世纪之间，欧洲国家奴役了至少1200万非洲人。他们被迫离开家园，乘船横渡大西洋，被贩卖到美洲，那里的欧洲殖民地当时依赖于奴隶劳动。这些被贩卖为奴的人一直没有放弃反抗，但直到300多年后，奴隶制才终于被废除。

**▼贩奴船**

黑奴乘船驶向大西洋对岸，他们一群人挤在甲板下，几乎没有移动的空间。这段旅程至少要花费10个星期。经常有人企图反抗，但很少成功。这幅画展现了法国贩奴船“玛丽·塞拉菲克”号满载着307名成年男女和儿童黑奴的情景。

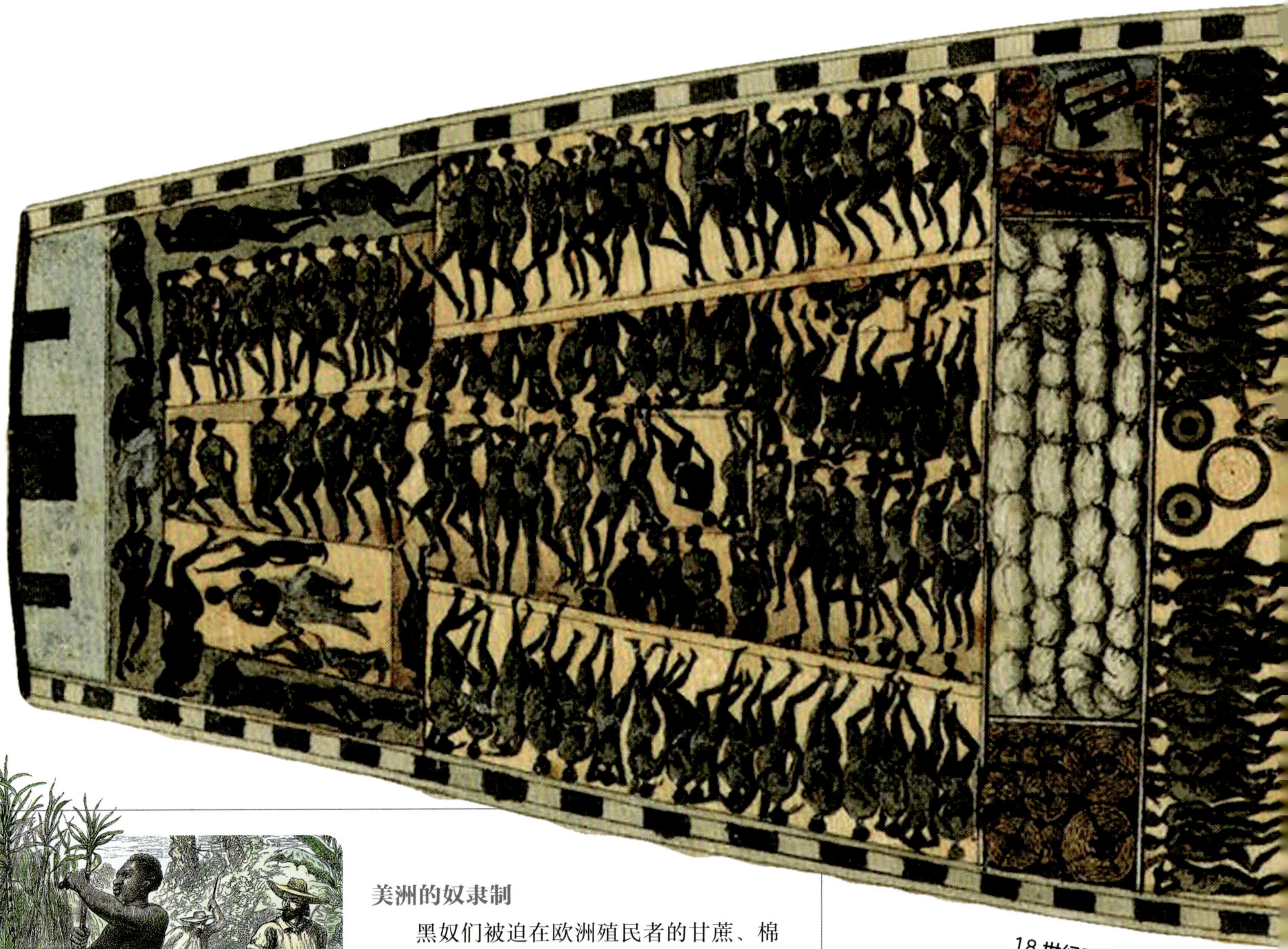

18世纪贩奴船“玛丽·塞拉菲克”号的俯视图

**美洲的奴隶制**

黑奴们被迫在欧洲殖民者的甘蔗、棉花和烟草种植园内工作。从1776年开始，新成立的美国极为依赖奴隶来建设国家。黑奴的生活环境艰苦而恶劣。许多人被鞭打、谩骂，谁要是想逃走，就要遭受更严厉的惩罚。

### 中央航路

这条横渡大西洋的贩奴航线，被称为“中央航路”。它部分源自“三角贸易”的体系。这些贩奴船从不空载，它们从欧洲满载着制成品送到非洲出售，接着将从非洲掳获的黑奴运到美洲，然后再向欧洲运回糖、烟草和棉花等原材料产品。

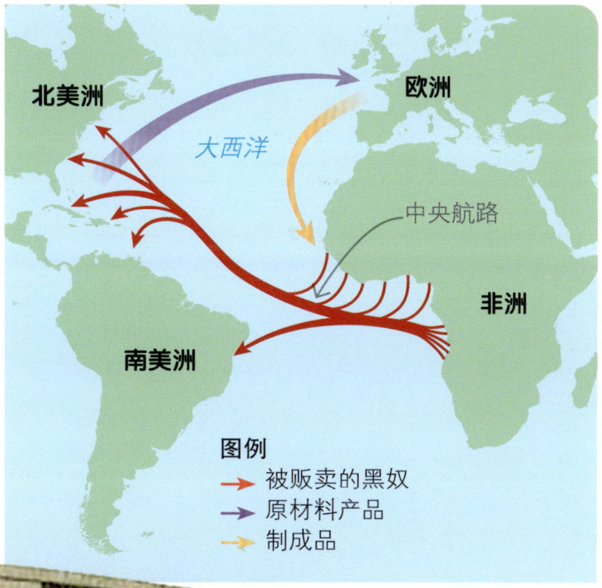


### 奴隶堡

欧洲贸易公司在西非海岸修建了许多座奴隶堡，目的是将从内陆地区带来的奴隶收留于此，等待贩奴船将他们运走。下图是位于今天加纳境内的埃尔米纳城堡，它的地牢里通常会关押着上千名奴隶。

小型储藏间，为旅程提供基本的生活必需品。

黑奴们被铁链锁在一起，绑在木板上，谁也无法动弹。

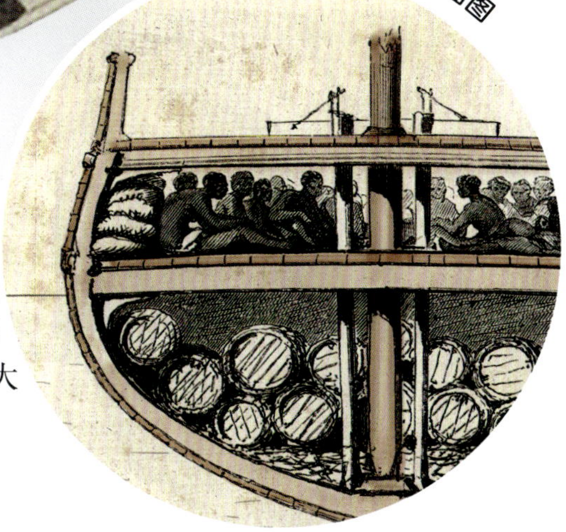

贩奴船的截面图

### 骇人听闻的生存条件

黑奴们被锁链拴住，塞进拥挤狭窄的船舱，几乎没有站起身的空间。很多人被迫躺在污秽中。患病的人会被直接扔下船。据估计大约有 200 万黑奴在渡海途中死亡。

红衫军

这一时期的英国士兵被称为“红衫军”，就像这张图所展示的，这得名于他们军服的颜色。英国军队中也包括一些被称为“黑森雇佣兵”的德意志佣兵，以及仍然忠于英国人的殖民地士兵。

抗议《印花税法案》

1765年通过的《印花税法案》是英国议会远在千里之外制定的、最令人不满的税种之一。愤怒的殖民地居民走上街头，呼吁“无代表不纳税”。这些游行抗议活动，是殖民地居民对英国统治不满的最初表现。

# 美国为独立而战

18世纪60年代，生活在北美东北部13个殖民地的人们，还处于英国人统治之下。英国刚与法国打了一场开销巨大的战争，为筹集资金，英国政府决定对殖民地征税。许多殖民地居民拒绝缴税，他们十分愤怒于自己没有在英国议会发声的权利。激烈的游行抗议和骚乱最终演变为一场战争。殖民地民众开始为独立而战，最终在1781年击败英国军队。在这场独立战争中，一个新的国家——美利坚合众国诞生了。

## ▲美国独立战争

最早的军事冲突在1775年4月发生于马萨诸塞州的列克星敦。英国红衫军起初占据上风，但到1777年时，美国大陆军掌握了战争的主动权。1781年10月，英国军队在弗吉尼亚州约克郡投降。

**大陆军**

乔治·华盛顿是大陆军的总司令，这支部队是他专门招募来抗击英国人的。他们装备简陋，几乎全是未经训练的士兵、民兵和志愿部队。在这张图中，他们穿着式样不一的军服，说明大陆军比英国军队的装备要差。

**《独立宣言》**

1776 年 7 月 4 日，13 个殖民地的代表在费城会面，签署《独立宣言》。这是一次决裂声明，宣布他们不再处于英国统治之下。昔日的殖民地，如今成为一个自由而独立的邦联，自己处理国家事务。

**权力分治**

美国 1787 年颁布的宪法对新的国家该如何治理，作出了明文规定。开篇第一句话“我们，美利坚合众国的人民”，保障了美国公民的基本权利。这部宪法也将政府权力分为三个独立但平等的部分——立法权、行政权和司法权，避免任何权力分支凌驾于其他之上。

**第一任总统**

曾经领导大陆军战胜英国人的乔治·华盛顿，在 1789 年众望所归地当选为美利坚合众国首位总统。当时的政府位于纽约，如今的首都华盛顿特区还未建成。华盛顿的肖像至今仍然被印在 1 美元的纸币上。

**不公平的社会**

日益显著的不平等和不公正点燃了革命之火。这幅漫画画的是贵族和教士这两大法国最富裕、人数最少的阶层骑在一个衣衫褴褛的平民背上。平民属于第三等级，是人数最多的阶层。

**巴黎游行中的妇女**

革命让社会贫困阶层受到鼓舞，开始主动采取行动。1789 年 10 月，巴黎数千名妇女步行到凡尔赛宫，要求政府提供面包，当中许多人带着武器。她们是一股新的革命力量。

**经久不衰的思想**

法国大革命在暴力和混战中结束了，但它的革命思想长存于世，就像这幅《自由引导人民》所象征的精神。权利平等和个人自由的观念，对 19 世纪欧洲和拉丁美洲的革命和独立运动具有重要影响，今天仍被许多国家借鉴。

# 革命席卷法国

1789 年 7 月 14 日，愤怒的人们攻占了巴黎的一座王室堡垒——巴士底狱，以示对法国国王的抗议。他们的行动引发了法国大革命。激进思想迅速传播，革命者打着“自由、平等、博爱”的口号，呼吁建立更公平的社会。国王和王后相继被逮捕，后来被处决。君主制被废除了，法国成为共和国。

**君主制的结束**

国王路易十六被革命法庭判处叛国罪，于 1793 年 1 月 21 日被送上断头台。许多市民前来围观行刑。9 个月之后，他那不受人欢迎的妻子玛丽·安托瓦内特王后，也遭遇了相同命运。

刀片锋利，行刑时更加干脆利落。

拉住绳子可以提起刀片。松开绳子，刀片就会对准受刑人的颈部，迅速落下。

**▲迅速处决**

这种断头台是为尽快地处决死刑犯而发明的。它不仅用于斩首国王路易十六，还处决了数千名王室支持者。后来，革命的措施变得更极端了，许多革命人士也被送上了断头台。在恐怖统治时期，总共约有17000 人被处决。

**蒸汽机**的发明，改变了人们的**工作**、**旅行**和**休闲方式**。许多新技术让少数**特权阶级**的生活变得更轻松，更便利，但并不是每个人都能受益。人们开始争取**更多权利**，但对**平等**和**正义**的追求，将是漫长而艰难的。

# 工业的兴起

# 工业时代时间轴

在工业时代，日常生活中几乎全部领域都被新技术改变了。在此前，马车是最快的交通方式，人们很少远离出生地，外出到很远的地方去。工业时代末期，汽车和飞机能把人们从一地带到另一地，新的通信方式可以将地球两端连接到一起。

法国国旗

**1790 年**

**1792—1815 年**
**共和国与帝国**
1792 年，法国废除君主制。拿破仑·波拿巴在法国大革命后期掌握了政权，建立了法兰西第一帝国，直至他在滑铁卢战役中被击败后退位。

**1861 年**
**意大利统一**
撒丁王国的埃马努埃莱二世建立了意大利王国，它实现了意大利的统一。

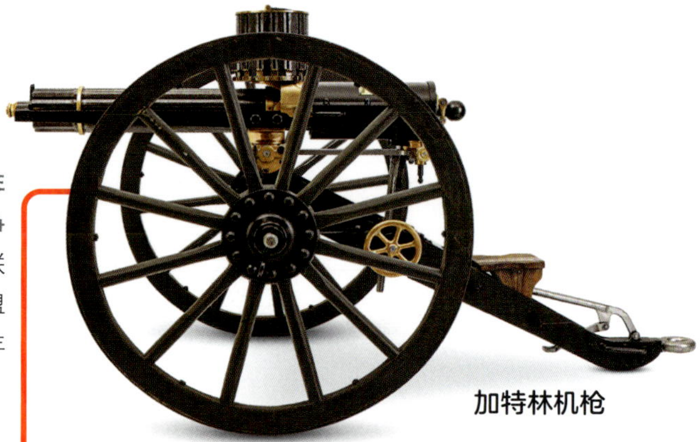

加特林机枪

**1861—1865 年**
**美国南北战争**
美国南方 11 个州想要脱离联邦，内战由此爆发。南部同盟最终战败，奴隶制于 1865 年在美国被废除。

**1867 年**
**加拿大自治领**
原为英国治下的安大略省、魁北克省、新斯科舍省和新伦瑞克省组成统一的加拿大自治领。不列颠哥伦比亚和爱德华王子岛后来也加入其中。

**1868 年**
**明治维新**
日本的江户幕府被推翻，天皇重新掌握政治权力，日本的现代化进程开始加速。

日本新修的铁路

**1869 年**
**苏伊士运河开通**
苏伊士运河建成通航。它由法国外交官雷赛布主持开凿，将地中海与红海、连接起来，沟通了大西洋和印度洋。

在普罗蒙特里举行的落成仪式

**1869 年**
**从海洋到海洋的铁路**
这一年，联合太平洋铁路公司与中央太平洋铁路公司相向修建的铁路，在犹他州的普罗蒙特里接轨。至此，美国第一条横贯大陆铁路全线建成。

**1871 年**
**德国统一**
德意志实现统一，普鲁士王国的威廉一世成为德意志帝国的皇帝。

**1876 年**
**印度帝国建立**
1858 年英国东印度公司解散后，印度由英国直接管理。维多利亚女王于 1876 年成为印度女皇；她的继任者一直保有这一头衔直到 1947 年。

**1876 年**
**电话**
亚历山大·格雷厄姆·贝尔是发明电话的专利人。1876 年，他试验电话通话成功。1878 年，他的长途电话试验成功。

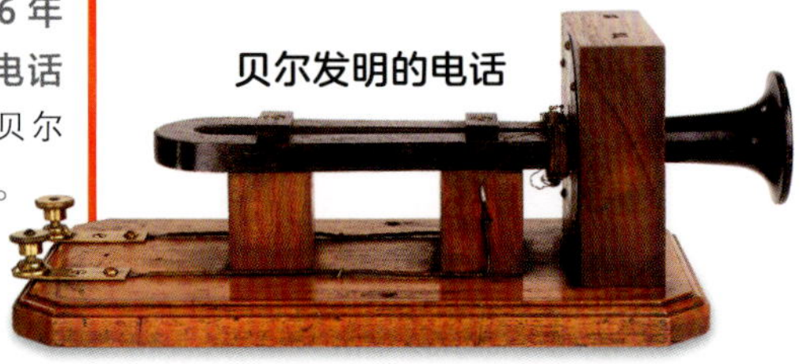

贝尔发明的电话

**1884—1885 年**
**柏林会议**
帝国主义列强在柏林召开会议，敲定了它们在非洲的利益分配，并实际上瓜分了非洲，只有利比里亚和埃塞俄比亚保持了独立。

本茨发明的汽车

**1885 年**
**第一辆内燃机汽车**
德国工程师卡尔·本茨设计制造了依靠汽油内燃机驱动的汽车。

1796 年
**接种牛痘**
英国医生爱德华·琴纳为一名 8 岁男孩成功接种牛痘，以预防天花。

1803 年
**环行澳大利亚**
英国水手马修·弗林德斯完成了环绕澳大利亚的航行，从而证明它是一个独立的大陆。

1810—1821 年
**墨西哥独立**
墨西哥摆脱西班牙统治，最终赢得独立。在哥伦比亚、委内瑞拉和其他南美洲国家也发生了类似行动，到 1828 年时西属拉美各国都获得了独立。

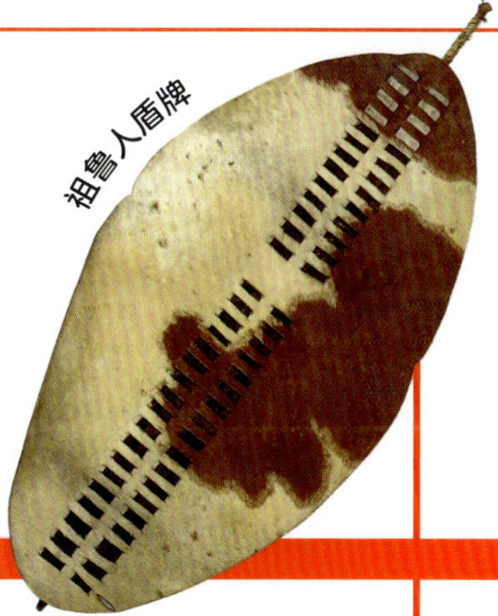
祖鲁人盾牌

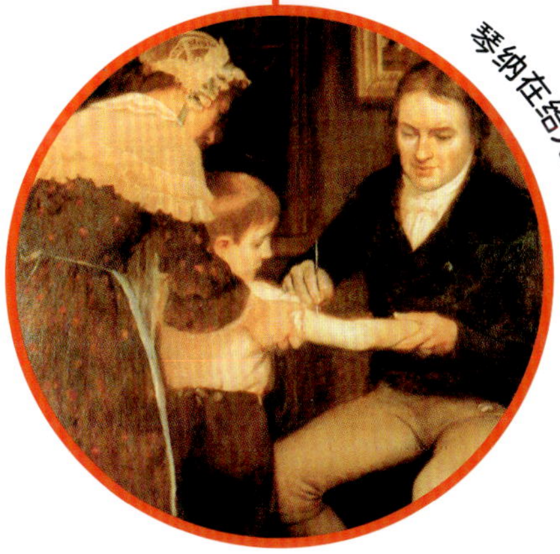
琴纳在给儿童接种牛痘

1807 年
**英国废除奴隶贸易**
英国议会宣布，在英国境内进行奴隶贸易是非法的，但奴隶制在 1833 年之前的英国殖民地仍然合法。

达盖尔式照相机

1816 年
**祖鲁王国**
恰卡酋长建立祖鲁王国。他运用先进的军事策略扩张领土。

1842 年
**中国被迫打开国门**
鸦片战争战败后，清政府被迫和英国签订了一系列不平等条约，其他西方国家也获得了同样特权。

1825 年
**最早的公共铁路**
世界上第一条使用蒸汽机车的公共铁路在英国开始运行。它从达灵顿附近的煤矿一直通往斯托克顿港。

1848 年
**革命之年**
激烈的革命运动在欧洲各地爆发，大多数革命以失败告终。

1839 年
**最早的照相机**
法国人路易·达盖尔发明了达盖尔式相机。这是可供公众使用的最早的摄影设备。

贝塞麦发明的炼钢转炉

1855 年
**贝塞麦转炉炼钢法**
英国发明家亨利·贝塞麦发明了能批量锻造、成本很低的转炉炼钢法。这种方法后来用于制造耐用的铁轨。

莱特兄弟制作的飞机

1895 年
**早期电影**
对公众放映的电影最早出现于巴黎。当时放映了吕米埃兄弟所拍摄的十部短片。

1903 年
**第一架飞机**
12 月 17 日，美国的莱特兄弟成功进行首次动力飞行，他们的飞行器叫“飞行者一号”。

1910 年

1890 年
**伤膝河大屠杀**
印第安人反抗美国移民的战争以一场屠杀告终。数百名印第安人在伤膝河谷被屠杀。

1893 年
**女性获得选举权**
新西兰成为世界上第一个给予女性普遍选举权的国家。

1904—1905 年
**日俄战争**
日本和俄国为争夺在中国东北和朝鲜半岛的权益进行战争。最终日本在对马海战中击败俄国海军，取代了俄国对中国东北的支配地位。

# 拿破仑 挥师欧洲

拿破仑·波拿巴是一名出色的军人，后来成为法国皇帝。他在法国大革命时期的对外战争中立下战功，但后来又发动政变，亲手终结了新生的法兰西共和国。在他统治时期，法国发动了一系列战争，将大半个欧洲纳入法国的影响范围。但在20多年连续不断的战争后，他因一场败仗被迫退位，流放在外。

### ▶拿破仑的军队

1804年，拿破仑为对抗反法同盟组建了一支军队，这些人偶代表着其中的士兵和军官。这支军队是从各国招募而来的，人数最多时有68.5万人。在战争中表现出才能和勇气的士兵，不论出身如何，都会受到提拔。军队中有许多不同的职位和角色，各自穿着不同的制服，如右图所示。这些士兵模型用于沙盘演练，但也是非常流行的玩具。

**拿破仑的崛起**

1769年，拿破仑·波拿巴出生于地中海的科西嘉岛，他在九岁时来到法国。法国大革命时期，他加入了革命军。他是名出色的军人，后来成为将军，被法国人视为民族英雄。1799年，他成为法国的唯一统治者。1804年，他加冕为法兰西第一帝国的皇帝。

### 在战场上

奥斯特里茨战役的胜利，让拿破仑控制了德意志地区大部分领土。画中的他骑着白马，在战场上刚刚收到胜利的消息。

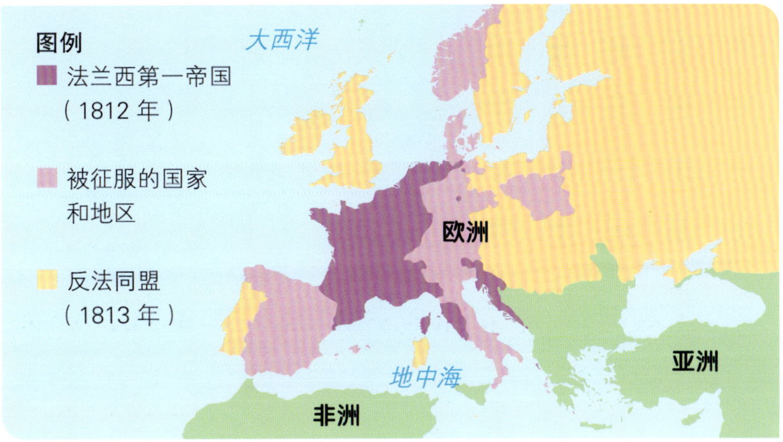


### 称霸欧洲

1812 年的法兰西第一帝国的面积比今天的法国要大得多。拿破仑的军队占领了德意志地区、意大利、波兰和西班牙的大部分领土，有些国家则成为他的盟友。1813 年，英国、俄国、普鲁士、奥地利、瑞典、葡萄牙和撒丁王国等再次组建反法同盟，最终在 1815 年的滑铁卢战役击败了拿破仑。

从中东地区招募的马穆鲁克骑兵

戴双角帽的将军

帝国精锐护卫队成员

### 波拿巴家族

拿破仑·波拿巴建立了一个庞大的家族统治网。他把兄弟封为欧洲各国的君主，长兄约瑟夫是西班牙国王，弟弟路易是荷兰国王，妹妹卡罗琳是那不勒斯王后，其他妹妹也都大权在握。

### 失败与放逐

1812 年，拿破仑率军队入侵俄国。这是个致命的错误。他抵达了莫斯科，但冬天来临，法军被迫撤退。他的部队在返程途中伤亡惨重。这只是他最终结局的开头，1815 年，在滑铁卢战役中战败的拿破仑被放逐到大西洋中的一座小岛——圣赫勒拿岛。

# 殖民澳大利亚

澳大利亚最早的土著居民已经在那里生活了几千年。欧洲人从15世纪开始探索太平洋，寻找适合贸易的地方，并建立殖民地。不过，英国人直到18世纪才在澳大利亚沿岸建立殖民地。殖民者强迫土著居民离开故土，并在此过程中毁掉了他们的生活、家庭和文化。歧视和不公还在继续，如今他们的状况也只是在缓慢地改善。

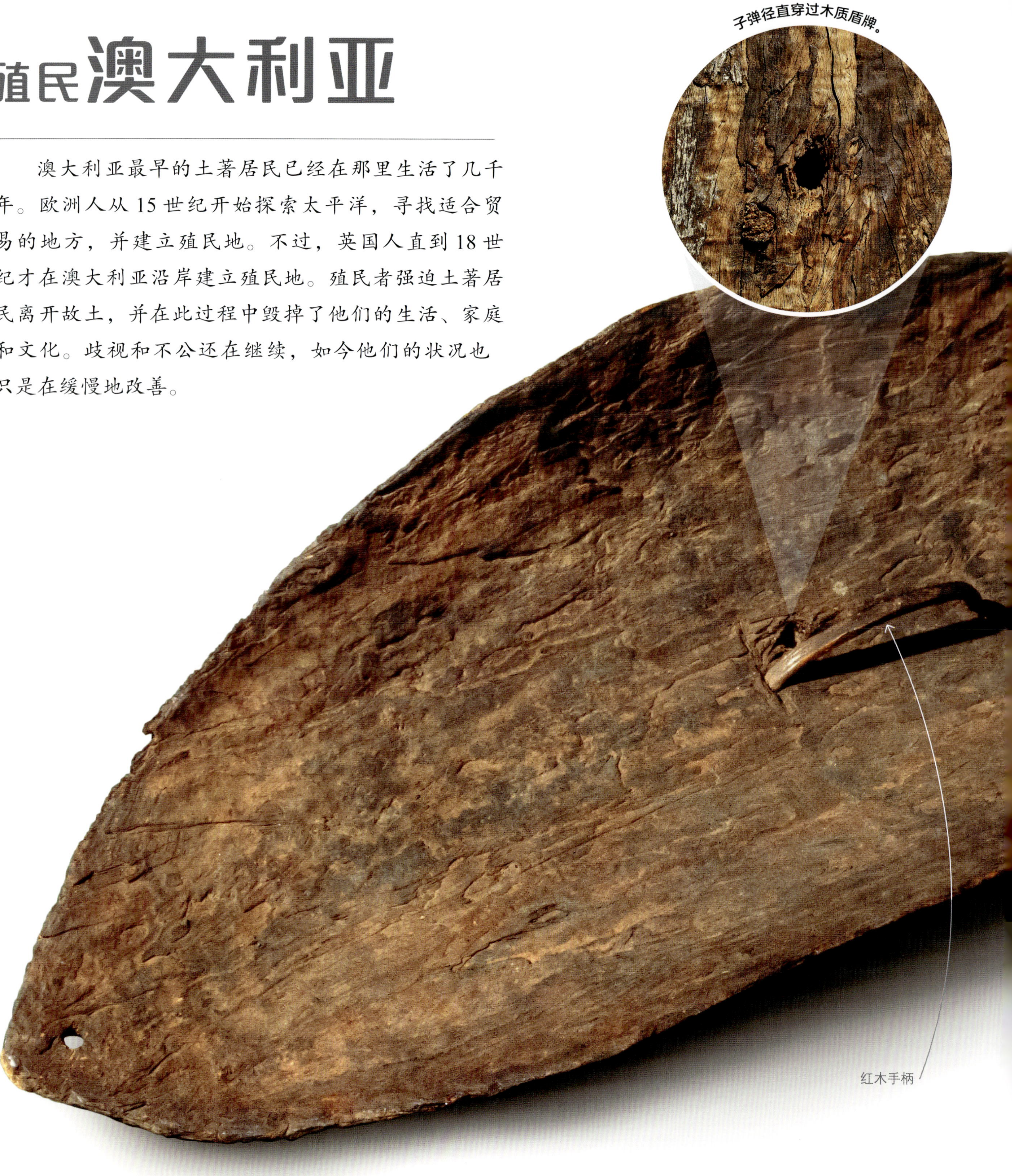

### ▼擅自登陆

这面盾牌属于格威盖尔部落一个名叫库曼的战士，他住在卡梅伊（植物学湾）附近。1770 年，詹姆斯·库克率领一支英国探险队擅自在卡梅伊登陆，将库曼射杀。库曼的盾牌被带回英国。如今它陈列于大英博物馆，但一直有人呼吁将它送还给格威盖尔部落的土著居民。

**占领土地**

最早的土著居民与土地、水路和大海的关系十分亲密，有些地点对他们而言尤为重要，包括洞穴、水源地和山脉。但欧洲人剥夺了土著居民对这些土地的所有权，宣称这些都是无主地，因此可以占领。

**皇家海军“奋进号”**

虽然有很多欧洲人在太平洋航行多年，但丈量澳大利亚东海岸的第一人是英国“奋进号”船长詹姆斯·库克。库克船长和船员们到达澳大利亚之前就已造访过太平洋诸岛和新西兰。

**欣欣向荣的殖民地**

1788 年，英国宣布澳大利亚为其殖民地。最早的定居者是一群被流放到澳大利亚的英国犯人。他们不得不耕种土地，修建道路。刑满之后，他们被允许结婚和购买土地。1793 年以后，许多自由定居者也来到澳大利亚，人口增长十分迅速。当地主要的出口品之一是出产于大型农场的羊毛。

**殖民对土著居民的影响**

这是澳大利亚土著居民的旗帜。虽然如今情况正往公正的方向改善，但殖民给土著居民留下了痛苦的印记。许多人死于欧洲人带来的疾病，或者在边境战争中战死，属于数代人的土地也被夺走了。

杜桑·卢维杜尔

## 奴隶起义

经常发生的奴隶起义引发了公众对奴隶制的关注。其中规模最大的一次在 1791 年至 1804 年发生于法属加勒比地区的圣多明克殖民地。这次起义由杜桑·卢维杜尔领导并大获成功，最终促成了海地的独立。

## “地下铁路”

“地下铁路”并非真正的铁路，而是帮助美洲奴隶脱逃的秘密网络，能让他们逃到加拿大等地，获得自由。哈丽特·塔布曼本人曾成功逃脱，之后她为地下铁路工作，至少帮助了 70 人重获自由。

## ▶废奴运动

在废奴主义者几个世纪的共同抗争下，西方国家才终于废除奴隶制。类似事件在不同时期、不同国家都有发生。那些获得自由的人们，境遇有时依然糟糕，奴隶制产生的不公影响深远。

## 更多支持

自 18 世纪末以来，英国国内废奴主义兴起，许多人发起请愿活动。这是 1826 年一本反对奴隶制的童书的插图，书名为《黑人的哀叹》。

多人签名请愿废除奴隶制。

## 英国废除奴隶贸易

1807 年，在奥拉达·艾奎亚诺等许多废奴主义者的舆论压力之下，英国废除了奴隶贸易。艾奎亚诺是伊博人，曾被贩为奴隶，后来他出版了一本自传，揭露了奴隶制的残酷。1833 年，英国通过法案宣布在殖民地全面废除奴隶制。

奥拉达·艾奎亚诺手持他出版于 1789 年的书。

# 为废除奴隶制而斗争

横跨大西洋的奴隶贸易持续了 300 多年。在这漫长的时期，许多黑奴奋起反抗。有些逃脱的奴隶写书揭露奴隶制的真相，并呼吁将其彻底废除。但直到 19 世纪，随着越来越多的废奴主义者加入他们的阵营，奴隶贸易以及奴隶制本身才在欧洲和美洲被逐渐废除。

弗雷德里克·道格拉斯

弗雷德里克·道格拉斯终生致力于为美国黑人争取权利。他于 1895 年逝世，终年 78 岁。

### 美国废奴运动

在美国，关于废除奴隶制的斗争在 19 世纪 30 年代愈演愈烈。其中最积极的一位废奴主义者是弗雷德里克·道格拉斯。他曾通过“地下铁路”摆脱奴隶身份，随后到世界各地呼吁奔走。上图描绘的是他于 1860 年在波士顿特莱蒙教堂的废奴主义者集会上发表演讲时，中途被警察和反对废除奴隶制的市民所打断的场景。

### 美国修改法律

索杰纳·特鲁斯曾是一名女奴，后来成为著名的废奴主义者，1864 年受到美国总统亚伯拉罕·林肯的接见。1865 年，美国国会通过了美国宪法的第十三条修正案，奴隶制在美国被废除。

# 拉丁美洲赢得独立

在大约300年的时间里，拉丁美洲的大片土地都是西班牙和葡萄牙的殖民地。在18世纪晚期，西班牙通过新法律，只允许在西班牙本土出生的人担任殖民地政府的重要职务。此举激怒了殖民地民众，他们开始反抗西班牙的控制。在19世纪初，拿破仑发动的战争让欧洲其他国家焦头烂额，拉丁美洲各地抓住时机，开始为独立而斗争。

**▶赢得胜利**

拉丁美洲爆发了许多小型冲突，最终演变为两场各自领导的独立运动。北方的领袖是西蒙·玻利瓦尔，南方的领袖是何塞·德·圣马丁。他们与效忠于西班牙的军队多次作战，最终解放了拉丁美洲大部分地区。这张图展现了1821年卡拉沃沃战役最终的胜利场景，当时西班牙人将他们的旗帜交给玻利瓦尔，以表示投降。

1808—1826年的拉丁美洲

**新的国家**

1808年至1828年，拉丁美洲几乎全部脱离了欧洲殖民统治的控制。这张地图展现了每个地区独立的年份，以及它是从哪个国家的殖民统治下独立的。曾经被西班牙殖民统治的广大地区，如今分化成了更小的独立国家。

### 大哥伦比亚共和国

玻利瓦尔曾设想将使用西班牙语的美洲地区统一为一个国家。1819 年，他成为大哥伦比亚共和国的首任总统，这个国家的范围包括南美洲北部大部分地区。左边这张图是该国的国旗。不过，这个共和国很快就支离破碎了，分裂成委内瑞拉、哥伦比亚、巴拿马和厄瓜多尔等国家。

### 渴望自由

在墨西哥，争取自由的斗争始于一位神父的演讲。1810 年，伊达尔戈·伊·科斯蒂利亚神父呼吁结束西班牙的殖民统治，争取平等，公平地分配土地。他被处死后，反抗还在继续，直到 1821 年墨西哥宣布独立。

### 不变的统治者，全新的帝国

1807 年，拿破仑军队入侵葡萄牙，葡萄牙王室流亡巴西。后来，王室回到葡萄牙，将王子佩德罗留下统治巴西。1822 年，佩德罗宣布巴西独立，自立为皇帝。

# 工业革命

18 世纪末，生产技术的飞速进步让英国人可以更高效、更便捷地制造产品。这促使人们的工作方式发生巨大变化。水力机械和蒸汽机很快接管了人们以往操作缓慢、效率低下的手工活。许多工人从乡下的农场搬家到新兴的工业市镇。

**家庭手工业**

在工业革命之前，像纺织品这类商品都是在家中手工完成的。图中这种纺纱轮，可以将羊毛或棉纱制成做衣服的线。这项工作通常由女性完成。

**工作环境**

早期的工厂甚至会雇用儿童来做工。工人们不再拥有自己生产的产品，相反，他们将劳动产品上交给雇主，以换取工资。工人们的工作时间很长，薪水却十分微薄，工作条件艰苦而危险。从 19 世纪 30 年代开始，英国陆续出台法律，以限制工人的工作时长、缓解雇用童工的问题。

**利用蒸汽的力量**

蒸汽机最初用于矿上抽水，18 世纪 80 年代后用于工厂供能。机器由蒸汽提供动力，而蒸汽是用煤烧开水后产生的。只要定期供应煤炭，蒸汽供能的工厂就可以建在任何地方，于是工业市镇和城市沿着煤矿兴盛起来。

**▲纺织工厂**

棉花生产是最早实现机械化的行业。早期工厂依赖湍急的河流转动巨大的水车。当轮子转动时，会把动力传输给大型机器，比如一次能纺 96 根线的精纺机，这在从前不可想象。这些水力供能的机器让大规模生产便宜的纺织品变为可能。

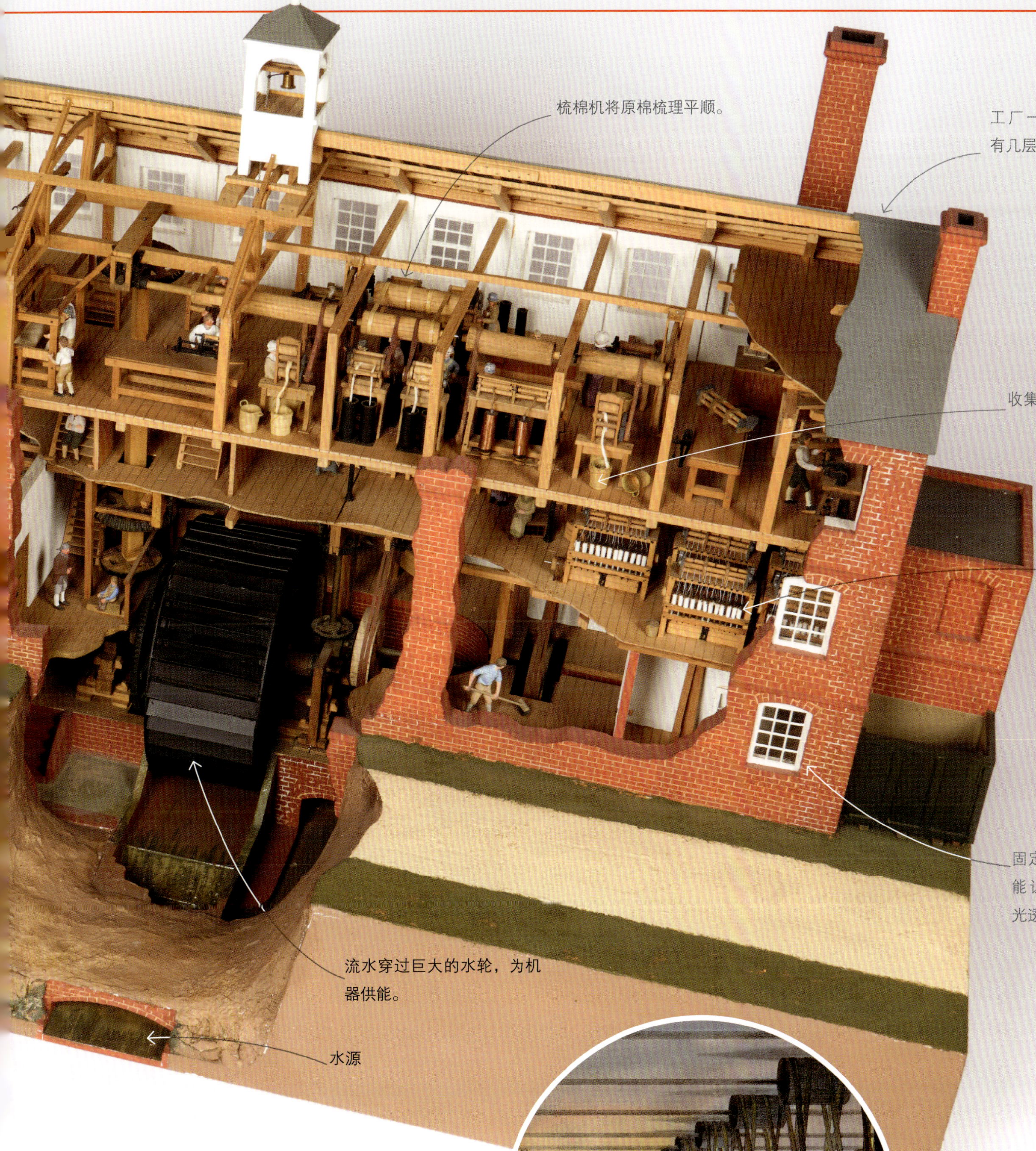

梳棉机将原棉梳理平顺。

工厂一般是狭长的建筑，有几层楼高。

收集棉花的桶

棉线在这里被拉直、扭转，然后缠绕在纺锤上。

固定间距的窗户，能让尽量多的日光透进来。

流水穿过巨大的水轮，为机器供能。

水源

**水力织布机**

新机器的发明，意味着不再需要大量熟练工人。任何人都可以操纵水力织布机，且纺织速度比任何人工都要快，可以生产更多、更便宜的布。对于工厂工人来说，操作织布机的工作枯燥而重复。

19 世纪 20 年代铸铁织机开始投入使用。

## 新时代的曙光

英国什罗普郡的柯尔布鲁克代尔村庄据说是工业革命的诞生地。柯尔布鲁克代尔的钢铁厂工人知道如何用煤更便宜、更高效地大规模炼铁，从而方便地制造更大、更复杂的产品。钢铁厂继续开展试验，制造了种类繁多的工业机器，包括原始的蒸汽机。虽然在这幅画作诞生的年代，人们还要用马车运钢铁，但工业化与机械化的时代已经开启了。

### ▶革命之年

1848 年欧洲革命先是在意大利和法国爆发，随后革命浪潮席卷欧洲。在某些国家，改革较为温和，但在另一些国家，革命斗争十分激进，士兵与抗议者们在街头展开巷战。不过到这年年底，很多国家的政府重新掌控了局面。

在巴黎街头，国王的宝座被烧毁。

**法国二月革命**

当时，法国七月王朝禁止人们举行政治集会，以免他们批判国王路易·菲利普。愤怒的人们涌上街头举行示威游行。最终，国王被推翻，法兰西第二共和国成立，所有男性公民都被赋予了选举权。

奥地利军队被迫从米兰的和平门撤退。

**意大利的起义**

当时意大利北部的大部分区域被奥地利统治。1843 年 3 月，意大利各地相继起义，希望建立一个独立统一的国家。巷战之后，奥地利军队被迫撤退，但起义者们缺乏合作，到了年底，奥地利军队卷土重来。

# 革命浪潮席卷欧洲

在 19 世纪，欧洲许多人不满于国家的统治方式。他们想要更多的个人自由、政治变化，希望能参与治理国家。1848 年，革命浪潮席卷了欧洲大陆。虽然这些革命最终被压制了，但它们唤起了许多地区的人们对国家统一的渴望，例如德国和意大利。

**德国三月革命**

当时的德意志四分五裂，人们希望建立一个统一的民族国家。斗争在柏林街头爆发，最终促成新议会的选举。

**奥地利十月起义**

由学生、工人和起义士兵组成的一次起义，发生于奥地利帝国首都维也纳。面对混乱局面，皇帝出逃，被迫宣布退位。然而，不久之后，军队重新占领了城市，平息了革命，将皇帝的侄子推上王位。

皇家军队轰炸维也纳，并重新占领这座城市。

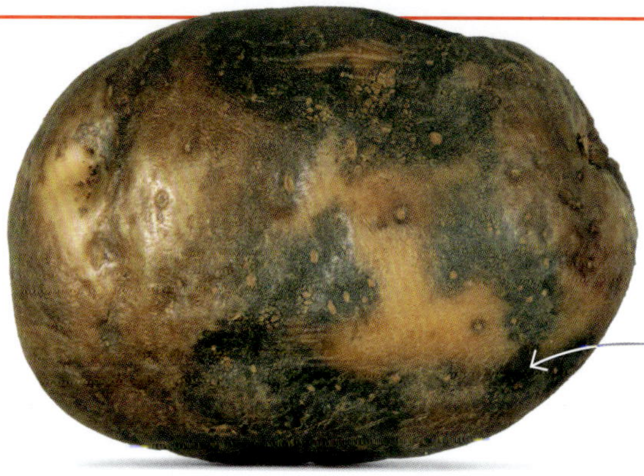

已经长出霉斑的马铃薯

**欧洲的饥荒**

就在革命爆发前几年，马铃薯晚疫病造成欧洲各地的马铃薯产量大减。在爱尔兰，大约有一百万人死于饥荒。饥荒和绝望是这么多人加入革命、寻求改变的原因之一。

**马克思与《共产党宣言》**

德国思想家马克思和恩格斯于 1848 年共同起草了《共产党宣言》，大约在同一时期，德国革命爆发了。《共产党宣言》是国际共产主义运动的第一个纲领性文件，标志着马克思主义的诞生。

这个名为日耳曼妮娅的女神形象代表了德意志。

**民族国家的崛起**

许多革命者认为，说同一种语言的人们应当联合为一个统一的民族国家，而不该分裂为许多小国，或者被不同国家所统治。尽管革命失败了，这种新的民族主义却大受欢迎。

# 现代外科手术的开端

19 世纪以前，外科手术是一件恐怖的事。人们对于消毒知之甚少，也没有多少有效缓解疼痛的办法，这意味着手术操作必须简单快速。到 19 世纪，医学获得了一系列突破性发展，麻醉剂的出现，让外科医生可以施展比从前复杂得多的手术。这些发展为如今的前沿手术铺平了道路。

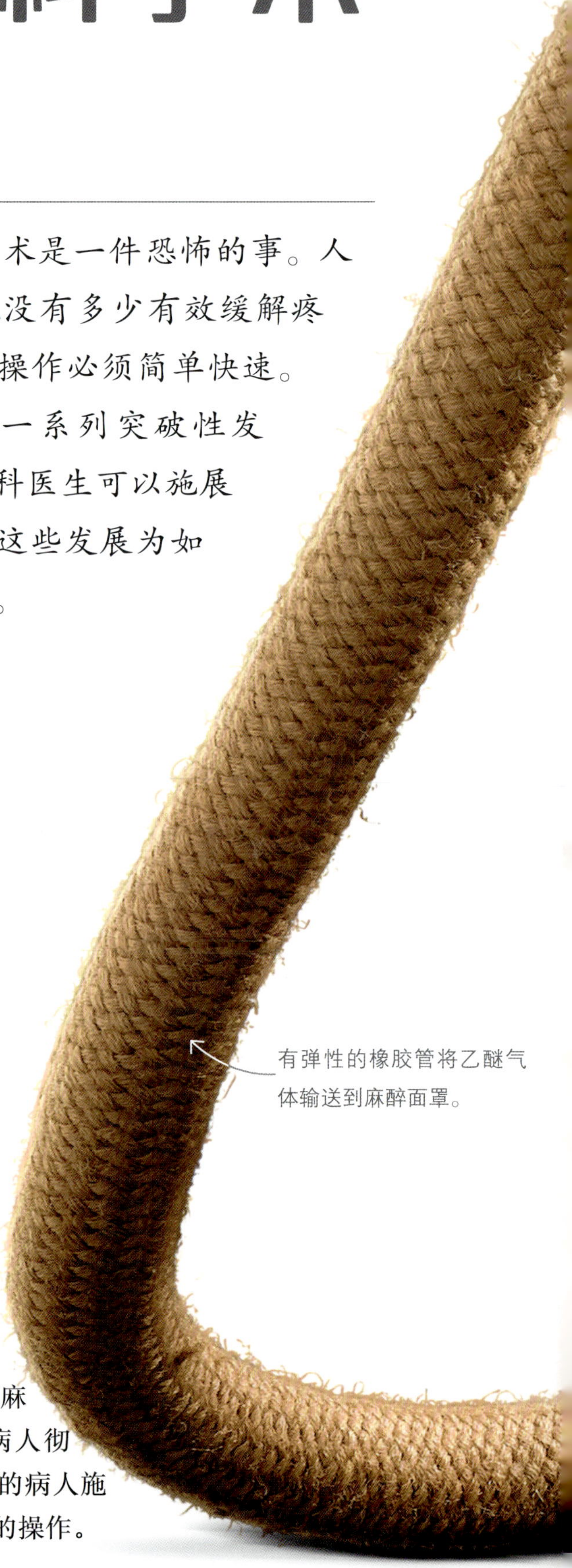

有弹性的橡胶管将乙醚气体输送到麻醉面罩。

### ▶无痛的外科手术

在医学发展早期，外科手术过程可以说是非常粗暴的。病人难以忍受疼痛，基本无法保持镇静。麻醉剂彻底改变了手术——它能让病人在手术进行时暂时失去感觉。早期的麻醉剂如乙醚是吸入式的，能让病人彻底失去意识。对安静、静止不动的病人施加手术更为安全，能实现更复杂的操作。

### 了解疾病

即便有了麻醉剂，手术依然具有风险。1861 年，法国科学家路易·巴斯德证明，有些疾病是通过病原微生物进入人体而扩散传播的。他的理论证明，只要保持伤口清洁，就能有效避免感染。

### 赶走细菌

巴斯德的理论被广为认可，医生们开始采取各种卫生措施——穿着干净围裙、用肥皂洗手。病人的伤口会被涂上石炭酸，人们还会用蒸汽给手术器械和服装灭菌。

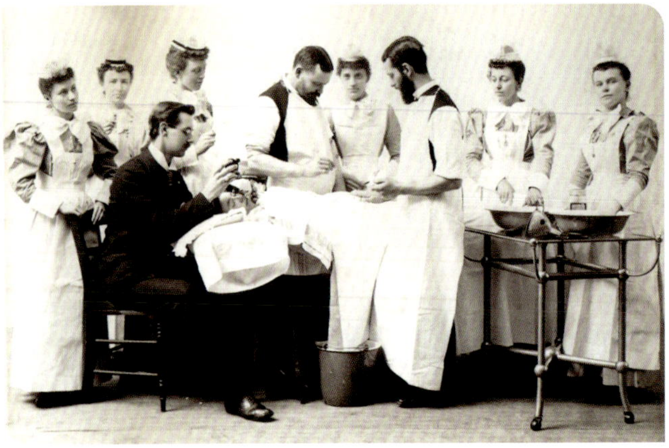

### 如今的手术

这些突破为外科手术的发展铺平了道路。借助现代卫生方法，手术风险明显降低了。如今，外科医生可以更换器官，可以使用微型相机进行精细操作，甚至可以用机器人辅助动手术。

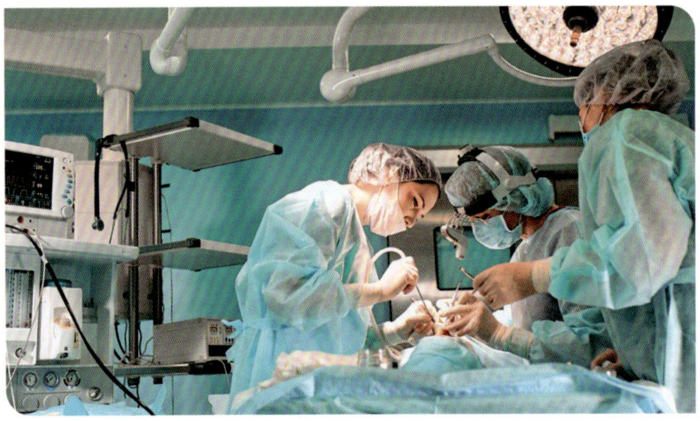

**早期麻醉剂**

日本江户时代的医生华冈青州发明了一种可以让病人昏睡过去的草药汤剂，比西方应用麻醉剂要早很多年。右图中的他正为一位已被麻醉的患者进行手术。

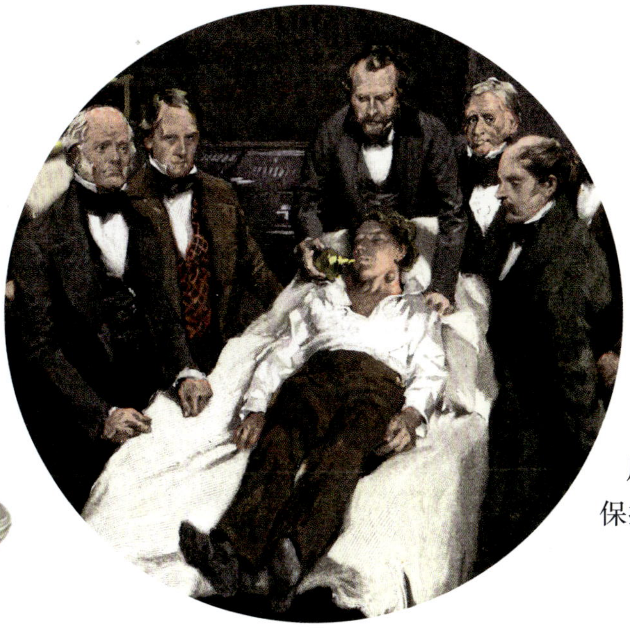

**吸入式麻醉**

1846年，美国外科医生威廉·莫顿成为公开使用乙醚作为麻醉剂的第一人。病人吸入乙醚后，陷入昏迷。莫顿随后为其进行手术，病人则保持镇定，感受不到疼痛。

打开控制阀，让乙醚进入管道。

保存在玻璃罐中的乙醚。

浸入乙醚的海绵

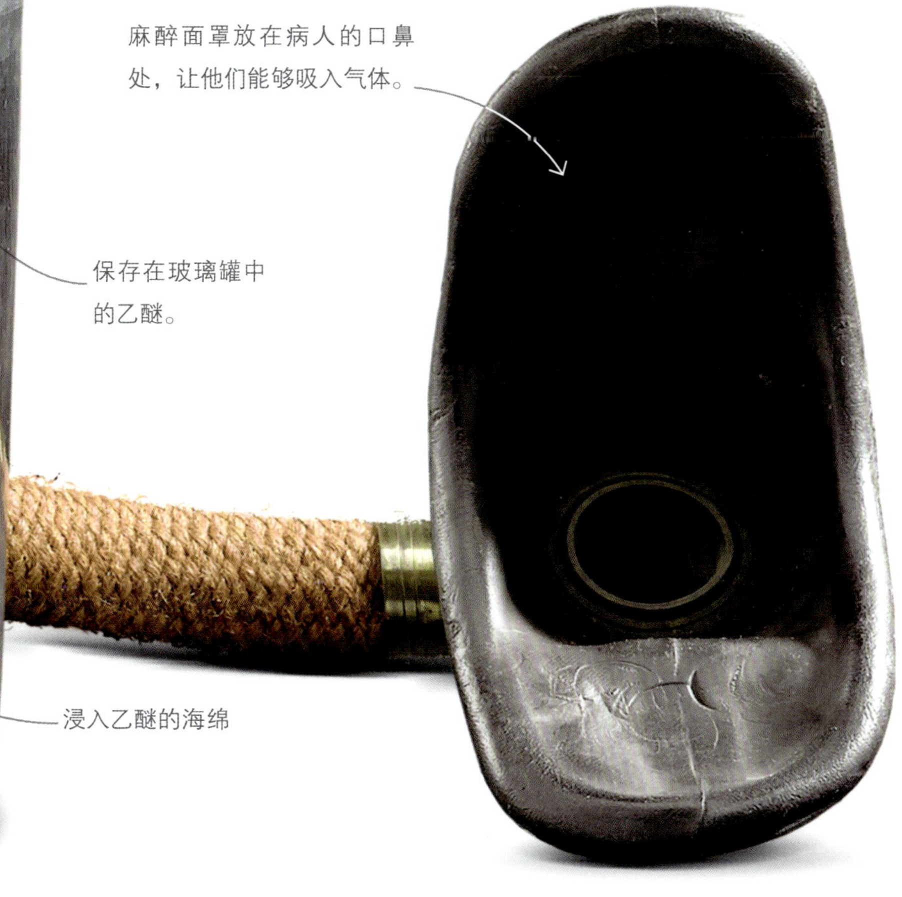

麻醉面罩放在病人的口鼻处，让他们能够吸入气体。

硕大的羽毛头饰是为了恐吓敌人。

# 祖鲁战士 捍卫王国

今天南非的纳托尔省，过去是祖鲁人的故乡。在1816年到1828年间，恰卡酋长统治了祖鲁人，他突袭邻近部落，建立了祖鲁王国。在19世纪70年代末期，祖鲁人被迫守卫领土，与英国人持续交战了六个月，最终被击败了，祖鲁王国成为大英帝国的一部分。如今，大约有1100万祖鲁人生活在南非，他们是南非人口最多的族群。

**祖鲁国王**

国王恰卡·祖鲁，以擅长军事闻名。他改革了祖鲁军队，引进了新式武器和军事策略。他是个不讲情面的首领，会向附近部落发起进攻，将其吞并为祖鲁王国的一部分。1828年，他被同父异母的兄弟杀害。

**“水牛角”阵型**

恰卡指挥军队作战时使用“水牛角”阵型。精锐部队位于“胸部”，他们与敌军正面作战。机动性更强的年轻战士位于两翼的“牛角”处，以包抄敌军，年老体弱的战士则坐镇后方的“腰部”。

敌军

水牛角阵型是为了包抄敌军。

祖鲁军队

**凶悍的战士**

祖鲁战士训练有素，纪律严明。他们被划分成若干军团，每个军团都有自己独特的制服。在战斗中，士兵们手持牛皮做的盾牌，佩戴着装饰有羽毛的华丽头饰。

### ▼战争武器

祖鲁士兵的传统装备为盾牌、木棒和用来投掷的长矛。恰卡设计了一种便于刺杀的短柄矛。在和英国人的战争期间，祖鲁人也用火器对抗英军，比如毛瑟枪和来复枪。

**英国征服祖鲁**

1879年战争期间，祖鲁军队数次战胜英军。他们最具决定性的胜利之战是伊散德尔瓦纳战役，当时一千余名英国士兵战死。祖鲁人最终在乌伦迪战役被击败（如下图所示），祖鲁国王塞奇瓦约被流放。

19 世纪的炊事车

# 美国向西部扩张

1776 年，当美国终于从英国的统治中独立出来时，它的领土还局限于东部海岸地区。然而，这个年轻的国家很快开始扩张。从 1803 年起，成千上万的人移民北美洲西部，坚信他们的新国家注定会控制这片土地。仅仅五十年间，美国就占据了北美的大片土地。在扩张过程中，许多土著居民被逐出了世居的土地，他们的文化也被毁灭殆尽。

**◀炊事车**

移民们赶着满载货物的大篷车，穿过大平原驶向西部。为了安全起见，人们总是列队行动，大篷车一辆跟着一辆，仿佛一组列车。左图这辆马车是一辆炊事车，用于装载食物和炊具。

**俄勒冈小径**

许多移民——矿工、农民和农场主等沿着俄勒冈小径向西行进，这是一条艰险的道路，从东部密苏里州的独立城直达俄勒冈城，总长大约 3490 千米。旅行者中包括欧洲移民（他们迫切想要获得耕地）、非洲裔和拉美裔移民。

为了安全，马车在夜间或遭遇袭击时会围成一个圈。

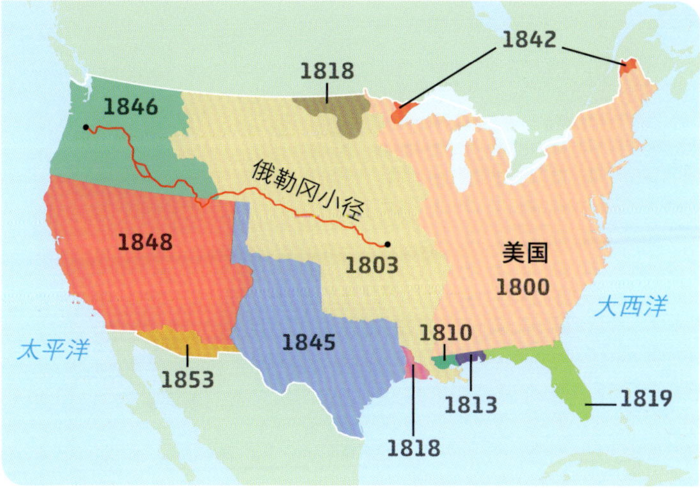


**获取土地**

1800 年时，北美的大部分土地还在其他国家手中，比如法国、英国、西班牙等。美国通过购买或战争的方式，拓展了领土。这张地图展示了美国每块领土取得的年份。

**淘金热**

1848 年，人们在加利福尼亚州发现了金矿，30 万人涌入这片地区。想在河里淘金的人太多了，这股淘金热让加利福尼亚州成为一个重要大州。

**血泪之路**

美国对西部的领土扩张，迫使数万土著居民离开祖先故土，沿着“血泪之路”跋涉几千千米搬迁到土著居民保留地。切罗基人伊丽莎白·布朗（昵称“贝琪”）就是一名血泪之路的幸存者。

# 被迫离开故土

随着美国向西部进行领土扩张，白人移民将印第安土著居民逐出了他们生活了几千年的祖先故土，打破了人与土地的联结。许多土著居民抵抗到底，甚至为守卫家园丢掉了性命，但美国政府强制执行迁移的命令，土著居民除了搬家，别无选择。

### 保留地的生活

从 19 世纪中叶开始，所有土著民族被迫迁入保留地——土地是由美国政府分配的。美国想要铲除土著民族传统的生活方式，保留地的孩子们通常被迫上公立学校，比如左图背景中的这所学校。

### 被迫搬家

今天美国仍有 326 个保留地，面积仅占总领土的 2.3%，这说明土著民族曾经失去了大片土地。由于强制迁徙，许多土著民族失去了与故土的联结，有的部落甚至完全消失了。

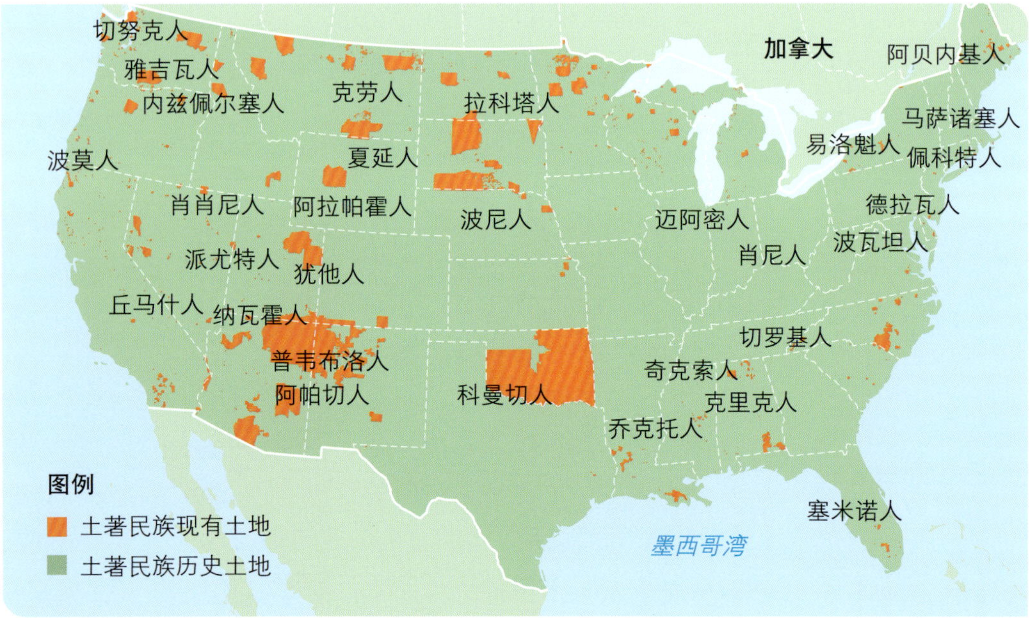

马匹对于生活在平原的部落而言极其重要。

枪支是在美国人修建的堡垒里交易的。

美国士兵与印第安人同骑一匹马。有些部落曾与美国军队并肩作战。

平原地区的土著居民住在用水牛皮制成的帐篷里，这种帐篷如今还在仪式性场合使用。

### ◀绘有图案的水牛皮

这是一份冬日记录——当地人为后人记录历史的一种方式。它属于某个平原地区的部落。每张图代表了一个重要事件。这份冬日记录覆盖了19世纪的历史，如美国迫使平原部落搬迁到保留地的情景。这份材料显示，双方曾经有过贸易与合作，也有冲突发生。

**讲述故事**

土著民族并不书写自己的历史。讲故事的人借助“冬日记录”这样的工具，回忆重要事件，让人们记住过去，并传给下一代。这是拉科塔部落一名讲故事的人。

头上戴的每一片羽毛都被认为是神圣的，需努力挣得。

**氏族母亲**

被迫迁徙之后，家族的地位比以往更为重要。许多土著民族通过母系追溯血缘。氏族母亲是每个家族的首领，影响全体福祉的重要决定都由她做出。

# 英国人统治印度

18世纪，英国通过与印度的一些统治者联手，帮助他们征服其他各邦，在印度获得了土地和影响力。到19世纪，英国政府已经直接控制了印度大部分领土，将它作为英国的殖民地来统治。英国官员与多数印度人过着截然不同的生活，印度人忍受着贫穷，有时还面临饥荒，他们开始反抗英国人插手他们国家的事务。

### 英国东印度公司

最早来到印度的英国人是为英国东印度公司工作的商人和士兵，这个公司专门做英国与亚洲之间的贸易生意。经莫卧儿帝国许可，该公司在印度建立通商口岸，很快又组建一支军队，甚至直接管理了印度土地。

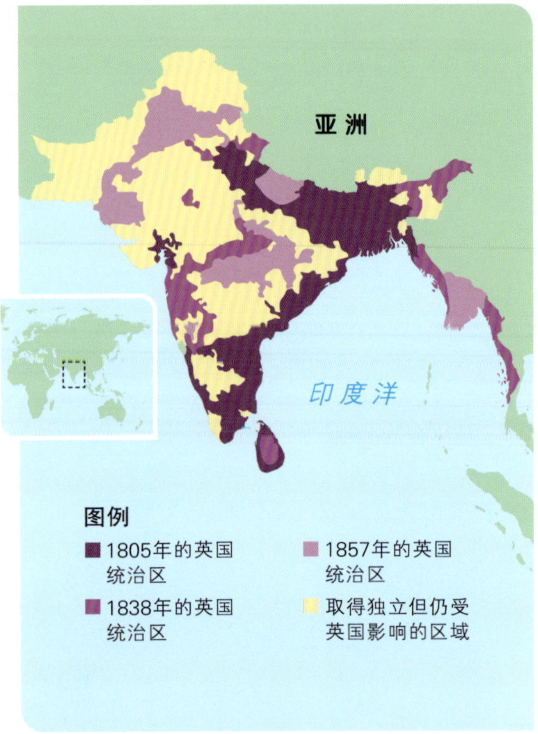


### 不断扩大的英国领地

最早的英国贸易口岸，是17世纪在莫卧儿帝国皇帝的许可下由英国东印度公司建立的。后来，英国东印度公司用武力获得莫卧儿帝国内许多别的区域。到19世纪中期，英国直接控制了印度大部分领土，甚至有些独立的邦，也受到英国的影响。

### ▶蒂普的老虎

面对英国人的入侵，许多印度人奋起反抗，蒂普苏丹就是其中之一，18世纪90年代，他与英国东印度公司周旋多年，阻止其吞并自己的领地。在最终失败之前，蒂普苏丹命人打造了右图这个机械风琴，它的外形是一只正在攻击英国士兵的老虎，象征着印度人的反抗精神。

若有人演奏风琴，人偶士兵的手就会挥动起来。

### 1857 年起义

这一时期，印度发生了几次军事起义，其中规模最大的一次是在 1857 年。起义的导火索是英国殖民当局给印度士兵发放涂有牛油和猪油的子弹，这对士兵的宗教信仰是极大的冒犯。起义被镇压后，英国被迫调整了在印度的殖民政策。

### 印度国民大会党

对英国殖民统治的反抗日益增长，1885 年，印度国民大会党成立。这是一个由 72 名代表组成的政治团体，代表来自全国各地。成立最初的几年里，由于社会普遍贫困，该党主要为印度人争取在殖民统治下获得更多权利。不过到了 20 世纪，它开始领导摆脱英国统治、争取印度独立的斗争。

# 蒸汽机车 连接世界

铁路的出现改变了世界。有史以来第一次，商品和人员能够在陆地上被长途运送，而且速度远超想象。第一条蒸汽机车客运线于1825年在英国运行，30年之内，铁路网络从欧洲、美国铺设到亚洲和非洲部分地区，连接起世界。铁路相关的产业给成千上万的工人提供了工作机会，促进了工业发展，改善了贸易环境。

**蒸汽机车的运转原理**

锅炉火箱中的煤炭燃烧后，使水沸腾，产生蒸汽。蒸汽膨胀产生的力量非常强大，能够驱动活塞，随后牵动车轮。

## ▼蒸汽机车

最早的蒸汽机车制造于 1804 年。1812 年，第一台运煤的蒸汽机车在英国运营，在商业上大获成功。美国和德国紧随其后。许多机车是在英国制造的，然后运往印度，例如 1855 年制造的“仙后号”机车。英国和其他欧洲国家为扩张势力，在印度和非洲的很多地方修建了多条铁路。

车顶用于保护位于下方的锅炉。

车轮以每小时 40 千米的速度带动列车运行。

### 标准时间

铁路出现以前，各地使用的时间会略有不同。铁路网络逐渐形成后，各国都引入了标准时间，以便建立时刻表，统一商店和各项服务的营业时间。

### 修建大桥

修建像西伯利亚大铁路这样庞大的铁路网络，会创造新的就业机会，如煤炭业、钢铁工业。娴熟的工程师建造大桥，让铁路得以通过似乎无法跨越的地区。

### 横贯大陆的铁路

在北美，第一条横贯大陆的铁路于 1869 年高调完工。这条线路全长 3077 千米，将东部的铁路网络与西部的太平洋铁路网络连在一起。

1935 年的日本旅行海报，宣传乘火车到山梨县观赏富士山。

### 放眼世界

铁路改变了旅客的出行方式，让人们可以实现远程工作或长途出游。全球旅游业兴起，从便宜的海边旅行到豪华的火车旅行层出不穷，比如乘坐从法国巴黎到土耳其伊斯坦布尔的豪华列车“东方快车”旅行。

**联邦政府**

没有脱离联邦的23个州有巨大的工业城市，机会和工作岗位众多。因此，它们与南方不同，并不依赖于奴隶劳动。北方各州参与战争，最初是为了让南方各州重新加入联邦。

联邦总统亚伯拉罕·林肯，在道德上反对奴隶制，但从未自称为废奴主义者。

白头海雕是美国统一的象征。

**联邦政府发行的10美元纸币**

在战争初期，南部同盟的首都是亚拉巴马州的蒙哥马利。

## ▶一个国家，两个政府

南北战争时期，北方联邦政府和南部同盟各自发行货币。这两张钞票上的图案，反映了两个阵营的理念。北方想要展示国家的强盛，而南方则尽力展现奴隶制的美好一面。

**葛底斯堡战役**

南北战争时期发生过多次战斗，但1863年的葛底斯堡战役，被认为是这场战争的转折点。经历三天苦战之后，北方军胜利了，从此战争的主动权转移到了北方手中。

# 内战撕裂美国

美国独立将近一百年后，在奴隶制这个问题上，南北方仍然存在矛盾。南方主张将新成立的州确立为蓄奴州，北方主张建立自由州。1861 年，亚伯拉罕·林肯当选为美国总统，他反对奴隶制。这导致南方各州脱离联邦政府，成立南部同盟。双方苦战了四年，最终在 1865 年南方军队投降，内战结束。

南部同盟发行的 50 美元纸币

这张钞票美化了奴隶劳动，与残酷的现实大为不同。

### 南部同盟

在 11 个南方州，经营种植园的大农场主利用奴隶劳动采摘棉花和烟草。这些农场主参与战争，是要维护自己将奴隶占有为财产的权利。

### 新军事技术

南北战争是第一次使用工业革命新技术和现代武器的大规模战争，双方使用了速射前膛枪、早期的机枪以及蒸汽铁甲战舰等。

这种机枪的枪管可以旋转。

加特林机枪

### 《解放黑人奴隶宣言》

1863 年，林肯颁布了《解放黑人奴隶宣言》，宣布解放南方各州的黑奴。由于当时他无权执行，这份文书只是姿态上的象征。有些南方黑奴逃了出来（如下图这两位），他们加入北方军队，为自由奋战。

### 非裔美国人代表

战争结束后，经四分之三州投票通过，奴隶制在全美范围内被废止。非裔美国人获得公民权，有权投票并购买土地。1870 年，海勒姆·罗德·瑞维斯成为入选美国参议院的第一位非裔美国人。不过，1877 年的“南北妥协”，再次限制了美国黑人的权利。

海勒姆·罗德·瑞维斯

# 日本打开国门

19 世纪下半叶，日本从与世隔绝的传统社会，自我改造成一个国际化国家。数百年来，这个岛国一直封锁国门，但美国舰船的到来，让日本人开始推动社会变革和政治改革，以使国家走上现代化之路。

### ▶“黑船”叩关

1853 年，美国舰队未经允许靠近日本海岸，希望强迫日本签署不平等贸易协定。此举造成日本国内一片恐慌，因为日本的木质战船无法抵挡美军的先进战舰。有人开始提议日本应当施行改革，以便与外国抗争。

**马修·佩里**

海军准将佩里是四艘黑船的指挥官。他的远征是想迫使日本对美国打开国门。

日本印刷品上穿着海军制服的佩里

**政府改革**

在黑船抵达之后，日本分为两派，一部分人渴望现代化，另一部分人却不想。国家的统治者幕府将军拒绝做出改变。1868 年，幕府统治被推翻，明治天皇夺回了统治国家的权力。不过，天皇并不实际统治日本，真正的权力掌握在以他名义行事的改革者手中。

### 建设国家

新政府很快开始改造日本。皇室将首都从京都搬到繁忙的港口东京。国家开始建设工厂，采用义务制教育。

### 等级制度的终结

幕府颁布的等级制度被废止了，武士阶层的特权由此终结。有些武士非常抵触改革，但另一些武士十分支持改革，例如上图中这些人。

### 工业化

新政府发展工业，兴建工厂、造船厂、铁路，架设电报线路。日本国内最大的工业产业是缫丝业，80% 的缫丝工人是女性。

### 日本国教

神道教是日本的民族宗教，崇拜多神，比如这处“夫妇岩”。明治政府将神道教奉为国教，目的是向百姓强调天皇统治的神圣，天皇自称为神。

# 打造更安全的城市

从 18 世纪末期开始，随着人们到城市地区寻找工作机会，涌现了许多大型工业城市。越来越多的人一起挤在便宜的居所，这些都是为容纳不断涌入城市的工人而快速修建的，卫生条件十分恶劣。生活污水被直接倒入河流或街道上，引发致命疾病。抽水马桶和排水管的出现改变了城市的面貌，让城市变得更安全、更整洁。

拉起 D 形手柄就开始供水冲刷马桶。

S 形弯管阻水设计，可以避免散发异味。

### ▶抽水马桶

到 18 世纪末，抽水马桶已经出现了，但并不常见。在 19 世纪，城市实在太过拥挤，许多人不得不使用公共厕所。这些厕所经常有污秽溢出，污染了街道、河流和供水系统。1848 年，英国政府规定每一户新建住房必须配有独立抽水马桶。

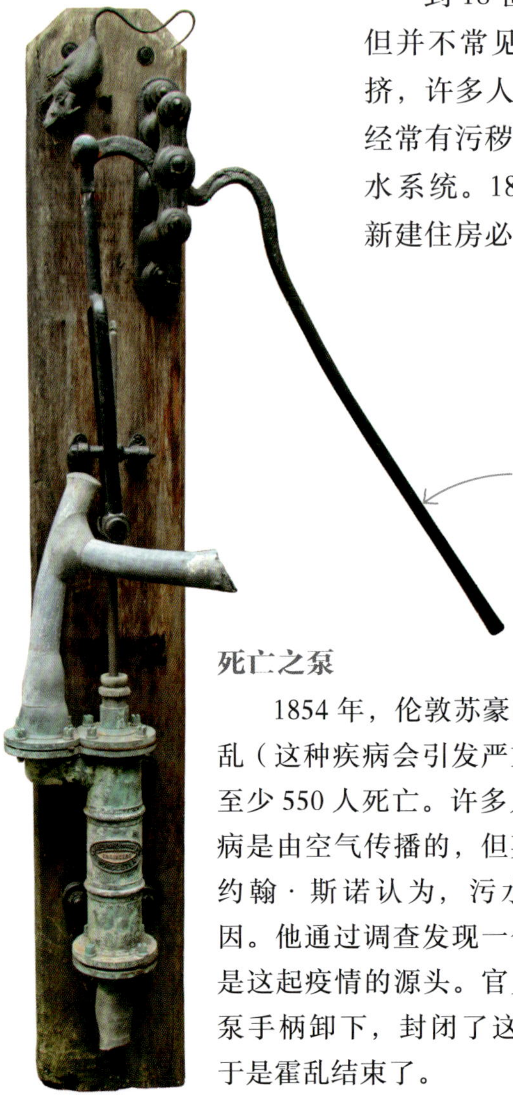

水泵手柄

**死亡之泵**

1854 年，伦敦苏豪区暴发霍乱（这种疾病会引发严重腹泻），至少 550 人死亡。许多人认为疾病是由空气传播的，但英国医生约翰 · 斯诺认为，污水才是诱因。他通过调查发现一个抽水泵是这起疫情的源头。官员们把水泵手柄卸下，封闭了这处水源，于是霍乱结束了。

**大恶臭**

19 世纪，各种废物会被直接排入伦敦的泰晤士河中。1858 年，炎热的天气加上未经处理的污水，形成一股难以忍受的恶臭。这幅漫画表现了泰晤士河上的场景。这种情况推动了伦敦污水处理系统的现代化。

**城市贫民窟**

19 世纪早期，穷人的生活水平非常低。很多家庭全家挤在贫民窟的一个单间里，设施简陋。开放式排水管附近到处是垃圾和其他污秽，疾病盛行。

**新式排水管**

“大恶臭”之后，工程师约瑟夫 · 巴扎尔吉特为伦敦设计了一套排水系统。到 1875 年，它每日要承载 20 亿升污水。巴黎、芝加哥和东京，也建造了类似的排水系统。

**全球卫生**

良好的卫生条件对于公众健康十分关键。尽管今天许多国家已拥有庞大的排水网络，但全球卫生情况依然不平衡。全球至少有 20 亿人没有马桶这样的基础卫生设施，有同样规模的人没有洁净的饮用水。

## 劳作的一生

工业革命之后，儿童从四岁就开始工作变得很常见。童工很受工厂主欢迎，因为他们的工资比成人要低。他们可以打扫烟囱，每周在工厂或矿上工作 80 小时。尽管政府出台法律改善劳工条件，工人们的工作环境通常仍然危险，这导致许多儿童受伤甚至丧命。图中的女孩在美国南卡罗来纳州的一个棉花工厂工作，这张照片由路易斯·海因摄于 1908 年。海因的摄影作品经常在抗议雇用童工的活动中被使用。

# 中国封建王朝的终结

19世纪，经过数十年的和平与稳定后，中国最后的封建王朝——清朝遭遇了一连串危机。此时中国的人口已经增长到清朝初期的数倍，土地兼并和粮食短缺问题严重。外国列强的入侵使中国被迫打开国门，丧失大量主权。随后爆发的农民起义更是沉重打击了清朝的统治。

欧洲人的形象经常出现在出口的茶壶上。

粉彩瓷器诞生于18世纪。

茶罐上印有中英双语文字。

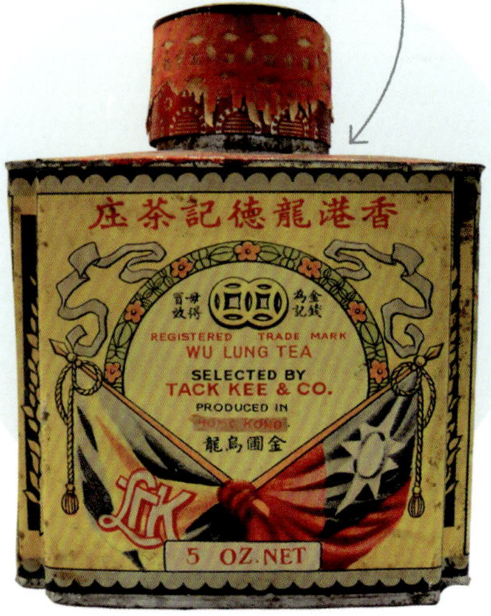


**外销包装**

中国茶叶十分畅销，用这样的罐子包装的茶叶被从香港运往世界各地。英国人渴望控制茶叶贸易，再加上一些其他原因，最终演变成入侵中国，发动鸦片战争。

### ▼畅销品

17 世纪以来，中国向西方出售丝绸、茶叶和瓷器（比如这只茶壶）等奢侈品，以换取白银。英国白银大量流失，于是英国商人开始向中国人兜售一种叫“鸦片”的毒品。清朝政府下令禁止鸦片，但英国在为此发动的鸦片战争中获胜了，强迫清朝政府允许鸦片贸易继续进行。

**鸦片战争**

在 19 世纪 40 年代和 50 年代，清朝在两次鸦片战争中战败。胜利者强迫清朝政府将香港割让给英国，并允许外国商人销售鸦片。这次战败让中国丧失了大量主权。

**太平天国运动**

1851 年到 1864 年，中国经历了农民起义的历史最高峰。清政府最终联合外国势力镇压了太平天国运动，但这次起义沉重打击了清朝的统治，加速了它最后的衰亡。

**慈禧太后**

1861 年，当五岁的同治皇帝即位时，他的母亲慈禧太后掌控了朝政。慈禧利用义和团运动对外国列强宣战，最终清政府又一次战败，北京城陷落，八国联军烧杀劫掠，无恶不作。

**封建王朝终结**

辛亥革命成功推翻了清政府的统治，中国从此结束了两千多年的封建集权统治。孙中山当选为临时大总统。

# 欧洲对非洲的殖民

19 世纪末，欧洲国家陆续在非洲宣示领土主权。从 17 世纪起，欧洲人已经在西非和南非定居，将非洲土著居民逐出最肥沃的土地。殖民的规模在 1880 年后迅速扩大。欧洲列强想要攫取非洲丰富的资源，于是掀起了瓜分非洲的狂潮。

### ▶柏林会议

1884 年至 1885 年间，德国总理奥托 · 冯 · 俾斯麦（大图最右）召集欧洲其他 12 个国家和美国的代表，商议如何瓜分非洲。会议确认比利时国王利奥波德二世以个人名义领有“刚果自由邦”。会议没有非洲人出席。

**被殖民的大陆**

到 20 世纪初，非洲绝大部分地区都控制在欧洲帝国主义列强的手中。只有西部的利比里亚和东部的埃塞俄比亚保持独立。

**1914 年的非洲**

就在柏林会议后仅 30 年内，欧洲国家就将非洲领土控制权瓜分完毕。

**技术进步**

欧洲帝国主义列强借助技术发明，更轻松地进入并征服了非洲内陆。蒸汽船让比利时人的势力扩张到刚果盆地，英国人获得了尼罗河上的贸易控制权。

**抵抗殖民者**

从欧洲人进入非洲开始殖民的那一刻起，非洲人就没有停止过反击。贝宁的达荷美王国曾有一支著名的女子卫队，她们曾两次与法国殖民者交战。

**“合法贸易”**

欧洲人声称他们要和非洲人做生意，交换橡胶和棕榈油等资源。实际上，非洲人被迫在残酷而暴力的条件下工作。在刚果自由邦，如果土著居民不能完成殖民当局强迫的劳动任务，就可能会被处以死刑。

# 通信 连接世界

19世纪30年代，电报的发明，让文字信息得以借助电信号经过电缆传递。19世纪，随着电话等其他新技术的发展，相隔很远的人们也可以相互交谈、分享信息。

用户对着话筒说话。

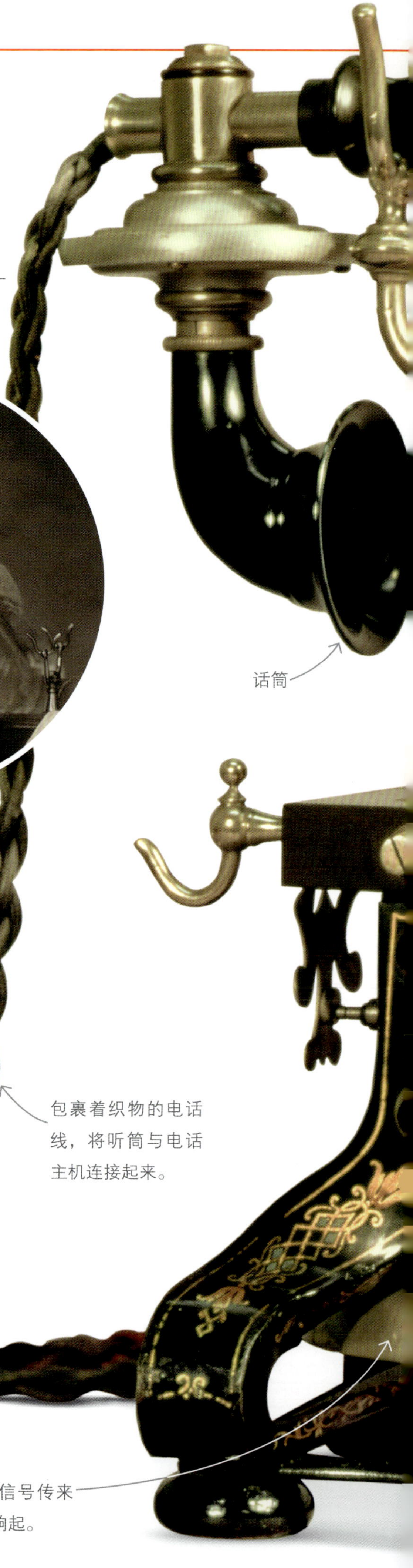

话筒

包裹着织物的电话线，将听筒与电话主机连接起来。

电话交换机有信号传来时，铃声就会响起。

### ▶早期电话

最早的电话像一个长方形盒子，听筒和话筒是分开的。1892年，瑞典爱立信公司推出了右图中这种电话，将听筒和话筒合二为一。这种电话一经问世，就大受欢迎，成为有线电话的经典造型。

### 拨通电话

早期电话要比今天的手机复杂得多。要通上一次电话，用户首先拿起听筒，拨给接线员，然后接线员再转给想要接通的电话号码。

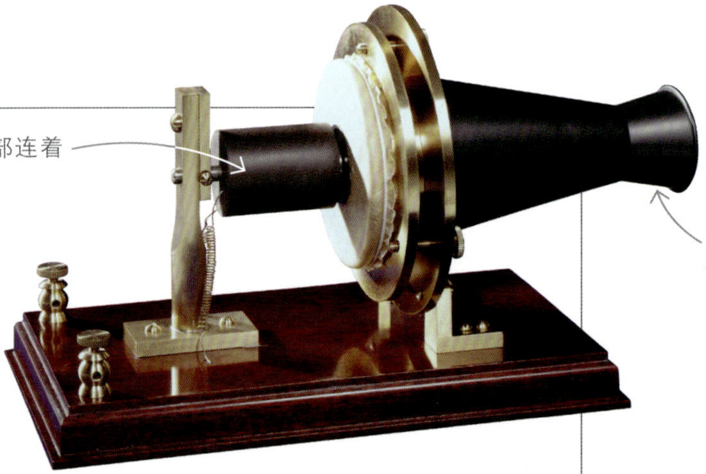

电话后部连着金属线。

用户对着这端的送话器讲话。

### 电话的发明

1876年，亚历山大·格雷厄姆·贝尔发明了第一台电话。上图的送话器能将声音转化为电信号，接着顺着电话线传递给另一头的接听者，再转化为声音。

这一端是听筒，使用时将其对准耳朵。

空闲时，听话筒放在铁质基座上方的托架上。

用户转动摇柄，向电话交换机发送信号。

## 横跨大西洋

1858 年，英国皇家海军的“阿伽门农号”战舰在大西洋海底铺设了第一条电缆。几周后，电缆就发生了故障。1866 年，人们又进行了第二次尝试。完工后，这条电缆每分钟可以传递 8 个单词。

## 电话交换机

早期的电话都会被连接到名为电话交换机的巨大面板上。接线员操作面板，将呼叫用户的线路手动接通被叫用户。

## 无线之声

随着技术改善，声音的无线传输成为可能。早期收音机笨重又昂贵，后来逐渐变得更小巧、更便宜。许多人开始收听热门广播节目。

最早的收音机在杂志上被宣传为奢侈品。

# 汽车让世界运转

19 世纪末，一种革命性的新交通工具诞生了。内燃机的发明——通过燃烧燃料和空气以驱动活塞——为更快捷的旅行开辟了新的可能性，汽车很快变得流行。汽油、柴油等燃油汽车和后来的电动汽车迅速风靡全球，永久改变了人们的旅行方式。

### ▶不用马的“马车”

1885 年，德国工程师卡尔 · 本茨制造了世界上第一辆汽油动力汽车。本茨的汽车以马车为模型，只能以每小时 16 千米的速度行驶，但速度更快的汽车很快被制造出来。

### 产品测试

1888 年，卡尔的妻子伯莎 · 本茨对这辆车进行了第一次实地测试，载着她的两个儿子行驶了 180 千米。她在行程中用帽针和吊袜带解决了一些技术问题，促成了汽车设计的许多改进。

这根长长的操纵杆，是汽车刹车装置。

汽车发动机由汽油驱动，位于汽车尾部的座位之后。

铰链将发动机的动力传送到车轮。

### 批量生产

早期汽车是手工制造的，非常昂贵，直到 1908 年，美国制造商亨利 · 福特推出了世界上第一款量产型汽车——福特 T 型车。他的标准化和流水线生产体系，降低了生产成本，很快被其他行业借鉴。

### 旅行的自由

随着汽车售价下调，更多人能负担得起了。许多人驾车上班、短途出行度假，甚至进行长途自驾游。新颖设计和新车型层出不穷，驾驶成为许多人的爱好，汽车逐渐成为身份的象征。

### 烟雾弥漫的天空

如今，全世界大约有 14 亿汽车上路。然而，汽车会排放二氧化碳和其他温室气体，不仅污染空气，还导致全球变暖。随着人们出行对汽车依赖程度的加深，积极寻找更环保的技术以改善或替代汽车的竞赛即将到来。

# 美国移民

从 19 世纪中期开始，成千上万的人们从世界各地来到美国，许多人是为了摆脱贫穷。他们坐船而来，通常从圣弗朗西斯科（旧金山）的天使岛和纽约的埃利斯岛这两座岛上入境。最终，他们共同塑造了一个现代、多元的美国社会。

### ▶远渡重洋

19 世纪 50 年代开始，不少中国人由于饥荒、战争等问题，远赴美国。无论贫穷还是富有，他们都随身携带着自己珍视的物品。这个手提箱展示了他们可能随身带上的物品，能让他们回忆家乡，帮助他们在美国过上新生活。

梅布尔·李从小来到天使岛。

阿尔伯特和他的兄弟被扣押在天使岛。

丝绸制品的样品

刺绣钱包

茶壶、茶杯和碗是日常实用物品。

装有药物或鼻烟的瓷盒

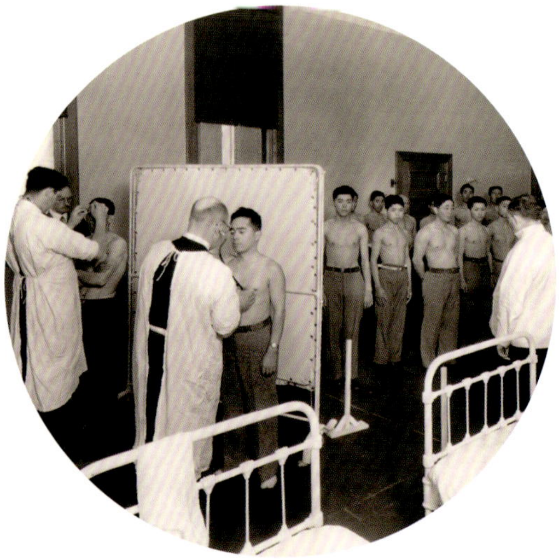

**到达天使岛**

入境之后，移民们要经过一系列审问和体检。如果没有通过，他们会被遣返回国，或者被扣留在美国几个月。许多中国移民在美国遭受了敌意和种族歧视。1882 年，美国政府通过《排华法案》，禁止接收来自中国的移民。这项法案于 1943 年废止。

许多人随身带着家人的珍贵照片。

算盘

毛笔、砚台和印泥

**埃利斯岛**

来自欧洲的移民大多从埃利斯岛进入美国。在 1892 年到 1954 年间，超过 1200 万人从埃利斯岛入境美国。目前大约 40% 的美国人口是这些移民的后代。

**建设国家**

移民对美国的经济和基础建设做出了巨大贡献。横贯大陆的铁路是由中国劳工修建的（如图所示），他们经常遭受不公对待。在纽约，许多欧洲移民找到了新的工作，比如在服装厂做工。

**今日美国**

就像这张纽约唐人街的照片所展示的，人们从世界各地来到美国，带来各自的传统、思想和手艺。每年仍有 100 万左右的新移民来到美国，形成了一种丰富而多元的文化。

# 消费购物的勃兴

19世纪末的工业化进程，让生产大众化商品成为可能。随着制造效率提高、技术进步、贸易网络发展，商品价格变得更低。人们涌入城市生活、工作，他们的收入增多，意味着有更多的可支配收入用于购买食物之外的商品。很快，购物成为一种休闲活动，并不仅限于富人。

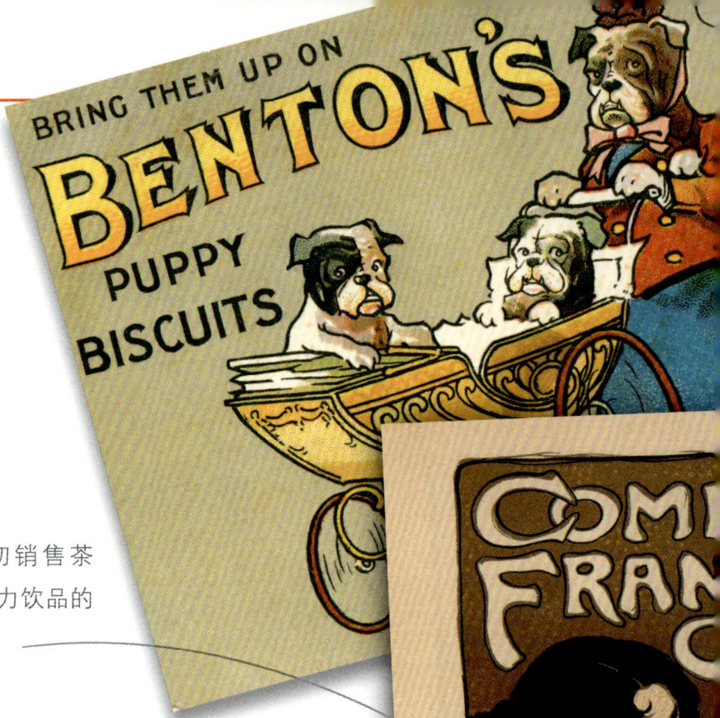

20世纪初销售茶叶和巧克力饮品的法国海报

早期广告经常有儿童出现，比如这幅1903年的海报。

### ▶来吧，购物！

随着购物越来越受欢迎，销售者也改变了营销策略，直接向潜在购买者投放引人入胜的广告。这些广告明亮、鲜艳，令人愉快，诱惑消费者花钱买想要的而不是需要的东西，就像今天的广告一样。

**买的是地位**

拥有最新颖、最昂贵的商品，是人们展示财富的机会。茶具在欧洲贵族阶层非常流行，比如这些出自英国陶艺家约书亚·韦奇伍德之手的茶具，成为贵族们“必须拥有”之物。随着时间推移，商品价格下降，人们拥有更多钱用于消费，导致消费需求大涨。

1913年，日本一家和服商店的广告传单。

1899 年，推广卫生皂的广告。

许多最早投放广告的产品，我们今天依旧熟悉——这张海报印刷于 1902 年。

**购物商场**

随着城市发展，人们对商品的需求增加，百货商场日益繁荣。人们能一次性买到许多不同种类的商品。这些大型新商场经常分为许多层，拥有美丽的橱窗，这都是为了吸引消费者入内购物。

**消费社会**

今天，大多数小镇和城市的中心都是购物街或购物中心。不过，线上购物的兴起，让人们不必踏入商店，就能买到世界各地的产品。

1885 年，法国百货商店的玩具区宣传海报。

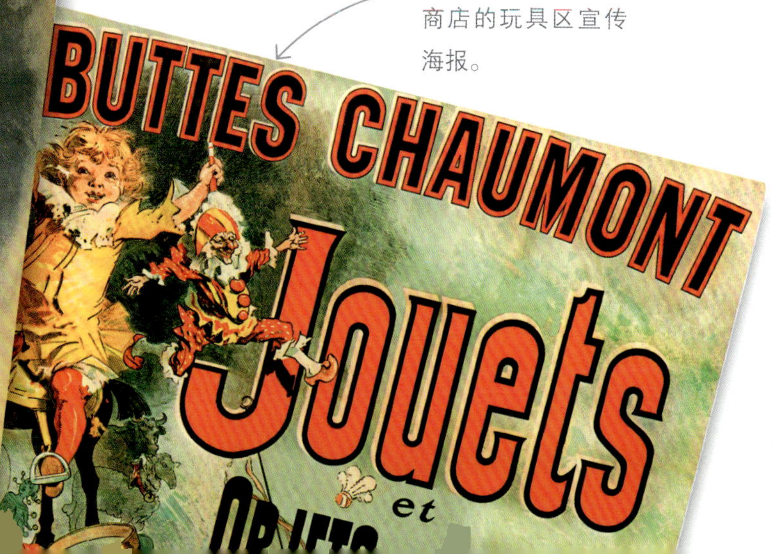

## 注定失败的“耐力号”

20 世纪初，欧洲探险家将目光投向冰封的极地地区。1911 年，挪威人罗阿尔德·阿蒙森成为到达南极点的第一人。1914 年 8 月，爱尔兰探险家欧内斯特·沙克尔顿率领船员们启航，尝试首次徒步穿越南极洲。不过，他们的探险船“耐力号”被沿岸浮冰困住了。船员们守着这艘注定沉没的船又过了几个月，直到它后来被冰层的重量压垮。沙克尔顿带着一支小队乘着救生艇航行了 1000 千米寻求救援。幸运的是，全体船员最终获救了。

**飞越大西洋**

1927 年，美国飞行员查理 · 林德伯格成为独自飞行、中途无停顿跨越大西洋的第一人。他驾驶一架小型飞机，飞行距离超过 5800 千米，只花了 34 个小时就从美国纽约抵达法国巴黎。这一壮举为后来的国际航行做好了铺垫。

**休闲飞行**

第二次世界大战末期，喷气发动机的技术进步促使更强大的飞机出现，商业化的空中旅行迅速发展。二十世纪五六十年代的旅客就可以待在别具风格的宽敞客舱里。但当时飞机只是富裕阶层的交通工具，还不像数十年后那么普及。

**滑翔机**

在动力飞行出现以前，许多人曾尝试轻型滑翔机。19 世纪 90 年代，德国工程师奥托 · 李林塔尔基于对鸟类飞行的研究，设计了一种悬挂式滑翔装置。他悬挂在机翼之下，使用固定手柄驾驶飞行装置。

## ▼飞机出现

1903 年，人们再次创造了历史，美国的莱特兄弟驾驶着机身比空气重的飞行器，成功完成了世界上首次动力飞行。莱特兄弟花费了四年时间研制这架飞机，它被称为“飞行者一号”。

# 空中航行让世界变小

在 20 世纪早期，旅行开始向空中延伸。飞机的出现，意味着人员、货物和邮件能够在几个小时到几天之内穿越国界、大陆，甚至到达地球的另一端，而不必花费几周或数月的时间。很快，商务飞行和休闲飞行，都成为许多人能够负担得起的出行方式。如今，每天有至少 10 万架飞机从天上飞过。

**首次飞行**

莱特兄弟在美国北卡罗来纳州的基蒂霍克成功试飞的这一天，他们总共飞行了四次。第一次就在沙土上方飞了 12 秒。这一天最长的飞行持续近 1 分钟，飞了有 260 米高。

# 开采煤矿

## 为工业助力

从18世纪中期开始，煤炭成为主要能源。由煤炭供能的蒸汽机驱动了机器，烧煤发热的熔炉能制造钢铁。随着工业化进程的深入，人们对煤炭的需求越来越大，煤矿比以往挖得更深。但我们对煤炭的依赖，已变成了沉重的环境负担。

### ▶拯救金丝雀

矿工会面临瓦斯爆炸和一氧化碳中毒的危险。从19世纪晚期起，人们利用金丝雀来监测致命气体的含量。金丝雀能比矿工更早出现中毒的症状，给他们逃生的机会。右图就是一个金丝雀复苏装置。如果金丝雀看上去状态不佳，装置上的门就会关闭，阀门开启，让上方的氧气流入。

### 深处的矿藏

煤炭存在于地表之下的地层缝隙中。随着煤炭需求量增长，煤矿开采越深，对于手动挖煤的工人而言也越危险。深深的竖井将矿工运到煤层所在的地下。隧道构成的网络，能让煤炭运送到竖井里，然后被运到地表。

### 日益增长的需求

从19世纪起，为满足全世界工业化飞速发展的需求，煤炭使用量节节攀升。煤炭能让大熔炉产生足够的热量，锻造钢铁（参见下面这张作于1885年的画作）。煤炭也能发电，并为许多家庭供暖。

## 化石能源

煤炭是一种深藏于地下的化石能源，由残留的数亿年前的动植物化石沉积而成。其他化石能源还有天然气和石油。世界上大多数能源，都来自这三种基础化石能源。

**石油**

为汽车和飞机提供燃料，也用于塑料和纺织物生产。1859 年，美国人埃德温·德雷克在美国宾夕法尼亚州建立了第一口工业石油钻井。

**天然气**

在 19 世纪，天然气主要被用于街道照明。后来，天然气被广泛用于烹饪、加热和发电。

## 破坏性的力量

密集的煤炭开采污染了水源，破坏了自然景观、生活环境和生态系统。燃烧石油和其他化石能源，会排放诱发气候危机的气体。如今，人们正积极寻找可以替代它们的其他能源。

# 妇女赢得选举权

经过数个世纪的不平等对待，到 18 世纪晚期，有些妇女开始争取与男性拥有同等权利。她们希望在法律、教育和工作领域，获得平等对待，但她们没有选举权。从 19 世纪中期开始，许多地区的妇女逐渐将精力投入到争取选举权上，希望能在政府中和立法时发声。这是一次漫长而艰难的斗争。

### 漫长的斗争

从 1848 年在塞尼卡瀑布城举行第一次妇女权利大会开始，美国女性经过 70 余年才获得选举权。即便争取到这项权利，也并非所有人都能使用。美国女性争取选举权受到废除奴隶制的鼓舞。虽然有些妇女从 20 世纪 20 年代起能够行使选举权，但直到 1965 年，选举权才被赋予包括黑人妇女在内的所有人。

**存在隔阂**

参与争取投票权运动的黑人妇女，比如南妮·海伦·巴罗（图中举旗帜者），有时和白人妇女一起行动，但通常是分开进行的，因为种族之间存在隔阂。白人妇女将自己的利益置于黑人之上。

### ▶采取行动

多数妇女参政论者以温和的方式争取选举权，在英国，她们被称为“suffragists”，采取请愿、写信或举行集会的方法。另一些妇女参政论者则采取激进的方法，例如大声疾呼或者砸碎窗户，她们被称为“suffragettes”。她们用皮带和锁链把自己绑在公共建筑上，以示抗议。

激进的妇女参政论者用锁链将自己绑在栏杆上。

警察无法轻易将绑着锁链的妇女参政论者拖走，这给她们争取了更多的时间。

**争取被听见**

警察给争取妇女选举权的人带来的是残酷的牢狱之灾。警察很难带走将自己绑在建筑上的妇女，这使过路人得以听清她们的演说。此事立即登上了报纸的头版头条。在狱中，许多人采取绝食的方式表示抗议。

## 首次获得选举权

1893 年，新西兰女性成为世界上最早获得普遍选举权的女性群体，白人女性和毛利女性都获得了此项权利。这幅壁画描绘了她们在庆祝胜利。1902 年，澳大利亚部分女性也获得了参与选举的权利。在 20 世纪，其他国家的女性陆续获得了选举权。

自行车的发明让女性更加自由。

这组皮带和锁链是澳大利亚女性穆里尔·马特斯所用，她把自己锁在英国议会大厦。

绑在腰上的坚固皮带

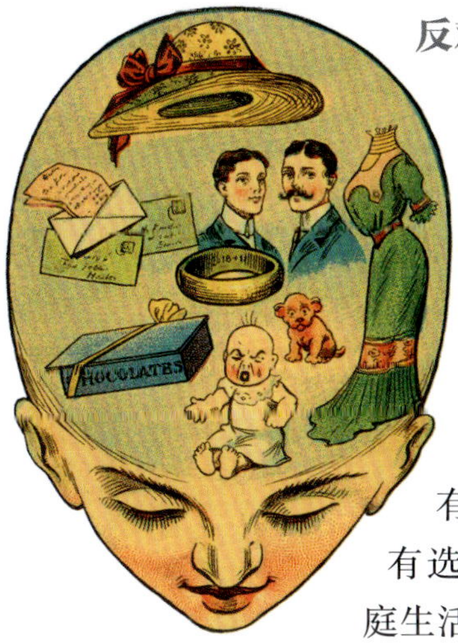

## 反对妇女参政

有些妇女和男性反对妇女拥有选举权，声称政治是男人的世界。有人说妇女选举权纯属浪费，因为妇女不懂政治，还有人认为，若女性拥有选举权，就会毁了家庭生活。

## 政坛女性

许多妇女一旦获得选举权，就开始参加竞选。1960 年，西丽玛沃·班达拉奈克当选为斯里兰卡总理，成为世界上首位女性总理。如今，世界各国的政府中都有女性的身影，但男性仍占多数。

## 世界各地的选举

从 1893 年至今，世界上大多数女性都获得了选举权，但并不总是被平等对待。在加拿大、南非等国家，白人女性的投票优先于土著女性或有色女性。在有些国家，比如玻利维亚，人们制定法律以保证女性在议会中占有的席位数量。

20 世纪以来，**科技进步**的步伐明显加快。**新技术**和**新发明**改变了我们的沟通方式，将人类送上**月球**，将地球最偏远的角落**连接**到一起。但**新式武器**也让冲突比以往更加致命；对化石能源的过分依赖，加剧了**气候危机**。

# 技术的进步

Wurlitzer
Hi-Fidelity
Western and Folk Tunes
Popular and Current Hits
Today's Top Tunes
Classical and Old Favorites
RESET PROGRAM BUTTON
PRESS LETTER & NUMBER
A B C D
SELECT

# 现代世界时间轴

这一时期发生了两次世界大战，数千万人因此丧生。世界格局再次发生变化，欧洲的殖民体系瓦解了，许多亚非拉国家获得独立。科技迅速发展，计算机和因特网的发明，将世界引向了一个崭新的数字时代。

第一次世界大战时期的野战炮

**1910 年**

**1914—1918 年**
**第一次世界大战**
战争爆发于欧洲，欧洲主要国家纷纷加入，战火很快蔓延到非洲和亚洲。

**1950—1953 年**
**朝鲜战争**
6 月 25 日，战争在朝鲜半岛爆发。最初为朝鲜半岛南北双方的战争，后来扩大为国际局部战争。

**1956 年**
**苏伊士运河危机**
英国和法国想从埃及手中夺回对苏伊士运河的控制权，但以失败告终。

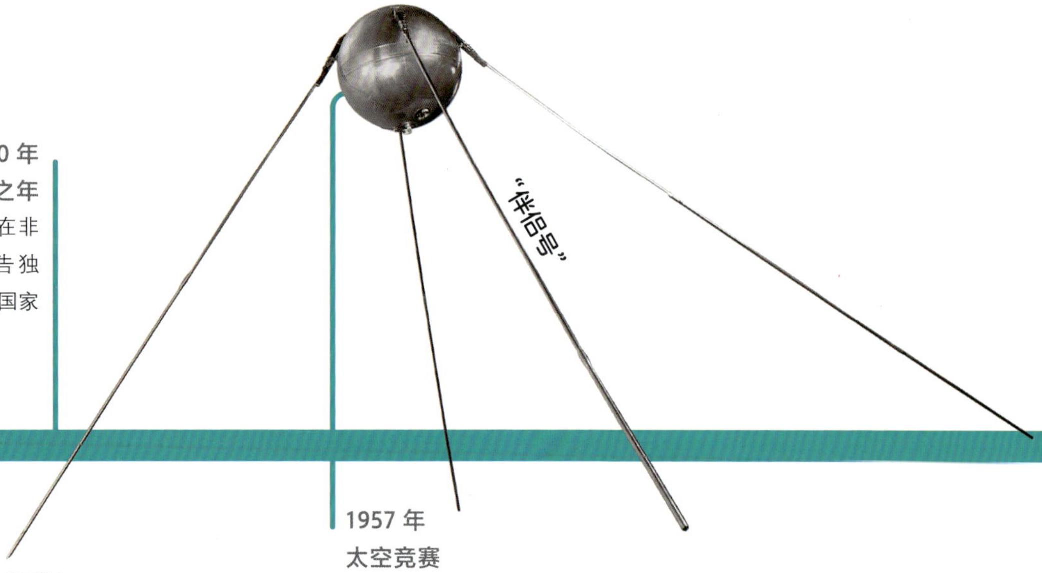

“伴侣号”

**1957 年**
**太空竞赛**
苏联成功发射“伴侣号”。这是第一颗进入地球轨道的人造地球卫星。

**1960 年**
**非洲之年**
欧洲殖民体系开始瓦解。在非洲，14 个法国殖民地宣告独立。到 1990 年，非洲所有国家都独立了。

向华盛顿进军

**1963 年**
**《我有一个梦想》**
美国民权领袖马丁·路德·金领导“向华盛顿进军”运动，为美国黑人争取权利。

**1965 年**
**越南战争**
美国向越南大规模增兵，支持越南南方对抗北方。最终，美军在 1973 年从越南撤军。

**1967 年**
**第三次中东战争**
又称“六日战争”。以色列先发制人突袭埃及等阿拉伯国家，占领了戈兰高地、约旦河西岸地区和西奈半岛等地。

巴兹·奥尔德林

**1969 年**
**登上月球**
尼尔·阿姆斯特朗和巴兹·奥尔德林成为最先在月球上行走的人。

**1989 年**
**柏林墙倒塌**
11 月，民主德国宣布开放柏林墙，随后它被彻底拆毁。

**1989 年**
**万维网**
英国科学家伯纳斯-李发明了万维网。这是一个功能强大的全球信息系统，能让文件和其他资源在互联网上互相连接和获取。

**1991 年**
**海湾战争**
1990 年，伊拉克出兵侵占科威特。次年，以美国为首的多国部队对伊拉克发起军事行动。最终，伊拉克从科威特撤军。

**1917 年**

**俄国革命**

3 月，俄国沙皇被推翻，资产阶级临时政府成立。11 月（俄历 10 月），十月革命爆发，苏维埃政府成立。

**1922 年**

**法西斯政权**

贝尼托·墨索里尼在罗马发动政变，迫使国王任命他为首相，后来他在意大利建立了法西斯统治。

**1933 年**

**希特勒上台**

纳粹党领袖阿道夫·希特勒就任德国总理。他迅速消灭一切政敌，开始重整军备，并迫害犹太人。

西班牙共和国军队士兵

**1919 年**

**《凡尔赛和约》**

这一在巴黎签署的条约，全称是《协约和参战各国对德和约》。德国的殖民地被瓜分，并要支付巨额赔款。

**1929 年**

**大萧条**

纽约股票市场崩溃，随后的大萧条引发了世界经济危机。

**1936—1939 年**

**西班牙内战**

佛朗哥反对民主选举的西班牙共和政府，最终获得了内战的胜利，建立了独裁统治。

以色列国旗

**1948 年**

**以色列建国**

独立的犹太国家以色列宣告成立。之后，巴勒斯坦战争爆发，这导致许多巴勒斯坦人不得不离开故土，过上流亡生活。

**1947 年**

**印巴分治**

英国按居民宗教信仰将英属印度分为印度联邦和巴基斯坦两个自治领。

**1945 年**

**联合国**

为维持国际和平与安全，联合国这一国际组织建立。

二战时期的德国战斗机

**1939—1945 年**

**第二次世界大战**

德国闪击波兰，英国和法国对德宣战，世界大战全面爆发。冲突在 1941 年加剧，德国入侵苏联，日本偷袭美国海军基地珍珠港。

**1945 年**

**原子弹**

美国在日本广岛和长崎分别投下一颗原子弹，加速了第二次世界大战的结束。

**1941 年**

**大屠杀**

纳粹党对犹太人进行了有计划的大规模屠杀，在这一年修建了六个死亡集中营的第一个。到 1945 年，有约 600 万犹太人死于大屠杀。

**1949 年**

**新中国的诞生**

10 月 1 日，毛泽东宣布中华人民共和国成立。

**2007—2008 年**

**全球危机**

银行过高的风险偏好、宽松的金融监管机制和房贷泡沫引发了一场国际性金融危机。

**2019 年**

**新型冠状病毒**

新型冠状病毒引起的感染开始在全球流行，全世界经济因此受到影响。

新型冠状病毒

**2020 年**

**1994 年**

**曼德拉胜选**

经过 27 年的狱中生活，南非反种族隔离领袖纳尔逊·曼德拉在 1990 年重获自由。1994 年，南非结束种族隔离制度，他当选为南非首任黑人总统。

**2001 年**

**9 · 11 事件**

国际恐怖主义分子劫持飞机撞击纽约世贸中心的双子塔和华盛顿的五角大楼，造成数千人死亡。

**2011 年**

**全球人口**

全球人口总数超过 70 亿，其中一半住在城市。有预测显示，全球人口将持续增长，在 2050 年达到 90 亿—100 亿，但增长的速度已经放缓。

# 机器驱动战争

第一次世界大战（1914—1918 年）是一次不同以往的战争。这是第一次全球冲突，也是第一次机械化战争。技术进步促进了新武器的诞生，改变了军队作战的方式，造成大规模伤亡。协约国（英国、法国和俄国等）与同盟国（德国和奥匈帝国等）主要在欧洲交战，但世界多地的军队都参与了战争。

英国马克Ⅳ型坦克

**全地形**

坦克的机动性让它们在崎岖地面上价值连城。它们能轧平铁丝网，一头扎进弹坑，为前进的步兵提供掩护。不过，有时候地面太过泥泞，连坦克也会被困住。

## ▶新的作战方式

传统的战争主要依靠步兵和骑兵部队在开阔地区快速作战。但在第一次世界大战期间，新式武器发射的致命炸弹，改变了战争的方式。士兵们修筑掩体，挖掘战壕。到 1914 年年底，西线战壕绵延 645 千米，从比利时的海岸一直到瑞士。

**堑壕战**

在西线战场上，双方军队从相距至少 50 米的战壕里面对面交战。进攻一般发起于清晨或黄昏。信号一经发出，士兵们便跳出战壕，冒着致命的炮火向对面军队冲过去。堑壕战通常会陷入胶着，双方都很难争夺到一点儿地盘。

钢铁履带让坦克能通过大多数地形。

**坦克**

随着战争在堑壕战中陷入胶着，双方竭力寻找能打破僵局的方法。坦克由英国人发明，是一个重大创新。它们笨重但能承受子弹，可以行驶在泥泞的地面上，进入敌人的战壕。英国马克Ⅳ型坦克于 1917 年首次服役。

**重型火炮**

火炮主宰了战争。榴弹炮等重炮直接对着敌军战壕开火，恐怖无情的炮弹夺取了许多生命，也摧毁了周围土地。有些野战炮是由马拉过来的，许多马也死在了战场上。

**致命战火，致命毒气**

每分钟发射600发以上子弹的机枪能阻挡敌方的先头部队。1915年，氯气首次用于战争，能让吸入的人窒息而亡。氧气面罩能提供些许保护。

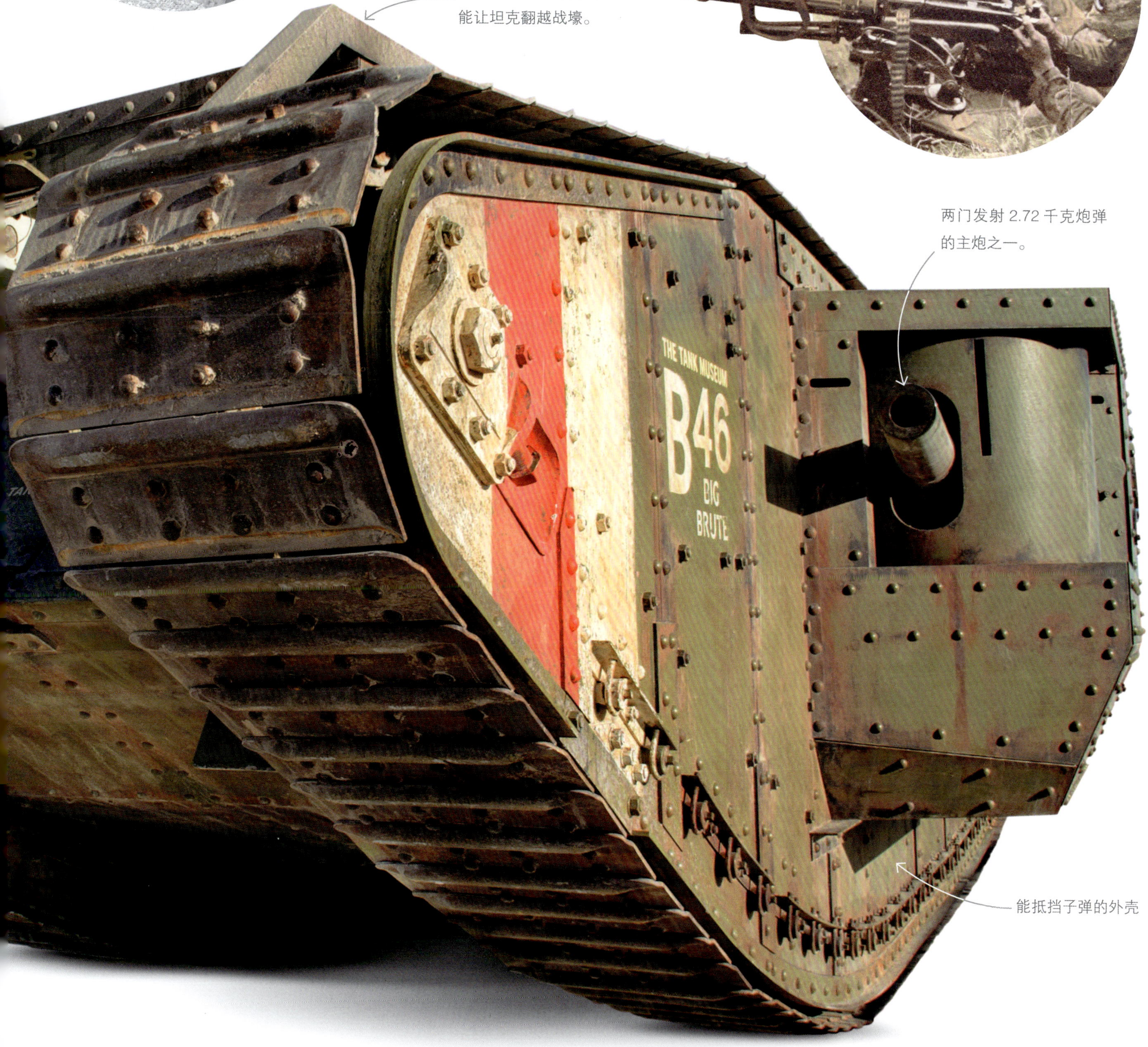


降低这根梁的高度，能让坦克翻越战壕。

两门发射2.72千克炮弹的主炮之一。

能抵挡子弹的外壳

## 战争疮痍

第一次世界大战期间，无情的轰炸将位于比利时的西线战场变成一幅地狱般的景象，只剩泥土和枯败的树木。1917 年，英国在帕斯尚尔对德军发起进攻。这次进攻受到雨水阻碍，地面潮湿泥泞，弹坑变成了水池。参与战役的军队，不仅有英国士兵，还有来自澳大利亚、新西兰、加拿大、南非、印度、加勒比地区和英国其他海外殖民地的士兵。他们伤亡惨重。

**参战的女性**

这是有史以来第一次女性大规模应召参军。在大多数时候，她们不被允许参与一线战斗，而是承担电话接线员等工作。但也有例外：俄国军队中就有一个女兵敢死营。

**前线的护理工作**

1914 年时，护理工作被视为适合女性的工作。许多女性上了前线，在不安全的环境中驾驶救护车，照看伤员，例如在比利时战场从事护理工作的“珀维斯天使”。

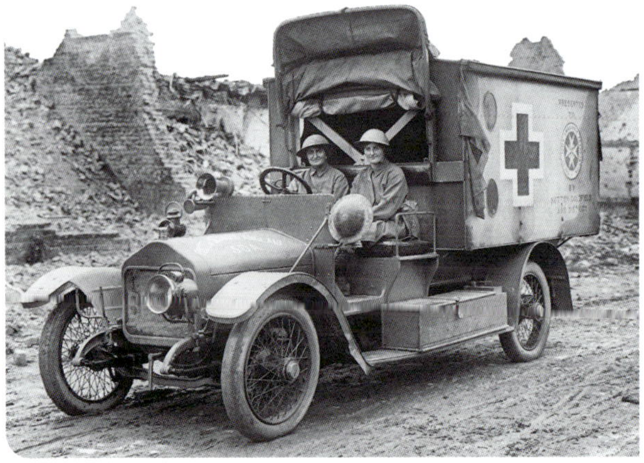

发网能将长发整理好。

妇女将 TNT（三硝基甲苯）炸药装入弹壳，将弹药压紧。

**危险工作**

军械厂的工作是危险而艰苦的。爆炸很常见。女工们承受着 TNT 中毒的风险，这种物质会让皮肤变黄，于是她们又被称为“金丝雀”。

# 战争重塑社会

女性的生活在第一次世界大战期间被彻底改变了。男人们上了战场，女人们就接手了他们的工作。雇佣女性不是什么新鲜事，但战争让女性得以尝试各种各样的新职位，如驾驶有轨电车、担任工程师甚至警察。很多人不满女性从事这些传统意义上的男性工作，但大多数女性都珍惜这些机会，学习新技能，努力挣钱，以获得经济独立。

**◀军械厂工人**

在英国、法国、德国和俄国，成千上万的女性进入军械工厂，制造战争所需的大量弹药。尽管政府承诺，战争结束后人们可以重返原来的工作岗位，但一些男性还是反对妇女在战时从事技术性工作。女性的薪水总是比男性的要低。

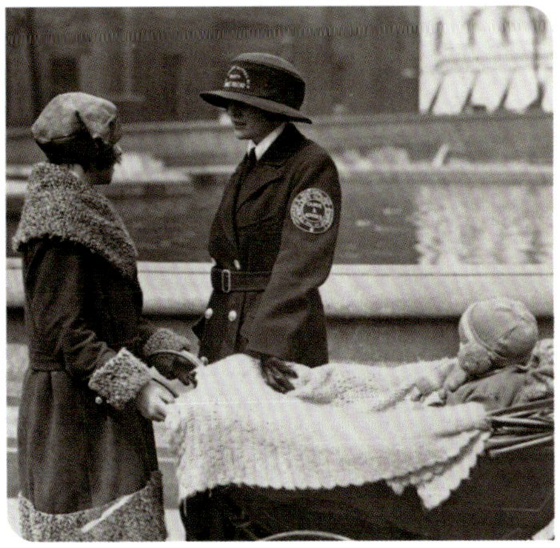

**沉重的代价**

数百万年轻人死于战场。当女性庆祝战争结束时，她们也在哀悼。大多数人至少失去一位男性亲人——父亲、儿子、丈夫、兄弟、叔叔，以及朋友。福利组织对丧偶的妇女和失去父亲的儿童开展了援助。

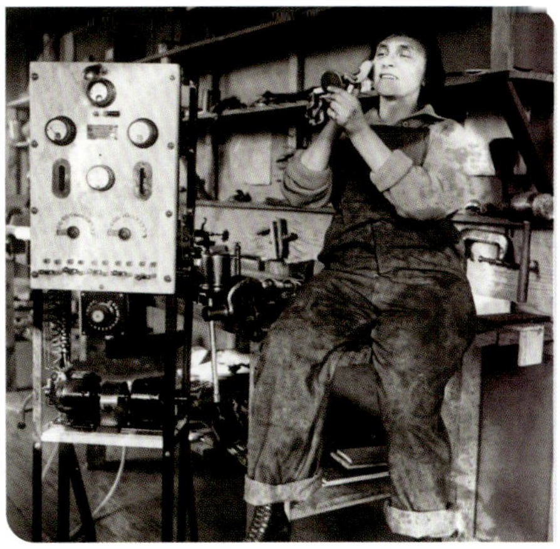

**战后时期**

战后，人们又期待妇女回归家庭，扮演妻子和母亲的角色。然而，战时工作教会了她们独立。慢慢地，新的职业出现了，例如无线电播音员。

# 革命席卷俄国

1917 年在俄国发生的十月革命，改变了现代历史的进程。它结束了俄国几个世纪以来的帝制统治，建立了世界上第一个共产主义政权。苏维埃社会主义共和国联盟逐渐成为可与美国抗衡的 20 世纪超级大国。它也推动了马列主义在世界范围内的传播。

**沙皇统治结束**

罗曼诺夫王朝统治俄国将近 300 年。到 20 世纪初，俄国民众面临着不平等、贫穷和饥荒，沙皇尼古拉二世非常不受欢迎。1917 年的十月革命终结了沙皇统治，他的家族成员后来都被处决。

**革命改造俄国**

1917 年，彼得格勒的工人和士兵建立了工兵代表苏维埃（意思是代表会议）。后来，列宁从国外回到俄国，领导布尔什维克党推翻了资产阶级临时政府，通过了《和平法令》和《土地法令》。

**苏联诞生**

1922 年，苏维埃社会主义共和国联盟（苏联）成为世界上首个无产阶级专政国家。斯大林（1879—1953）执政后，将国家改造成一个迅速发展的工业大国。

**▶庆祝革命**

1917 年的十月革命是无产阶级的社会主义革命。革命者认为人民应当掌握国家的资源，财富应当分给需要的人。苏联的宣传品，例如这张 1929 年的海报，也歌颂了这场革命。

旗帜上有列宁头像和庆祝国际劳动节的口号。

英勇的工人挣脱了象征着资本主义的铁链，站到了世界之巅。

**雇农**

这场革命承诺让雇农和工人获得平等对待。许多妇女非常支持，因为她们经历了各种苦难。后来，苏联推行了农业集体化。

# 大萧条震动世界

1929 年，世界陷入有史以来最严重的一场经济危机——大萧条。美国股票市场崩盘，导致大量企业和银行破产，失业人数激增。这场危机随即传到全世界各处。数以百万计的人失业，被迫过着忍饥挨饿的拮据生活。

### ▶被迫逃离

大萧条之初，美国中部地区遭遇了另一场灾难。严重的干旱让成千上万的农民离开他们的土地。许多人向西来到加利福尼亚，寻找工作。然而，他们刚到达时并不受欢迎——工作十分紧缺，当地人希望把工作留在自己人手里。

**艰难时期**

有些人投入全部积蓄，甚至借钱炒股。当美国股市崩溃时，股票变得一文不值，他们变得一无所有。公司破产了，人们无力偿还贷款，许多人失去了房子。棚户区遍布美国各地，成千上万的失业者依靠救济度日。

**危机中的世界**

大萧条发生于美国，但影响了全世界。在全球范围内，商品产量降低，失业率和贫困率上升。美国经济崩溃后，便要求其他国家偿还借款，全球经济受到了重创。在德国，发生了针对大萧条的游行（右图）。人们逐渐对传统政治感到失望，一些新的极端思想政治团体借机成立，例如纳粹组织。

**结束大萧条**

1932 年，富兰克林 · D. 罗斯福当选为美国总统。他推行罗斯福新政，旨在通过花费公共预算、创造大量就业岗位来解决大萧条。美国经济逐渐开始恢复。然而到 1939 年第二次世界大战爆发时，美国失业率依旧很高。

### 沙尘暴

在极端干旱的地区，土壤会干涸开裂。土地多年来被过度使用，反复耕种，变得又轻又松，形成沙尘。强风将沙尘吹起，形成巨大的、呛人的风暴，对庄稼、牲畜和过往的人们造成毁灭性打击。

对于那些在沙尘暴中失去家园的人，汽车既是避难所，也是逃难的交通工具。

逃离沙尘暴的农民把行李绑在汽车上。

# 法西斯主义

## 在欧洲兴起

第一次世界大战之后，一股新的政治运动和社会思潮在欧洲酝酿，这就是法西斯主义。其支持者大多是极端民族主义者和极权主义者，他们相信国家的光荣和力量比个人的权利和自由更为重要。在20世纪20年代和30年代，法西斯政权先后在一些国家建立，比如意大利、德国、日本等。

**纳粹兴起**

德国的法西斯组织是纳粹党，其领导人是阿道夫·希特勒，他于1933年成为德国总理，宣称要重建德国。纳粹党散布对民主主义、马克思主义及犹太人的憎恨和偏见。

**▼展示力量**

在20世纪30年代，法西斯主义通过煽动民众的民族情绪，赢得民众的热烈支持。纳粹党曾在德国纽伦堡召集过一次规模庞大的集会，目的是向世界传播他们的主张，展示他们的力量。

**法西斯主义的诞生**

1919 年，墨索里尼在意大利创建了最早的法西斯政党。1922 年他成为独裁者，使意大利成为欧洲第一个法西斯国家，意大利后来在第二次世界大战中与德国同属于轴心国。

**经济问题**

法西斯主义是在第一次世界大战后出现的。战争使意大利支离破碎。到 20 世纪 30 年代，德国也面临经济危机，无家可归的人们排着长队寻求救济。法西斯领导人承诺恢复财富和民族尊严，以此赢得了民众的广泛支持。

**西班牙内战**

1936 年至 1939 年间，一场内战将西班牙撕裂，共和军与国民军（法西斯军队）争夺对国家的控制权。在佛朗哥的领导下，共和政府被推翻。佛朗哥作为独裁者统治着西班牙，直到他 1975 年去世。

纳粹党的旗帜

身着黑色制服的党卫军是纳粹党的特务组织。

### 欧洲的战争

在希特勒的命令下，德国军队闪击波兰，将丹麦与挪威吞并，然后向法国开拔，占领了比利时，并于 1940 年 6 月占领巴黎。

### 沙漠战争

为捍卫殖民地利益，盟军在北非与德国和意大利军队作战。1942 年，德国的非洲军团在埃及的阿拉曼战败，1943 年宣布投降。

# 战争向全球蔓延

1939 年，德国入侵波兰，第二次世界大战全面爆发。在最初的两年，欧洲国家的主战场是欧洲和北非。1941 年，局势发生了改变，日本偷袭美国海军基地珍珠港，美国对日本宣战。此时此刻，几乎全球都陷入了这场战争——有史以来规模最大、伤亡最惨重的一场战争。

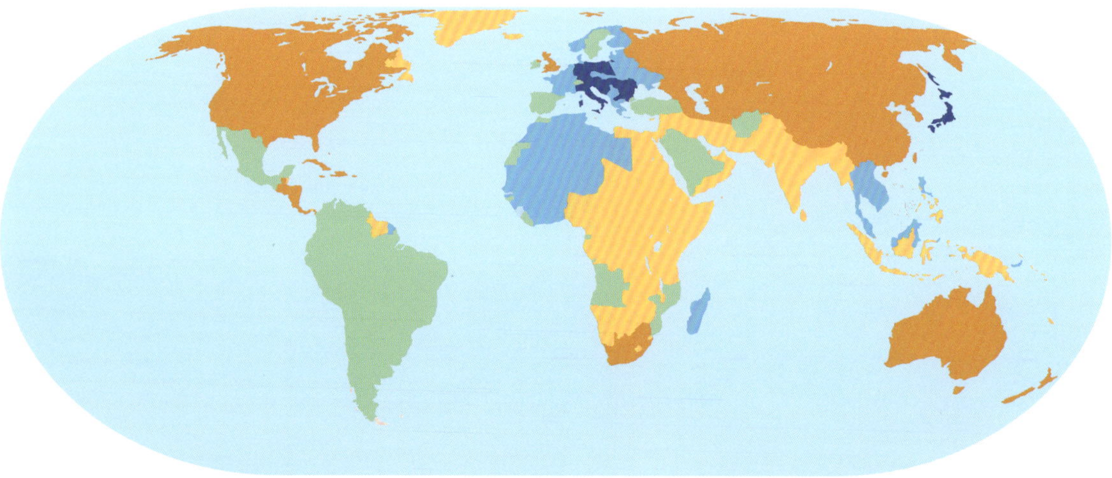

### 1941 年的世界局势

世界上大多数国家参与了战争，它们分为两个对立的阵营：反法西斯同盟（以英国、苏联、美国和中国为首）和轴心国（德国、意大利和日本）。战火席卷了全球大部分地区。

**图例**

- 反法西斯同盟地区
- 反法西斯同盟占领的地区
- 轴心国地区
- 轴心国占领的地区
- 中立及未被波及的地区

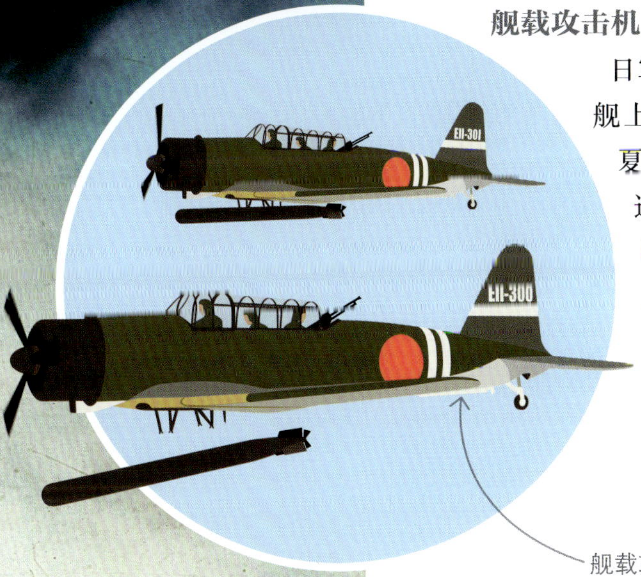


**舰载攻击机**

日军的舰载攻击机从航空母舰上起飞，秘密飞行到位于夏威夷的珍珠港发动偷袭。这次袭击之后，反法西斯同盟与轴心国的战斗扩大到太平洋地区。

舰载攻击机投下鱼雷和炸弹。

## ◀偷袭珍珠港

1941 年 12 月 7 日，日军在夏威夷珍珠港对美国海军发动突然袭击。两小时之内，19 艘美国军舰受损，2000 多名美军死亡。此前保持中立的美国宣布加入战争。与此同时，苏联在欧洲战场抵挡住了德国的入侵，战争局势从此发生变化。到 1945 年，轴心国彻底战败。

**联合国**

战争于 1945 年结束，联合国随后成立，目的是维持世界秩序和国际和平。美国第一夫人埃莉诺 · 罗斯福当选为联合国人权委员会主席。该组织于 1948 年通过《世界人权宣言》，强调对所有人人权与基本自由的普遍尊重。后来，人权委员会被人权理事会取代。

# 家门口的战争

第二次世界大战是一场全面战争，因为整个社会都被牵连其中，包括普通民众。以往的战争中也有平民丧命，但这场战争造成的伤亡数目惊人：约 4500 万非战斗人员死于战争，有些是遭遇轰炸、饥荒和疾病，也有人被刻意屠杀。从饮食、住房到教育与工作，战争影响了人们生活的方方面面。

### 致命炸弹

大规模空袭是这场战争的显著标志之一。有些空袭是专门针对船坞或者军械工厂的，但城市也会遭到轰炸。1945 年，德国的德累斯顿受到盟军轰炸，市中心成为一片废墟，至少 25000 名平民死亡，数万人无家可归。

### 食物配给

食物短缺影响了大多数参战国家。很多国家实行了配给制，但在有些地方，人们还是会因为缺少食物而饿死。在德国，用橡子做的“人造咖啡”等食物替代品也很常见。

苏联列宁格勒（现圣彼得堡）的市民在 900 天的围城战争期间，每天只有 125 克面包的配给。

### ▶防毒面具

战争爆发后，政府担心对方会对平民发动毒气战。在有些国家，每人都要佩戴防毒面具，甚至有专为儿童设计的防毒面具。万幸的是，并没有发生大规模的毒气战，防毒面具没有派上用场。

### 防毒面具演习

当时英国的学生每天都要进行防毒气演习。他们要把防毒面具从盒子中拿出，戴上面具，调整好位置，之后开始正常呼吸。

### 逃离家园的人们

第二次世界大战期间，数千万人被迫从家中撤离。他们逃离家园，以躲避入侵的军队。许多人沦为难民。1937 年全面爆发的抗日战争中，大约 6000 万中国人逃离家乡。全面战争爆发前，已经有大约 50 万欧洲难民在西班牙内战（1936—1939）中越过边界来到法国。

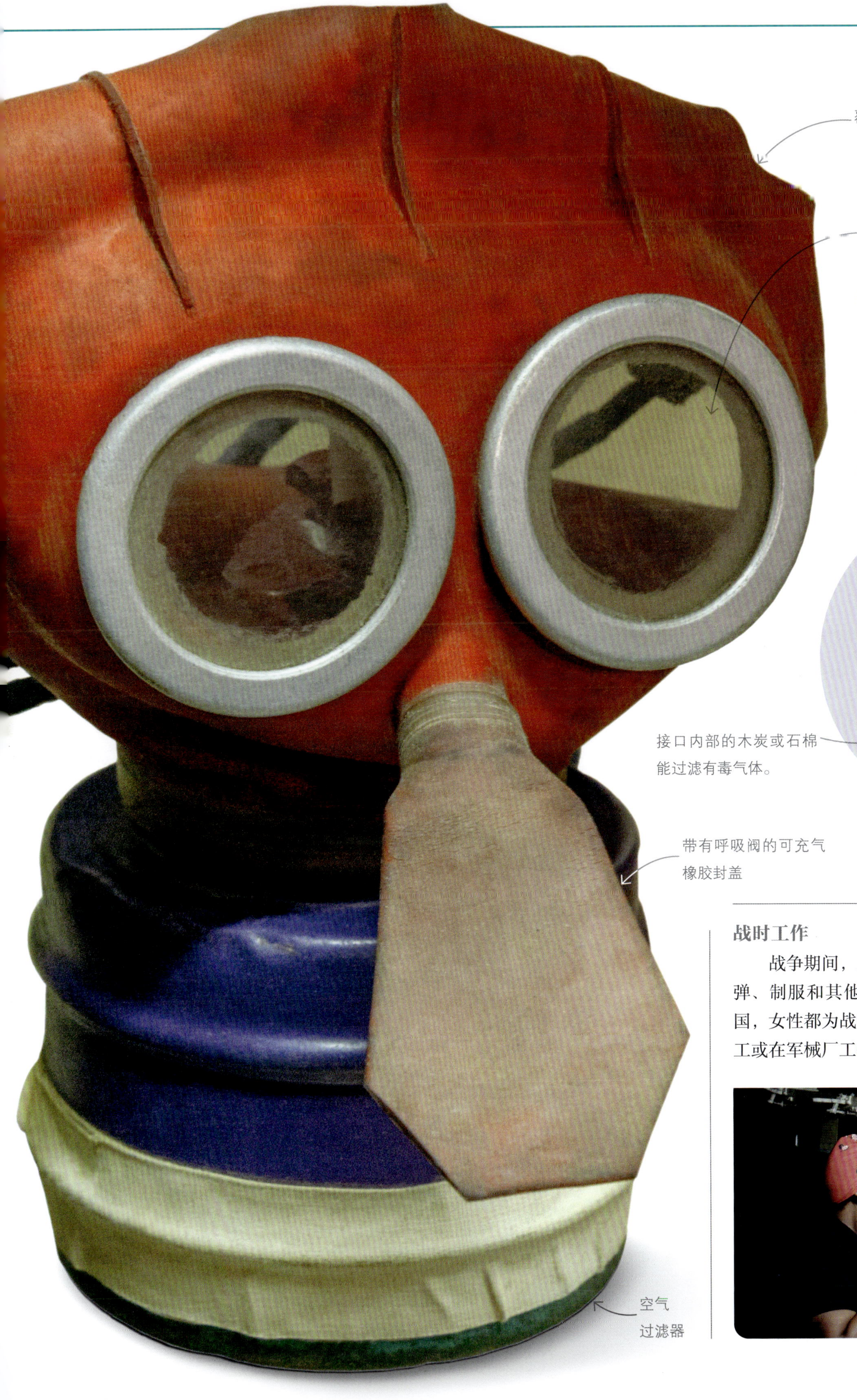


### 防毒面具是如何起作用的

防毒面具闷热、有异味，也不舒适。每次呼吸时，过滤器将空气中的有毒气体滤出，呼吸后的气体通过橡胶封盖排出。人们后来发现，过滤器中的某些化学物质本身就是有毒的。

### 战时工作

战争期间，工厂被要求临时生产飞机、坦克、子弹、制服和其他战时用品。除了德国以外的其他各国，女性都为战事尽了全力。在美国，这些担任电焊工或在军械厂工作的妇女，被誉为“黑色玫瑰”。

# 大屠杀

在1941年至1945年间，约600万犹太人被屠杀。几个世纪以来，欧洲许多犹太人都经历了反犹主义的迫害。20世纪30年代，纳粹党在德国掌权。它的领导人希特勒是一个反犹主义者，于是对犹太人的迫害更严重了，甚至展开屠杀。纳粹党同时迫害并屠杀了其他群体，例如吉卜赛人、残疾人和同性恋群体。

**▼被害人的鞋**

犹太人在1941年被大规模屠杀。那年冬天，纳粹修建了六座集中营中的第一座。在接下来的三年里，欧洲各地的犹太人被用火车运送到这些集中营。抵达之后，他们被扒光衣服，然后送进毒气室。这堆鞋子今天展览于奥斯威辛，是大屠杀的证明。

**辗转多地的小熊玩偶**

许多躲避纳粹迫害的犹太人成了难民。斯黛拉是其中一员。她与家人住在波兰的克拉科夫。当德军入侵时，她和家人逃走了，起初是到苏联，随后到了伊朗。1943年，斯黛拉与母亲抵达以色列。她们只有一个篮子、5美元和斯黛拉的小熊玩偶“米舒”。

**奥斯威辛集中营**

奥斯威辛集中营是众多纳粹集中营中最大的一个。至少有110万人死于此地。左图中这些孩子是少数幸存者。

## 迫害

在德国，对犹太人的大规模迫害始于1933年纳粹党掌权。反犹主义的法律禁止犹太人经商，禁止他们进入公共场所。1939年，德国入侵波兰。犹太人被迫迁入隔都（相对独立的居住区），佩戴上黄星，以便被很容易地认出来。

## 反抗

犹太人竭尽所能进行反抗。有人拿起武器，参与战斗；有人努力保持犹太文化和认同的延续。迫害是残酷的，但他们仍然遵循民族宗教仪式。这场婚礼是亨里克·罗斯所摄，他冒着生命危险拍摄犹太人在隔都中的生活。

## 躲藏

一些勇敢的市民冒着生命危险收留犹太人。安妮·弗兰克是其中一位被藏起来的孩子。他父亲的雇员将她与家人藏在荷兰阿姆斯特丹的密室里长达两年。在这期间，她一直在记日记。后来这群人中仅有的幸存者——他的父亲，于1947年将日记出版。这是一本关于大屠杀的强有力的回忆录。

这些鞋子还带有曾经主人的印记。

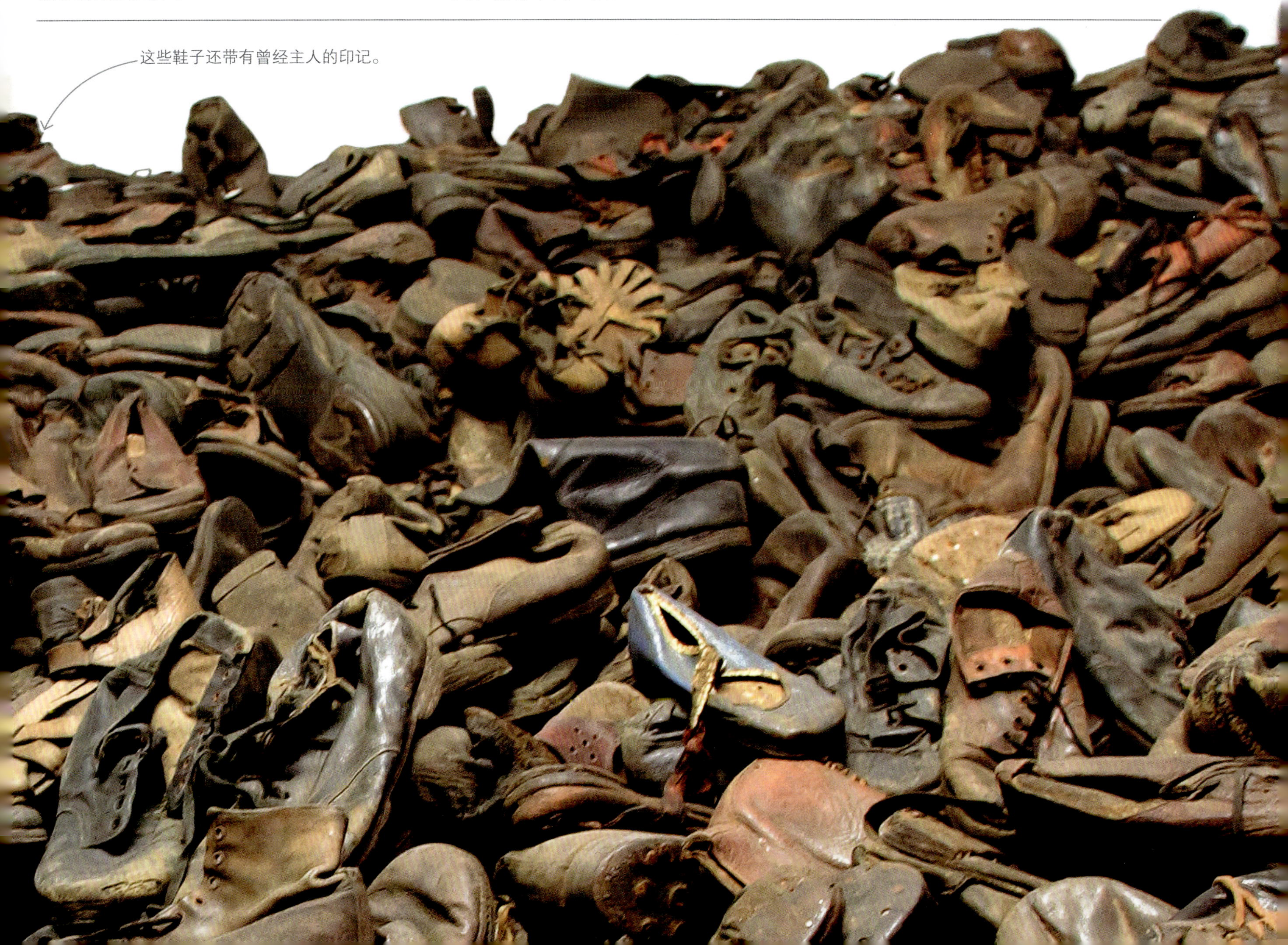

# 核时代来临

20 世纪中期，人们研制出了一种可怕的新武器。科学家们利用原子核裂变反应释放能量的原理，创造出具有毁灭性力量的原子弹——能够夷平整座城市，杀死成千上万的人。核武器的出现永远改变了全球冲突的模式。

## ▶核试验

核武器通常要在偏远地区进行测试，最初是在地上完成，后来又转到地下。从 1966 年到 1996 年这段时期，法国人在法属波利尼西亚的穆鲁罗瓦环礁，试验引爆了 181 枚原子弹。这些试验，例如 1971 年的试验，对当地的环境和居民造成了长期损害。

由于爆炸释放了巨大的热量和光，在距离爆炸点几十千米以内的人都会暂时失明。

### 从科学突破到核武器

1938 年 12 月，德国科学家奥托·哈恩及其助手弗里茨·斯特拉斯曼完成了一次不可思议的科学突破。他们发现原子核裂变能释放出巨大能量。这一发现，最终促成了第二次世界大战期间核武器的发展。

**曼哈顿计划**

1942 年，在美国的实验室里，来自美国、英国和加拿大的科学家正在秘密研制世界上首批核武器。这些原子弹是在新墨西哥州的沙漠中进行引爆试验的，第一次试验是在 1945 年 7 月。

**广岛长崎**

1945 年 8 月 6 日，一架美国飞机在日本广岛投下一枚原子弹，造成至少 12 万居民死亡。当第二枚原子弹落在长崎时，造成的巨大破坏加速了第二次世界大战的终结。

爆炸使空气变热、上升，形成了明显的蘑菇云。

## 军备竞赛

1945 年，美国是唯一拥有核武器的国家。当苏联于 1949 年试验自己的核武器时，军备竞赛开始了，两个超级大国都想储备更多的武器。两国都研制出了足以多次毁灭对方的核武器。

## 核武器的数量

1950 年以后，全世界的核武器数量激增，到 20 世纪 80 年代中期达到顶峰之后，有所下降。如今，中国、法国、印度、以色列、巴基斯坦、英国、俄罗斯等国也都拥有核武器。

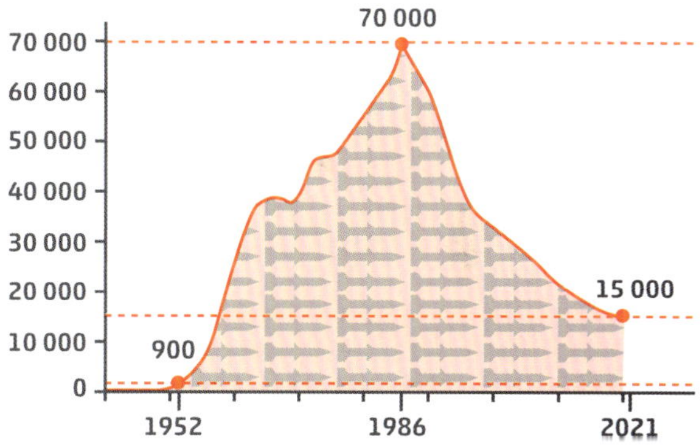


## 核能源

原子核裂变后释放的能量很快被用于发电。最早的核能发电站于 1954 年在苏联建立。目前，全世界大约有 400 多个核电站在运营，分布于 30 个国家。

# 印巴分治

1947 年 8 月，印度和新成立的巴基斯坦宣告独立。通往独立的道路是痛苦的，有时充满暴力。英国不愿放手，各方领导人对于边界存在争议。尼赫鲁领导的国大党乐于促成一个统一的印度，而真纳领导的穆斯林联盟希望成立一个独立的伊斯兰国家。两人开始领导两个不同国家。

**印巴分治**

关于独立的最终谈判发生得很突然。英国同意让英属印度一分为二。英国律师西里尔·拉德克利夫奉命用 5 周时间，决定印度与巴基斯坦的边界，后者又要被分为东西两个部分。克什米尔有权选择加入哪一方，两国都宣布对其具有主权，于是争议一直持续到今天。

**▼大规模迁徙**

印巴分治促成了人类历史上最大规模的移民潮之一。1400 万人举家迁徙。锡克教教徒和印度教教徒离开巴基斯坦来到印度，穆斯林则反向而行。大约 100 万人在暴乱中丧命，还有大量的人死于饥荒和缺水。

## 甘地与食盐进军运动

几十年来，印度国大党一直呼吁印度完全独立。1930 年，该党领袖甘地领导了一场反对英印殖民政府的食盐专卖法的抗议运动。数千人跟随他游行，其中有诗人萨罗吉尼 · 奈都。一系列运动推动了印度独立。

## 平等的印度

印度宪法之父是 B.R. 安贝德卡尔。他坚信所有人在法律面前都是平等的，无论是妇女、低种姓的“达利特人”，还是穷人。印度有超过 9 亿选民，是世界上最大的民主共和制国家。

## 新的国家

巴基斯坦建国后不久改名为巴基斯坦伊斯兰共和国。巴基斯坦人每年 8 月 14 日庆祝独立，比印度早一天。1971 年，东巴基斯坦独立，成为孟加拉国。

**分治计划**

1947 年，英国宣布将巴勒斯坦问题移交联合国处理。联合国提议，将这块土地分为“犹太国”与“阿拉伯国”，耶路撒冷则由联合国管理。犹太人接受了这个方案，但阿拉伯人认为这剥夺了他们的家园，拒绝接受。英国人离开后，犹太人宣布以色列建国。自此以后，以色列逐渐控制了巴勒斯坦地区大多数土地。

# 以色列的建立

1948 年，名为以色列的新国家在巴勒斯坦地区建立。那里是犹太人曾经的故乡。从 1897 年起，建立犹太人国家的呼声就出现了，在大屠杀之际变得更加强烈。然而，巴勒斯坦人反对这个国家的建立。由此产生的冲突使许多人被迫离开家园，再也无法回来。该地区的冲突一直持续至今。

**▲耶路撒冷**

耶路撒冷古城是犹太教、基督教和伊斯兰教三大宗教的圣地。以色列于 1967 年占领了整个耶路撒冷，大多数国家并不认可这一行为。耶路撒冷的地位之争和归属权是两大最具争议的问题，并由此引发了不同民族、不同宗教之间的矛盾。

**阿克萨清真寺**

阿克萨清真寺位于耶路撒冷圣殿山山顶。伊斯兰教史料记载，先知穆罕默德就是从这里夜行登霄，直上七重天的。

## 重返家园

犹太人在古罗马时期就离开了视为家园的巴勒斯坦地区。从19世纪80年代末开始，许多犹太人移民到“应许之地”，以逃离欧洲的反犹迫害。由于反犹主义在20世纪30年代达到高潮，新一波犹太难民陆续抵达这里。

## 浩劫

1948年以色列的成立，迫使至少70万巴勒斯坦阿拉伯人（约占总人口的一半）逃离家园，过上流亡生活。这场浩劫使许多巴勒斯坦人成为难民，或者在巴勒斯坦被占领土接受以色列的统治。

## 巴以冲突

以色列宣布建国之后，几个阿拉伯国家立即与它宣战。以色列与邻国主要发生过五次中东战争。以色列人与巴勒斯坦人的关系一直高度紧张。以色列修建了围墙，限制巴勒斯坦人通过被占领土进入以色列。

## 西墙

圣殿山上有第一座犹太圣殿的遗址，它由所罗门王兴建于公元前957年，历经三建三毁。西墙是古圣殿的残存部分，又称哭墙。这是犹太教最为神圣的场所之一。许多犹太人来到这里祈祷。

## 圣墓教堂

基督教认为，圣墓教堂就是耶稣基督被钉死在十字架上和下葬的地方。这里一直被视为基督教的圣地。

**分裂的世界**

到 20 世纪 50 年代，世界出现了由两个军事大国主导的阵营。资本主义阵营的美国对阵社会主义阵营的苏联，双方都拥有一群持有相同理念的盟友协助。不过，半数以上的国家都保持中立。

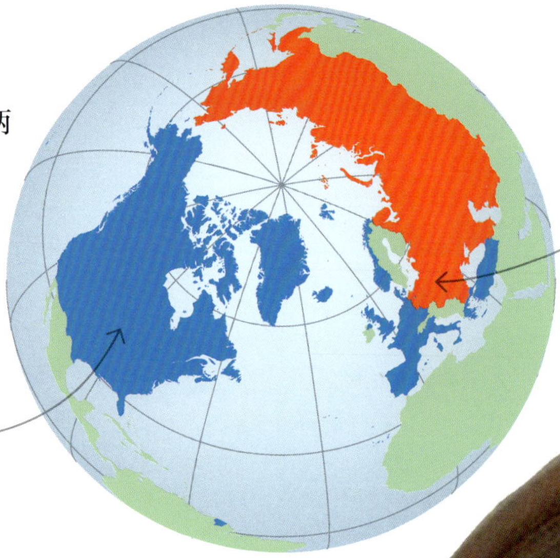


# 冷战 撕裂世界

第二次世界大战结束后，两个势均力敌的超级大国出现了。美国与苏联开始了一场“冷战”，监视彼此的行动，储备核武器。尽管一枪未发，但这场特殊的战争持续了几十年，并对西方及全世界产生了深远影响。

鞋子发射器

这个看上去像粪便的东西实际上是一个信号发射器，如果间谍想求救，就用它发出信号。

粪便发射器

这个管子内部有防水的隐藏空间，情报藏进去很安全。

隐蔽的管子

**▶间谍工具**

为获取情报，双方都使用了间谍网络。他们通常配有许多设备，能够获取秘密信息，将其复制下来，然后安全地带给他们的雇主。许多工具做得很小巧，并聪明地伪装成各种日常物品。

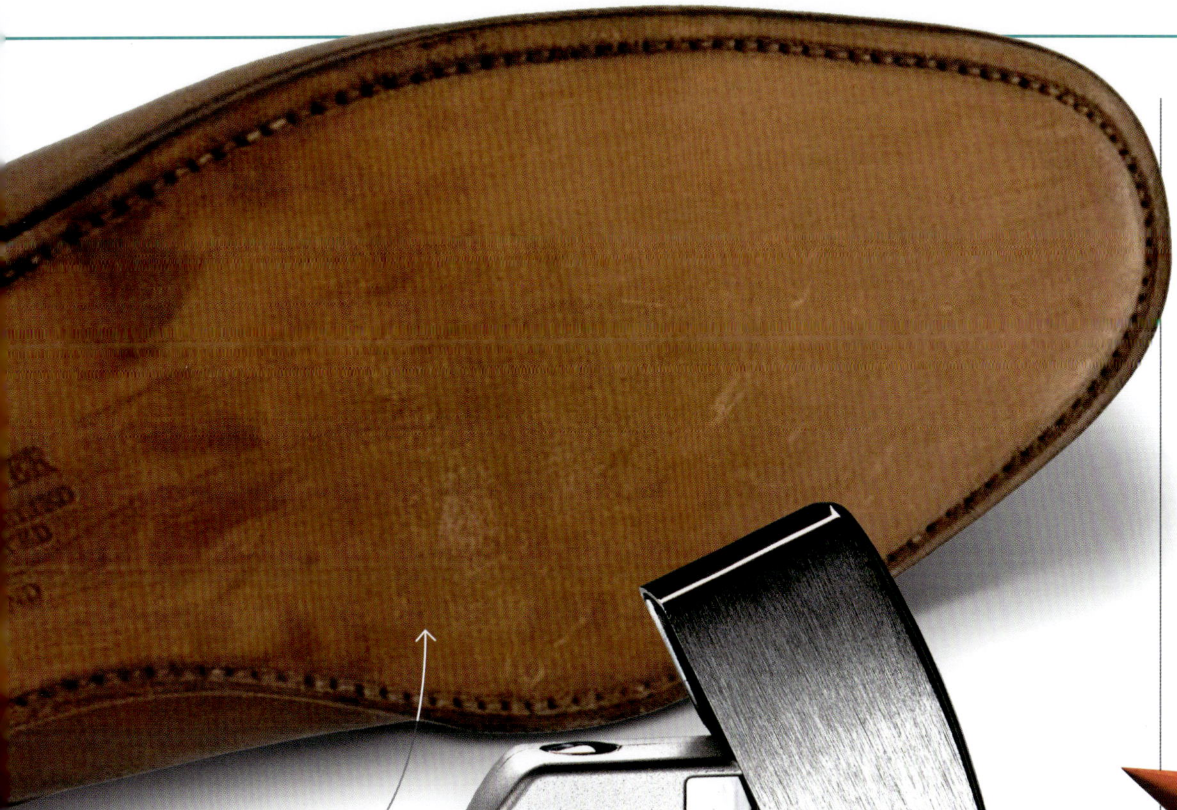

在东欧活动的美国间谍穿着藏有隐形麦克风和发射器的鞋子。

这个相机看上去像一个打火机。

打火机相机

伪装成管状剃须膏，挤压后会发出吱嘎声，并且弯曲，像真的剃须膏一样。

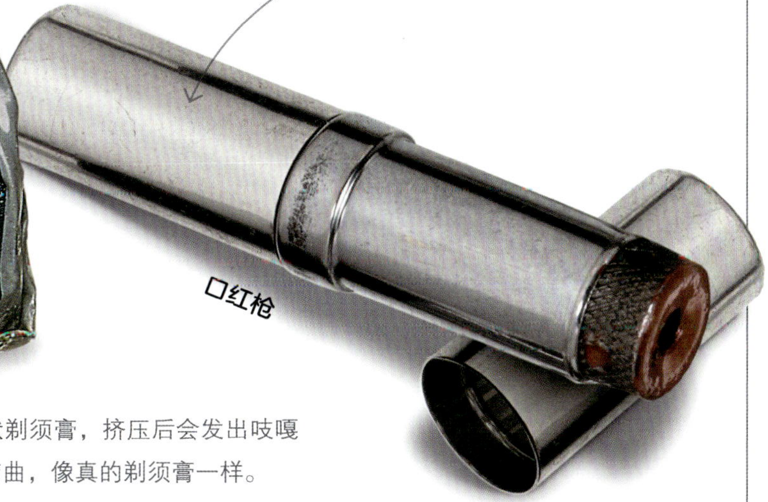

苏联特工使用的口红枪，能射出 4.5 毫米口径的子弹。

口红枪

**铁幕**

第二次世界大战后，一道屏障在欧洲竖起，将社会主义国家与资本主义国家分开。德国被分为两半，首都柏林这座城市也是如此。严格的边境管控让人们很难从一边穿越到另一边。

危急关头，双方都在进行核武器试验。

**战争升温**

1962 年，发生古巴导弹危机，紧张局势持续了 13 天，但最终苏美双方达成一致，避免了一场核战争。

**在越南参战**

冷战背景之下，两个大国之间也不断发生局部战争。在越南，冲突从 1955 年一直持续到 1975 年，苏联支持越南北方，而美国派出数万士兵支持越南南方。

种族隔离制度是一种凭肤色或种族将人们区隔开的制度。它被废除后，罗莎·帕克斯登上了公共汽车。

# 为民权而奋斗

20 世纪五六十年代，许多美国黑人在争取平等的权利。尽管奴隶制已于 1865 年被废除，美国黑人依然面临歧视，承受着种族偏见，尤其是在南方。民权运动在教育、选举方面使黑人从法律上获得了平等权。黑人如今能与白人从事相同的工作，随意坐在公共汽车和餐馆里的任何位置。不过，对完整民权的争取仍未结束。

**共享教育**

20 世纪 50 年代以前，美国许多学校实施种族隔离：有些只教授白人学生，有些只接受黑人学生。1954 年，在 7 岁的琳达·布朗（下图前排右侧）被堪萨斯州托皮卡所有白人学校都拒收后，美国联邦最高法院裁决，人人都应得到平等对待。

**▲蒙哥马利公交汽车抵制行动**

1955 年，罗莎·帕克斯因为在公交汽车上拒绝给一个白人男子让座而被逮捕。她与其他人的抗议，最终在亚拉巴马州蒙哥马利演变为一次持续 381 天的公交汽车抵制行动。1956 年，美国联邦最高法院声明，公共汽车上的种族隔离是非法的。

**分隔的座位**

在抵制行动之前，全美许多公交汽车都实行种族隔离。在蒙哥马利，法律规定黑人要坐在后排，而白人则可以坐在前排。

**向华盛顿进军**

1963 年 8 月，华盛顿特区至少有 20 万人走上街头，要求为美国黑人争取权利。在游行活动中，民权运动领袖马丁·路德·金发表了题为《我有一个梦想》的著名演讲，呼吁结束美国的种族歧视。

**黑人权利政治**

有人相信，黑人应当努力掌握权力。这些人包括黑人民族主义者马尔科姆·X，黑豹党领袖、社会活动家弗雷德·汉普顿。黑豹党主张黑人应当携带武器用于自卫。

马尔科姆·X 的自传在其去世后出版。

**黑人的生命也重要**

到 20 世纪 60 年代，美国黑人已经获得许多权利，但不平等对待仍在持续。“黑人的生命也重要”是一场呼吁尊重黑人人权的活动。2012 年，17 岁的非裔特雷沃恩·马丁被白人警察枪杀，这个事件催生了该活动的诞生。

**摇滚乐**

20 世纪 50 年代诞生的一种音乐。它起源于美国黑人音乐，后来又被白人艺术家，如埃尔维斯·普雷斯利（“猫王”）等人吸收借鉴。这些摇滚乐表演者大受欢迎，名利双收，尤其受到青少年的追捧，而最初的黑人创作者没能享受到这种待遇。

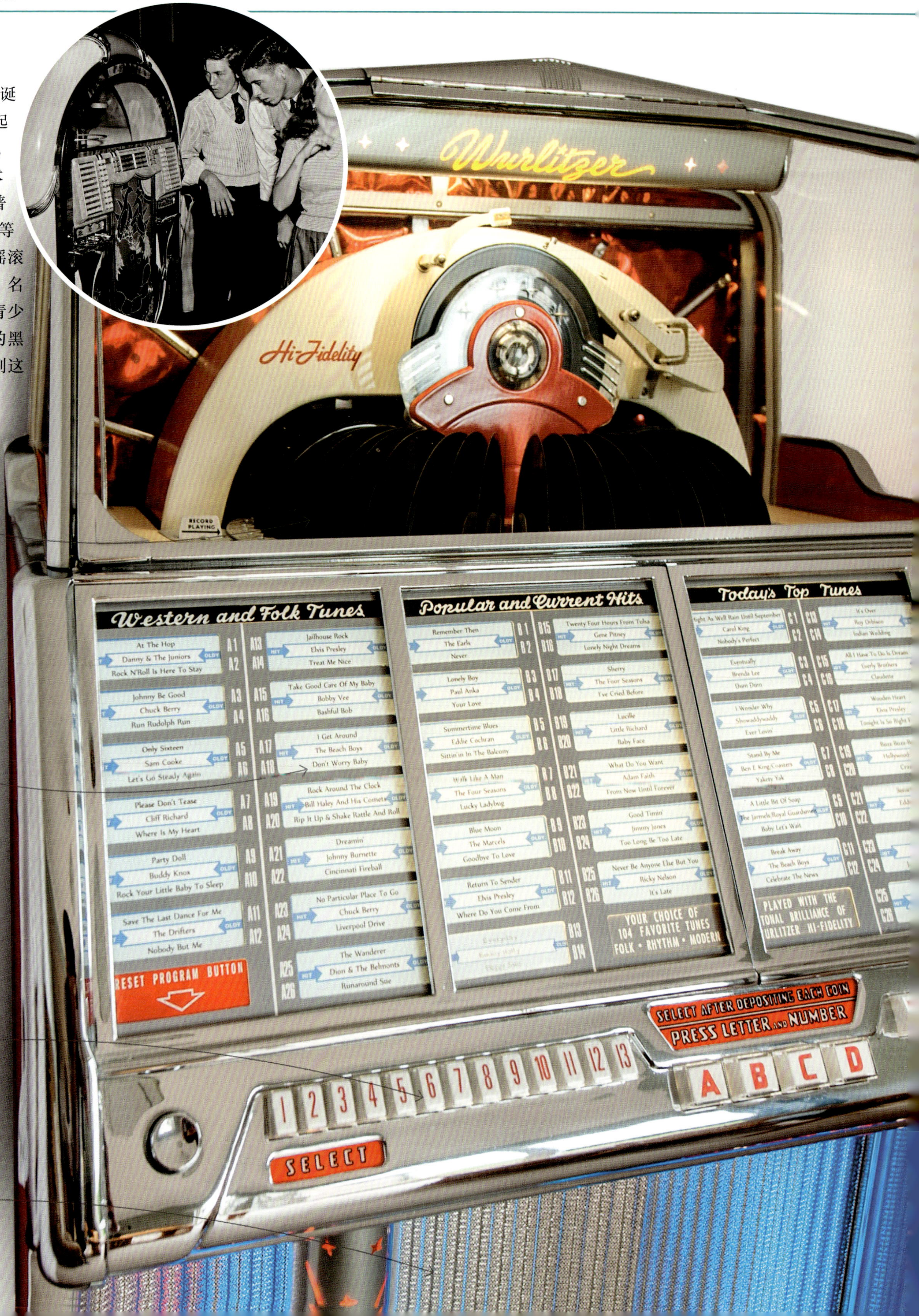


唱片摆成一排，以备挑选和播放。

播放列表中有数百首歌曲，从古典乐、经典老歌到流行热曲，应有尽有。

用户可以按下按钮，选择他们想听的音乐。

强大的内置扬声器，还伴有电子灯光。

# 西方青年运动

20 世纪 50 年代，西方许多国家开始从第二次世界大战后的困境中恢复了。在这期间，出现了一种新现象：青年运动。从前，青年人被视为预备期的成年人。但当时，他们拥有更多的独立和空闲时光，一种独特的“青年文化”诞生了。青年人开始挑战权威，从电影明星和摇滚乐手那里寻找灵感。青年运动也促进了现代文化的发展。

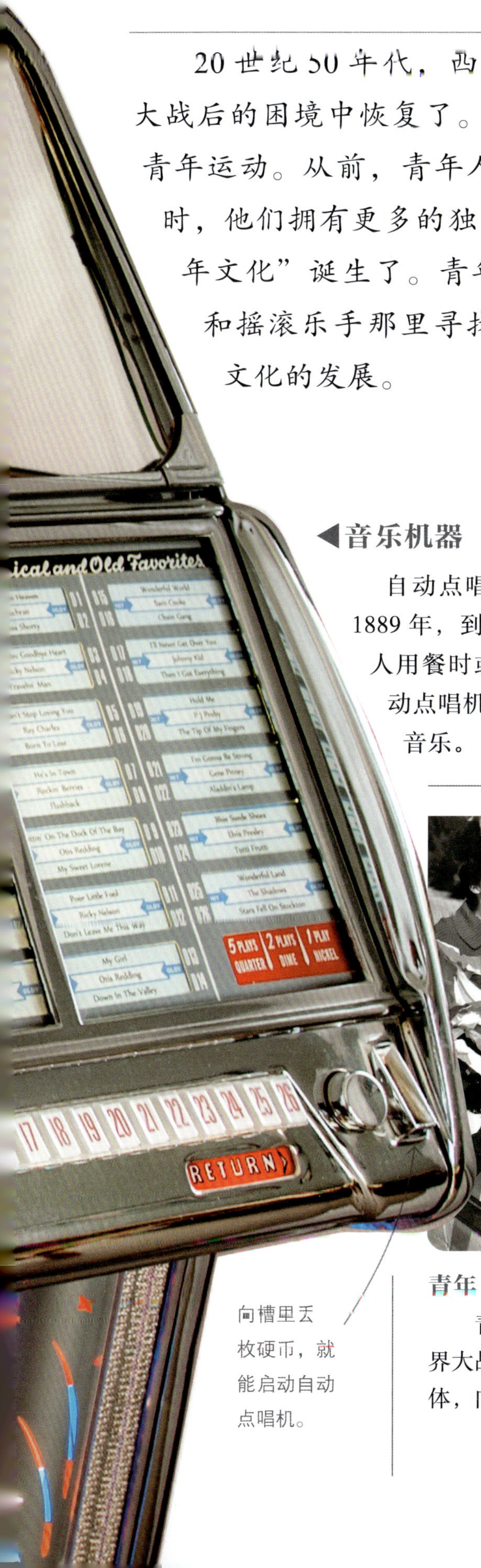


**◀音乐机器**

自动点唱机是按需播放音乐的机器。它发明于 1889 年，到 20 世纪中叶变得非常流行。当时年轻人用餐时或者在电子游戏室玩耍时，都会聚在自动点唱机旁听音乐，尤其是刚刚流行起来的摇滚音乐。

向槽里丢枚硬币，就能启动自动点唱机。

**青年**

青年是从童年到成年的过渡期。第二次世界大战之后，广告商将青年人视为一个独特的群体，向他们营销汽车、音乐和电影等各类产品。

**全民音乐**

在美国，20 世纪 50 年代还存在让黑人与白人分隔的法律。但摇滚音乐会打破了种族界限。不论什么肤色的青年人都可以享受音乐会，共同对着演奏者起舞。

**青少年偶像**

许多年轻人过着反叛父母和权威人物的生活，他们崇拜父母不喜欢的电影角色，比如 1953 年美国电影《飞车党》中马龙·白兰度饰演的目无法纪的人物。

**学生抗议**

西方年轻人开始塑造自己的文化认同，他们开始在政治议题上表达立场。1968 年，像德国柏林这样的学生抗议游行，发生于多个国家。他们反对战争和权威，支持民权运动。

# 非洲的民族解放

20 世纪中期以来，许多非洲国家从欧洲殖民者手中赢得了独立。1910 年，南非联邦成为英国自治领，此前，非洲除了利比里亚和埃塞俄比亚，都是殖民地。许多非洲人从一开始就反对殖民主义，而许多参加世界大战的非洲士兵又带着自由的新思想回到祖国，这鼓舞了他们为自由而斗争的决心。

**泛非洲主义**

全球许多黑人是泛非洲主义者，他们相信黑人应当联手奋斗，反对种族歧视和殖民主义。加纳的国旗上面有一颗黑色星星，是泛非洲主义的象征。

## ▶非洲国家赢得独立

非洲国家为民族解放而进行的斗争起步缓慢，但从 20 世纪 50 年代到 1975 年，大多数非洲国家摆脱了殖民统治。埃及于 1922 年脱离英国独立，但英国对其的影响力一直持续到 1956 年。北非的其他国家紧随其后，例如突尼斯和摩洛哥。1957 年加纳的独立吹响了非洲国家实现独立的号角，许多国家受其影响，宣布独立。

**争取自由的女性**

许多女性在非洲国家独立过程中起到了关键作用，胡达·莎拉维被誉为埃及独立过程中的灯塔，比比·提提·穆罕默德（上图）动员女性反对殖民统治，她的努力为坦桑尼亚的独立贡献了力量。

**加纳**

加纳是第一个摆脱殖民统治的非洲黑人国家，它于 1957 年 3 月 6 日宣布从英国独立。恩克鲁玛成为新国家的首任总统，他是一名有力的演讲者，写过揭露殖民主义罪恶的书。

**阿尔及利亚**

1954 年至 1962 年，阿尔及利亚人参与了对法国的独立战争。阿尔及利亚于 1962 年 7 月 3 日正式宣布独立，但至少 150 万阿尔及利亚人死于战争。为表纪念，人们在首都阿尔及尔树立了一座纪念碑。

恩克鲁玛在加纳独立日庆典上，发表了一篇激动人心的演说。

## 非洲之年

北非的许多国家在1950年以前就获得了自由。1960年，包括14个法属殖民地在内的17个非洲国家宣布独立，这一年被称为“非洲之年”。到1990年，非洲的所有国家都拥有了独立主权。

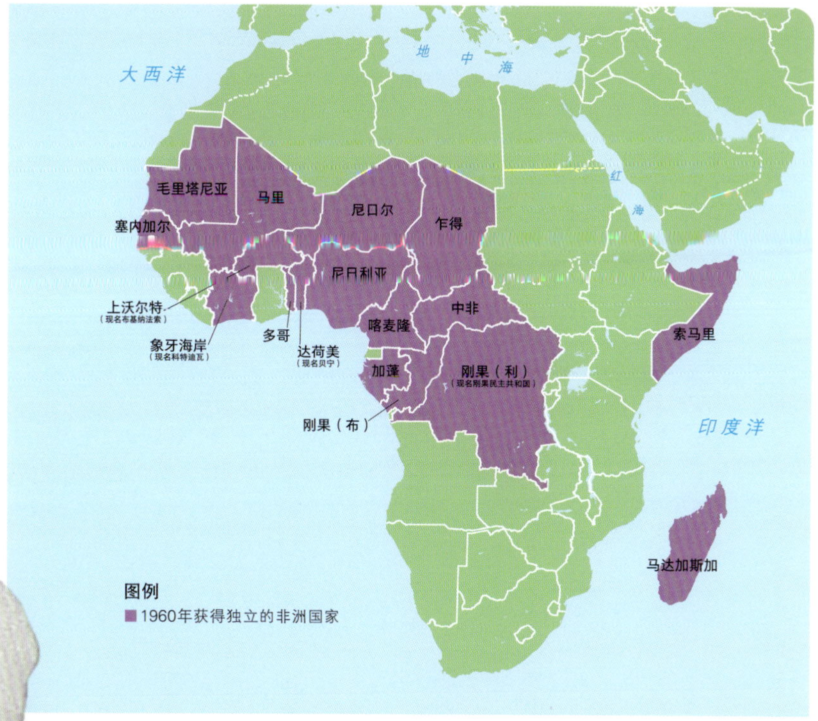


卢蒙巴的官方塑像，他是冷战背景下刚果共和国政变的受害者。

## 刚果共和国［刚果（利）］

比利时在刚果的殖民统治充满暴力，引发包括其他欧洲殖民者在内的广泛批评。刚果共和国于1960年获得独立，帕特里斯·卢蒙巴成为首任总理。不久之后，他在政变中被杀害。

## 莫桑比克

葡萄牙从16世纪起就在非洲建立殖民地。当20世纪60年代其他殖民者允许殖民地独立时，葡萄牙却没有，这引发了其与当地民族主义运动组织长达十余年的战争，其中包括莫桑比克解放阵线等组织。莫桑比克在1975年赢得独立。

# 竞逐月球

从20世纪50年代中期开始，两个超级大国争先恐后主导太空探索。苏联与美国的太空竞赛发端于冷战时期两国的竞争。两国都想成为第一个完成太空旅行的国家。起初，苏联占据领先地位，发射了第一颗人造地球卫星“伴侣号”，将一只名叫莱卡的小狗送上太空，后来又实现了首次载人航天飞行。不过，美国成功将人类送上了月球。如今，许多国家在太空研究和探索领域展开合作，私人企业在太空旅行方面也展开了一场新的竞争。

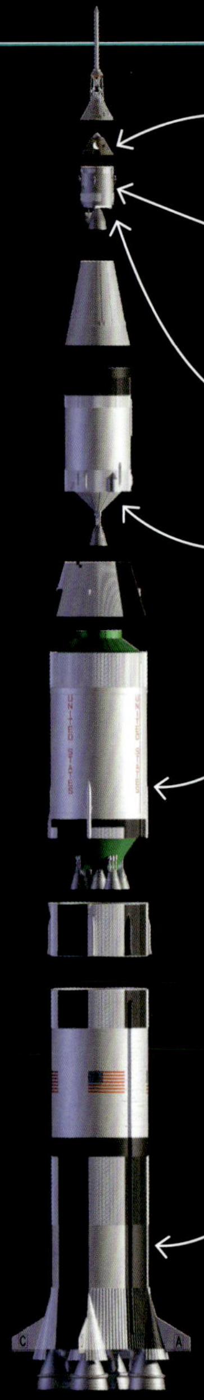


**太空第一人**

1961年4月12日，苏联航天员尤里·加加林乘坐“东方1号”飞船完成了环绕地球的飞行。他是进入太空的第一人，标志着苏联在太空竞赛中的重要胜利。

**“土星5号”运载火箭**

“阿波罗11号”登月飞船是由动力强劲的火箭推送入太空的。“土星5号”是三级火箭。每一级的燃料耗尽后，就会与火箭分离。它是有史以来推力最强大的火箭。

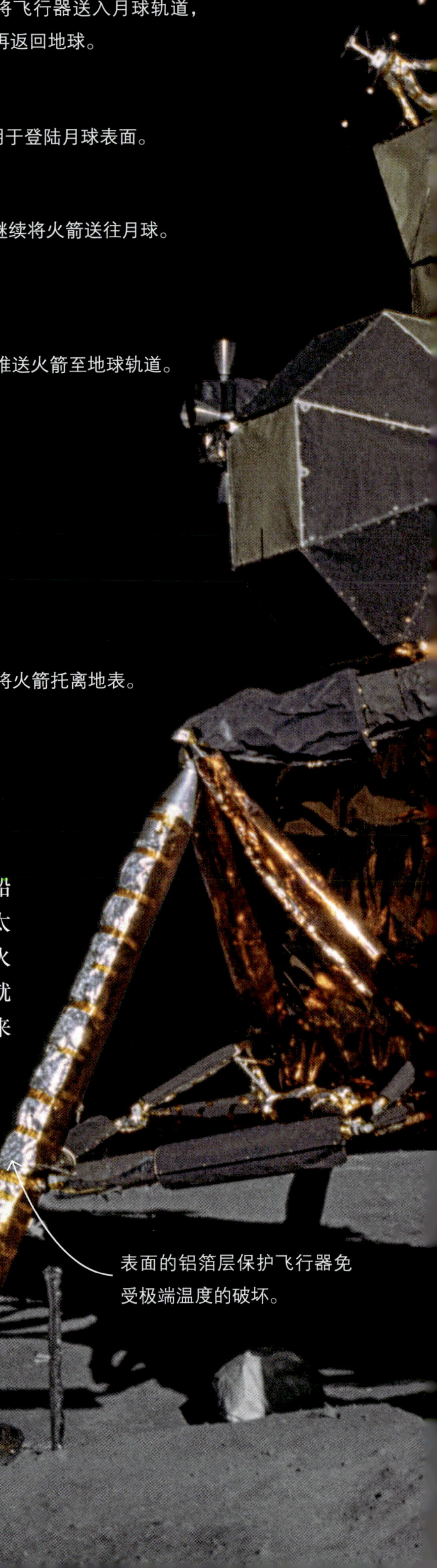


**▶到达月球**

1969年，美国成为第一个实现载人登月飞行的国家。“阿波罗11号”将三名宇航员送入太空。尼尔·阿姆斯特朗和巴兹·奥尔德林探索了月球表面，迈克尔·柯林斯则驾驶着指挥舱环绕月球轨道航行。直到今天，美国仍然是实现载人登月飞行的唯一国家。

只有登月舱的上升级能返回太空，下降级则留在月球。

**凯瑟琳·约翰逊**

规划“阿波罗11号”的路线，需要非常精确、复杂的数学计算。早在我们发展了先进的计算机技术以前，包括凯瑟琳·约翰逊在内的一支女性数学家团队就承担了这项任务。她与同事一起，对太空飞行做出了重要贡献。

**火星漫游**

自从美国登月以来，包括中国在内的许多其他国家也进行了太空探索。2021年，中国向火星发射了一艘探测器。远程控制的机器人可以研究火星表面的岩石和大气层。它还能探测生命迹象，包括地下的水层和冰层，并将数据发回地球进行研究。

宽大的着陆腿底部能防止登月舱陷入月球表面。

宇航员们在月球表面活动了两个多小时。

**埃尼阿克计算机**

最早的计算机拥有大量电线、开关和电子管，笨重而巨大。世界第一台通用计算机埃尼阿克占据了整个房间。在 20 世纪 40 年代，埃尼阿克最初用于计算武器数据。

## ▼个人计算机的兴起

早期计算机又大又昂贵，仅用于军事及大型交易。微型处理器等新技术的发明，让计算机变得更小，个人在家中使用成为可能。今天的手机将更多计算机功能融入口袋大小的设备里。

第一代苹果计算机可以在电路板上接入屏幕，以显示画面。

**❶ 组装计算机**

最早的个人计算机，比如第一代苹果计算机，只是出售一个简单的电路板。用户要自行组装键盘、屏幕，甚至计算机外壳等部件。这些设备非常昂贵，仅限专业人士使用。

**❷ 全民计算机**

随着时间推移，个人计算机变得更廉价。有些家庭可以购买家用的成品计算机。1982 年，康懋达 64 型电脑售出了 1700 万台，被认为是有史以来最畅销的电脑型号。

# 计算机改变社会

计算机最初发明于 20 世纪 40 年代，用于军事计算。今天的计算机功能更加强大，能够存储大量数据，并高速处理。它改变了我们工作、学习和沟通的方式，影响了全世界各个领域，无论是购物、售卖商品还是控制太空飞行器，都是如此。

**❸ 联系日益紧密的世界**

万维网是一个全球文件收集共享系统，首发于 1991 年。网吧（上图）在 20 世纪 90 年代中期非常流行，它可以让旅行者或手头没有计算机的人接入网络。

### 微处理器

微处理器发明于 20 世纪 70 年代，是计算机的运算控制部分。人们能将这一部分压缩进更小的空间里。第一代苹果计算机使用的是摩托罗拉 6800 微处理器。

摩托罗拉 6800 微处理器

有些第一代苹果计算机配备了木质外壳。

第一代苹果计算机配备的键盘，通常只有大写字母键。

### 人工智能

有些现代计算机能够自己“思考”，它们可以按设定的程序进行学习、制订计划并做出决策。各种类型的人工智能为我们提供各种服务，如下象棋，甚至驾驶汽车。自动驾驶汽车技术能运用人工智能识别道路上的危险。

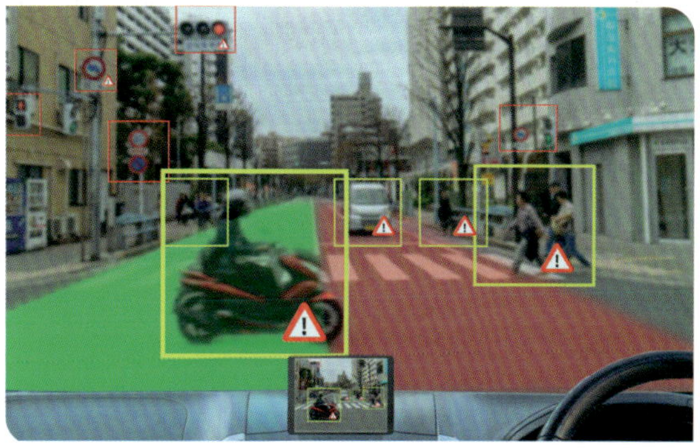

### 4 便携设备

智能手机和平板计算机等现代计算机又小又轻便——我们能随时随地带在身上。大多数设备可以上网，能让我们定期接收信息。据估计，世界上大约有一半人口拥有一部智能手机。

用一个小罐子替代油箱。

**藏身车内**

宝马伊赛塔汽车，又称“泡泡汽车”，是一款单座的微型汽车。这辆车的油箱被换成了一个小罐，能装的汽油刚好够跨越边界，又能容纳一人藏身。当雅各比经过军事检查站时，民主德国守卫查看了他的文件，然后挥挥手让他走了，根本没注意到里面有偷乘者。

内饰被移除，可以清晰看到越境者的藏身之处。

所有必备部件都被拆除，只为有足够的空间能容下一人藏身。

# 冷战的终结

1991 年，分裂世界的冷战进入尾声。1989 年 11 月，民主德国开放了象征欧洲分裂的柏林墙，不到一年，德国统一。两年之后，苏联解体了，这意味着长达 40 多年的冷战最终宣告结束。

**▼逃离**

在 28 年的时间内，德国首都柏林被一堵墙一分为二——属于民主德国的东柏林和属于联邦德国的西柏林。东柏林的许多居民试图翻越柏林墙前往联邦德国。1963 年，西柏林的克劳斯-君特尔 · 雅各比用一辆改装的汽车，将一个朋友从东柏林偷运往西柏林。

车门是朝前开的，连接着方向盘。

这辆汽车的复制品现存于柏林的一家博物馆。

**团结工会**

1980 年，波兰物价上涨，当时的反政府组织团结工会由此成立，并组织了全国性的大罢工。1989 年，团结工会在议会大选中获胜，成立了以其为主体的政府。

**苏联改革**

1985 年，米哈伊尔 · 戈尔巴乔夫（上图左）成为苏共中央总书记。他对苏联进行了经济和政治方面的改革，并尝试与美国修好，曾与美国总统罗纳德 · 里根（上图右）共同签署了消除中程和中短程导弹的《中导条约》。

**柏林墙的倒塌**

1989 年，民主德国开放边界，人们从柏林墙的缺口涌入联邦德国，随后将它彻底推倒。

# 种族隔离 分裂南非

1910 年白人殖民者创建了南非联邦，南非联邦成为英国自治领。1948 年，南非政府全面推行种族隔离制，偏袒白人少数群体，歧视非白人族群，特别是土著黑人。在种族隔离制下，不同族群被迫居住在不同街区，他们能进入的学校、工作地点等场所也各不相同。

**种族隔离制度下的生活**

大多数南非白人说南非荷兰语。在这种语言中，隔离制意味着“分开”。在这段时期，黑人被迫搬到贫民窟，只有在当佣工的时候，才能踏入“白人区”。上图这张指示牌表明，这是一个仅限白人游玩的海滩。

许多南非人排上几小时的长队，只为投下选票。

**反对种族隔离制**

在种族隔离制推行期间，许多南非白人和其他族群抗议这个令人厌恶的政策。1976 年的索韦托游行中，黑人学生走上街头，170 余人被军警打死，这引发了国际愤慨，于是全球各地更加团结一致地反对种族隔离制。

**真相与和解委员会**

南非种族隔离制于 20 世纪 90 年代被取消。随后，真相与和解委员会成立，旨在帮助南非人实现民族和解，找到继续向前的办法。委员会主席是南非圣公会大主教图图（上图右），副主席是白人反种族隔离人士亚历克斯·博瑞（上图左）。

**现代南非**

种族隔离制结束后，新宪法赋予所有南非人平等的权利和尊严。然而，今天的南非仍然存在许多不平等现象。许多南非黑人依然居住在低收入贫民窟（如上图），而南非白人往往居住在富裕繁荣的地区。

**▲首次不分种族的选举**

1994 年，南非第一次举行不分种族的大选，人人都有投票权，黑人也不例外。数百万人排着队行使他们的选举权，计票数超过 1900 万。在所有参选政党中，南非非洲人国民大会为首的联盟赢得多数席位。该党成立于 1912 年，在南非结束种族隔离制的斗争中发挥了关键作用。

**曼德拉胜选**

1994 年，南非反种族隔离制度的领袖、南非非洲人国民大会主席纳尔逊·曼德拉成为南非首任黑人总统。曼德拉曾在狱中待了 27 年，当时南非政府迫于国内外的压力，于 1990 年将他释放。

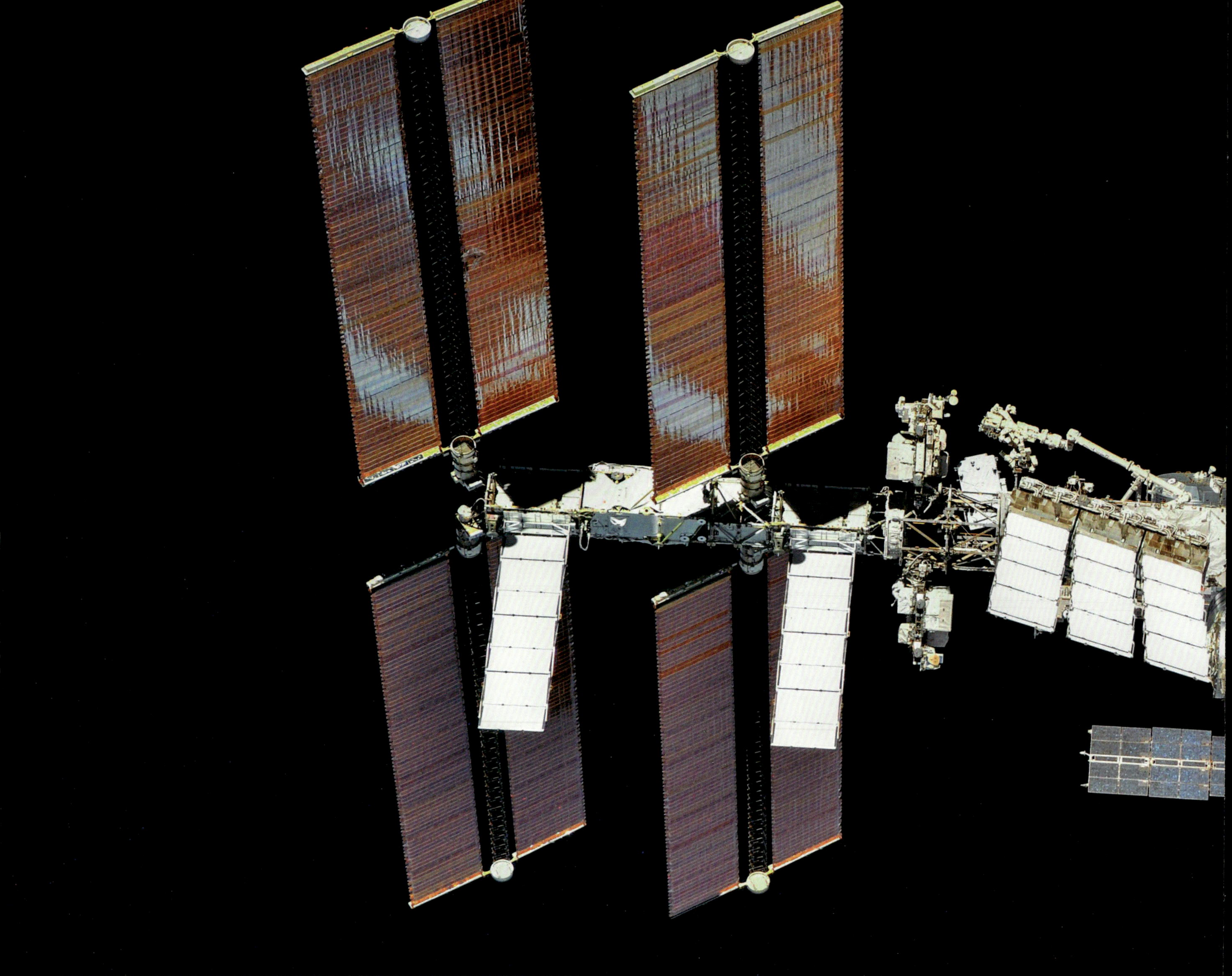

# 绕地球飞行

国际空间站是一座大型研究站，位于地球上方约400千米的固定轨道上。最早的一个舱是1998年由美国和俄罗斯合作发射的，具有里程碑式的意义。从那以后，又陆续加入了许多舱室——有16个不同机构和国家参与建设国际空间站。如今，国际空间站总共有16个舱室，宽度109米，可同时容纳六人。很多国家的航天员都曾造访此地。

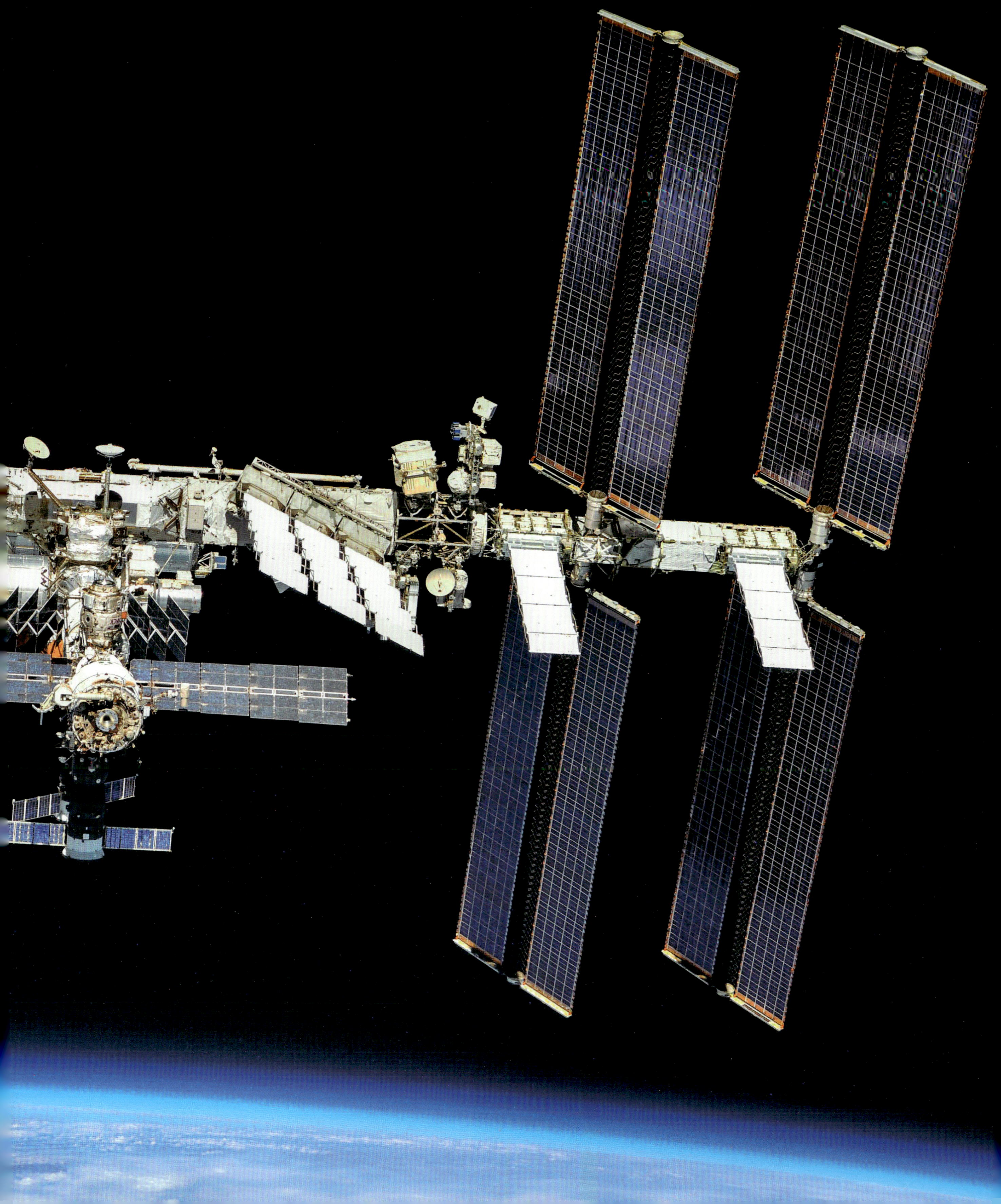

# 线上的世界

因特网和互联网的快速兴起，改变了人们彼此交流互动的方式。信息的获取与分享变得比以往容易得多。因特网让我们以前所未有的方式探索世界，社交媒体将我们更紧密地联系在一起。如今有数十亿人在网上交流。

### 社交媒体的兴起

社交媒体网站和应用允许用户创作自己的内容，例如传播观点和新闻，写下自己的故事和诗歌。手机应用允许用户将照片、文本和多媒体内容分享给朋友。用户们以前所未有的方式彼此交流。

### ▼线上生活

手机使用更频繁，对很多人来说意味着把生活搬到线上，成为庞大的国际社群的一员。我们所做、所说以及所观看的每一件事，都可以被手机应用软件记录下来，并向他人播放。然而，线上社群也具有危险性，因为它们也可以传播仇恨言论、虚假消息和阴谋论。

手机拍下视频，能通过网络迅速传播到世界各地。

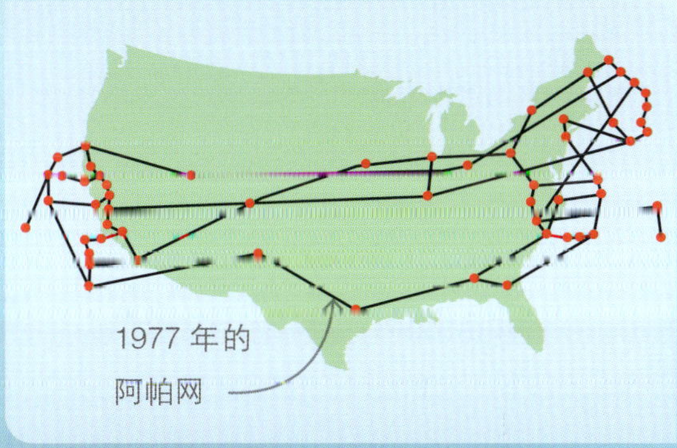


### 阿帕网的诞生

1969 年，美国国防部高级研究计划局组建了名为“阿帕网”的计算机网络，将美国西海岸的四所大学连接在一起。到 1977 年，这个网络已经连接了美国大部分地区。

### 万维网

万维网是在互联网上运行的一个全球信息系统，1989 年由英国科学家蒂姆 · 伯纳斯 - 李发明。这个系统的每个入口都是一个网站，通常包含许多页面。超链接将入口连接起来，让人们得以快速浏览网站。

### 触达大众

社交媒体能在商业方面作为营销工具使用，也被有些地方用于社会与政治运动的传播和组织。

现场音乐可以被录下再次播放。

### 不仅是电话

最早的手持移动电话是摩托罗拉公司在 1973 年发明的，但早期移动电话只能拨打和接听电话。后来的移动电话支持收发短信和上网。2007 年发明的智能手机，则集电话、计算机、相机和音乐播放器于一身。

# 中国崛起

2010年，中国成为世界上仅次于美国的第二大经济体。20世纪80年代以来的经济改革，让中国深度参与世界贸易，创造了巨大的财富。

**20世纪80年代的上海**

陆家嘴地区位于黄浦江畔。在中国实行改革开放前，这一地区有许多小型工厂、仓库和堆场。

**全球贸易**

中国的经济增长是由大量出口商品驱动的。世界上最繁忙的5个港口，有3个在中国，其中包括上海港。这些船装载着运往全球的各类商品。由于对中国商品需求的增长，许多外国企业入驻中国。

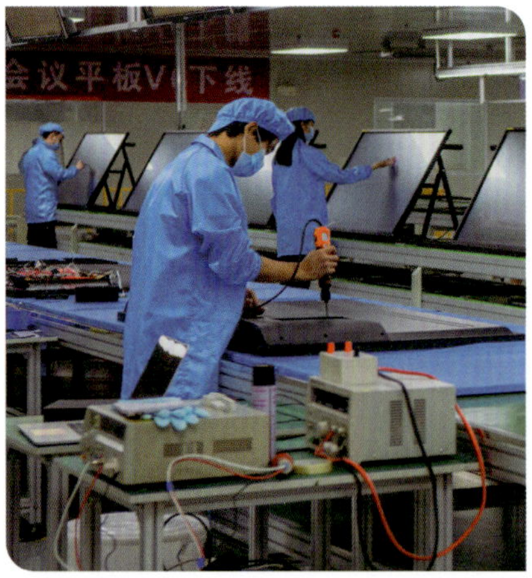

**中国制造**

中国是制造业大国，生产了电子产品、服装、玩具和许多其他产品。它是世界上最大的汽车生产国，同时，也生产了世界一半以上的钢铁，还是仅次于美国的第二大金融服务商。

## ▼发展中的上海

上海不断延伸的天际线是中国经济腾飞的象征之一。这座城市一直是中国的重要港口，20 世纪 80 年代以来，中国实行对外开放，使上海进一步迅速繁荣。如今，上海港是世界上最繁忙的集装箱港口，陆家嘴地区成为全球贸易和金融中心。上海是中国特大城市之一，人口超过 2000 万。

上海中心大厦是世界上第三高的建筑，总高 632 米。

**今日上海**

如今，陆家嘴地区已成为上海的金融中心，拥有数座高耸入云的摩天大楼。

**新成就**

中国在科学技术方面取得了很大突破。如在航天领域，中国空间技术能力已步入世界先进行列，不但掌握了载人航天的关键技术，而且成功完成了中国首次火星探测任务。

**人口大国**

中国有 14 亿人口，这是中国经济快速发展的有利条件之一，这些年随着人口素质的大幅改善，人力资本也在不断提升。与此同时，老龄化逐步加速。中国将进入人口发展的新阶段。

**绿色的未来**

一部分经济增长是以牺牲环境为代价的。今天，中国致力于污染治理、生态保护等方面，努力推动绿色发展。中国也是世界上最大的清洁能源生产者，例如风力发电和太阳能发电。

# 走向全球化

世界各地的联系日益紧密。人们可以到不同国家出差或休闲旅行，数十亿吨的商品每年被运往世界各地。跨国公司迅速发展，促进了国际贸易增长，以及大规模的思想文化交流。这一过程被称为全球化。

### ▼商品的流动

跨国公司在劳动力和原材料最便宜的地方制造产品，随后将它们运往全球。当我们在网上购物时，商品快速而高效地来到眼前。这些商品装载于货船集装箱里，随后运往订单分拣中心处理。

**1 运输**

工业制成品装进相同的金属集装箱内，由大型货轮运往世界各地。一旦满载的集装箱到达港口，就会马上通过铁路或者陆路送往中转仓库。

有些货船可一次运送2万多个集装箱。

**2 订单分拣中心**

包装好的商品离开货仓，送入订单分拣中心。商品在这里拆装、分类、储藏。

每件物品在分拣中心的货架上都有自己的位置。

**3 在线订购**

客户在线订购产品后，交由订单分拣中心处理。在机器人和传送带网络的协助下，商品打包完毕，等待运输。

## 全球制造

许多跨国公司在全世界不同国家生产产品。产品是逐步完成的，有的部件在某一国家完成，其他部件在另外的国家做好。左图是印度制造智能手机的装配线，其使用的零配件来自许多不同国家。

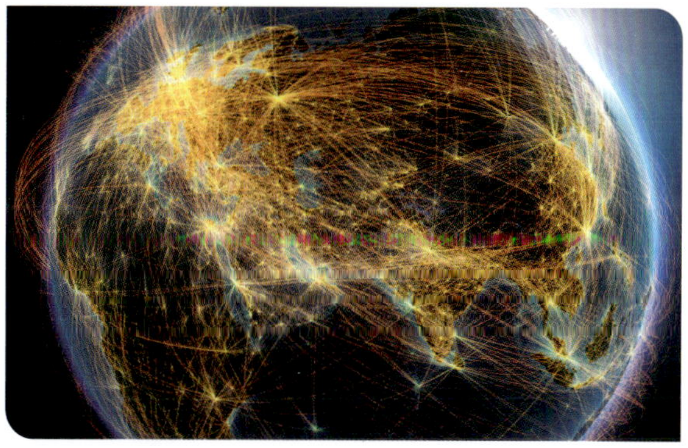

## 世界在变小

空中旅行需求在 21 世纪迅速增长。人们为了商务活动或个人休闲度假而飞向世界各地，同时也促进了不同文化的分享和碰撞。

## 全球品牌

品牌传播以及商业的全球化，意味着在世界各地几乎都能找到相同的产品和服务，例如麦当劳。有人担忧这样会破坏文化多样性，侵蚀本地文化和传统。

## 环境代价

购买消费品比以往任何时候都要方便、便宜。但无论是运输引发的污染，还是原材料的开采，都避免不了以牺牲环境为代价。大量丢弃废旧产品还会导致垃圾填埋场溢出等问题。

# 气候危机

在过去的两个世纪里，人们使用化石能源为家庭、工厂和交通系统供电。地球气温开始升高，全球变暖影响着地球上的每个生命。许多国家认可要减少对于化石能源的依赖，但缓解气候变化引发的危机，需要政府和个人的坚决行动。

**▶应对气候变化**

人们对气候变化的关注度越来越高，一些环保团体走上街头，呼吁当地政府更妥善地应对气候变化，例如图中这个在葡萄牙里斯本举行活动的团体。

**化石燃料**

人们燃烧石油、煤炭和天然气，来供暖、照明并为生产等提供能量。使用化石燃料还会释放二氧化碳和其他温室气体，将热量滞留在大气层，使地球表面变暖。化石燃料的使用在过去50年间加速了，与此同时，全球人口增加，对能量的需求也在上升。

**海平面上升**

温度升高会造成极地冰川融化、上层海水膨胀，进而导致海平面上升。这威胁到了低海拔的沿海地区（如图中印度的西孟加拉邦）。

**森林火灾加剧**

更炎热、干燥的环境为森林火灾频繁发生创造了条件。像 2019 年 9 月发生于澳大利亚的持续 6 个月的火灾，毁掉了许多人的家园和动物的栖息地。

**清洁能源**

为了与气候变化做斗争，人们必须减少对化石能源的依赖。有一种选择是使用可再生能源。像图中这样的风力发电机组，可以将风的动能转换为电能，而不会产生温室气体。

# 词汇表

**保留地**
美国政府在向西部扩张的同时将当地的印第安人驱离故土，将其强行迁至名为保留地的区域居住。

**冰川**
极地或高山地区沿地面缓慢移动的巨大冰体。

**博物学家**
生物学兴起之前，人们对研究动物、植物、矿物等学科的学者的称呼。

**部落**
自原始社会形成的一种社会组织，最初由血缘相近的氏族组成，通常具有共同的语言、习俗和宗教观念。

**超级大国**
具有远比其他国家强大的经济和军事实力，并借此谋求世界霸权的国家。

**朝圣**
信徒前往圣地朝拜、祈福等的活动。

**城邦**
以一个城市为中心，由该城市和周边地区构成的城市国家。

**出口**
与“进口”相对，将本国的商品或服务销售或投放到国外的贸易活动。

**次大陆**
一块大陆中相对独立的较小组成部分，在地质或地理上具有显著独特性，通常专指南亚次大陆。

**大名**
日本封建时代的大领主，占有大量土地。

**大篷车**
用骆驼等动物牵引的一种用于长途运输货物的畜力车。

**帝国**
通常指以皇帝为最高统治者的君主制国家。

**帝国主义**
也叫垄断资本主义，是资本主义发展中的一个特殊阶段。在 19 世纪末 20 世纪初资本主义完成了从自由竞争阶段向垄断阶段的过渡。

**独裁者**
独自统揽国家最高权力的统治者，其权力不受任何民众或法律限制。

**独立**
指一个国家不受别的国家或政权的统治。

**渡槽**
输送水的渠道，在跨越河流或道路时修建的桥式引水槽（通常高架于地上或埋于地下）。

**法老**
对古埃及君主的称呼。古埃及人认为法老是太阳神之子。

**法西斯主义**
垄断资本阶级鼓吹和实行独裁恐怖统治的政治体制、政治思潮。

**反犹主义**
一种敌视和迫害犹太人的思想观念体系，指对犹太人持有偏见或憎恨的态度。

**废奴主义者**
反对并主张废除奴隶贸易以及奴隶制度的人。

**工业革命**
18 世纪 60 年代开始的机器大工业生产代替以手工技术为基础的工场手工业生产的革命，最早出现在英国。

**工业化**
指机器大工业在国民经济中占据主要地位的过程。

**公国**
以公为国家元首的君主制国家。有的以大公为国家元首，称大公国。

**公民**
取得一国国籍的人，享有该国宪法及法律赋予的权利并要承担相应的义务。

**共产主义**
人类最理想的社会制度，包括社会主义和共产主义两个阶段，其生产关系都建立在生产资料公有制的基础上。

**共和制**
国家权力机关和国家元首都由选举产生的政权组织形式，与君主制相对。

**国会**
和议会相似，是实行三权分立原则的资本主义国家（如美国）的最高立法机关。

**哈里发**
历史上政教合一的阿拉伯国家的统治者。

**海德堡人**
灭绝的早期人类，出现在大约 70 万年前。

**黑死病**
14 世纪中叶在欧洲大范围流行的鼠疫传染病。

**饥荒**
严重的食物短缺造成的人们普遍饥饿的现象。

**集中营**
用于拘押战俘、政治犯或特定囚犯的场所。

**进口**
与“出口”相对，从国外将商品或服务销售投放到本国的贸易活动。

**经济危机**
一个或多个国家的经济在较长的时间内持续出现负增长的现象，导致商品积压，生产下降，失业率上升。

**君主制**
以君主为国家元首的政权组织形式，与共和制相对。君主通常以血缘关系为纽带世代继承，并且终身任职。

**冷战**
通常指以美国为首的西方资本主义国家与以苏联为首的社会主义国家的除直接军事交战以外的对抗状态。这场冷战从1946年一直持续到1991年。

**联邦**
由邦、州或共和国等若干成员单位组成的复合制国家形式，各成员单位有自己的法律和政府，如美国、瑞士等。

**联合国**
第二次世界大战后建立的全球组织，旨在维持国际和平及安全等，总部设在美国纽约。

**领土**
指一个主权国家管辖下的全部区域，属于空间范畴。

**领主**
早期封建社会中受封领地或采邑的封建主。他们对上级封建主是应尽一定义务的附庸，在其领地内是最高统治者。

**马赛克**
一种由片状的玻璃、石头或瓷砖拼贴形成图案的装饰艺术。

**蛮族**
古希腊人和古罗马人对其邻族（日耳曼人等）以及其他亚非民族的蔑称。

**美索不达米亚**
西亚底格里斯河和幼发拉底河流域平原地区，也叫两河流域，是世界古文明发源地之一。

**免疫力**
生物的免疫系统对异物或抗原性物质进行识别和排斥清除的能力。

**灭绝**
指一个生物物种全部消亡。

**民主政治**
古希腊雅典曾经实行的一种政治体制，规定每一项重大决议都由成年男性公民组成的公民大会投票产生，这种政治体制对后世许多国家的政体产生了深远的影响。

**民族国家**
欧洲资产阶级革命时代普遍形成的典型国家形式，是民族自决运动的产物。

**木乃伊**
古埃及人为了保存尸体，把死者制成脱水的干尸，称作木乃伊。

**内战**
发生于国家内部的敌对势力之间的战争。

**能人**
灭绝的早期人类，出现在大约240万年前，能使用早期石质工具。

**尼安德特人**
灭绝的早期人类，出现在大约40万年前。

**奴隶制**
由奴隶主阶级对奴隶阶级实行统治的政治制度，形成于原始社会末期。奴隶没有人身自由，可以被任意买卖、屠杀。

**配给制**
资源短缺情况下，政府为满足社会成员基本或最低需求，按人均定额进行非市场供给的资源分配方式，常见于战争时期或灾害时期。

**贫民窟**
在城市内及其周边地区，以低标准和贫穷为特征的高密度人口聚居区，通常缺乏基础设施。

**栖息地**
也叫生境，是生物个体、种群和群落生活的场所。

**启蒙运动**
17到18世纪发生在欧洲的一场思想运动，其特点是主张言论自由和宗教自由，强调经验和理性，鼓励人们独立思考。

**气候变化**
由于自然原因或人类活动导致长时期内地球气候状态发生变化。

**人属**
生物学分类，包括人类及其他亲缘族群。智人是这一类目下唯一存活至今的种群。

**人造地球卫星**
使用运载火箭发射，沿一定轨道环绕地球飞行的航天器。

**儒家**
中国春秋末期由孔子创立的思想流派。

**商业化**
也叫市场化，指以营利为目的出售商品和服务的行为。

**神龛**
信徒用于供奉神像或圣物的小阁。

**十字军东征**
11 到 13 世纪，西欧封建主、天主教会和意大利商人对地中海东部沿岸地区发动的侵略性军事远征，欧洲人希望从穆斯林手中夺取耶路撒冷等地的控制权，掠夺财富，扩大宗教和商业影响。

**石器时代**
考古学上人类历史的最初阶段，分为旧石器时代和新石器时代，这一时期的人们以石器作为主要工具。

**史前时期**
文字记载出现之前的远古时期。

**丝绸之路**
中国古代经中亚通往西亚以及欧洲、北非等地的陆上贸易通道。

**条约**
国家间或国家和国际组织之间缔结的国际协议。

**同盟国**
泛指某一同盟条约的缔约国或参加国。第一次世界大战时，同盟国由德国、奥匈帝国、土耳其、保加利亚等国组成。第二次世界大战时，同盟国是反对德国、日本、意大利轴心国的国家。

**土著居民**
某个地方较早定居的族群。

**王朝**
一个国家连续几代由一个家族统治的时代。

**温室气体**
地球大气层中由自然或人为产生的能够阻止长波辐射逸出大气层，从而造成近地层增温的气体成分，主要有二氧化碳、甲烷、臭氧等。

**文艺复兴**
14—16 世纪在欧洲兴起的资产阶级思想文化运动，提倡人文主义，反对神权至上。

**西方国家**
通常泛指资本主义发达国家，如美国、英国等国。是政治概念，不是地理概念。

**细菌**
一类遍布于我们周围的微生物，有些能侵入人体，引起感染和传染病。

**宪法**
国家的根本法，在一个国家的法律体系中具有最高法律效力。

**象形文字**
描画成物体形象的早期文字，如古埃及文字、楔形文字、古汉字等。

**选举权**
指一国公民依法享有的选举国家代表机关代表或国家公职人员的权利，是公民的基本政治权利之一。

**驯化**
人类把野生动植物培育成家养动物或栽培植物，让它们对人类更有用处。

**演化**
也叫进化，指生物由低级到高级、由简单到复杂、种类由少到多的逐渐演变的发展过程。

**要塞**
为抵御入侵者而修建的军事设施，多为堡垒式建筑。

**冶炼**
利用各种方法从矿物中提取金属的过程。

**移民**
迁往某一地区永久定居的行为。

**遗迹**
考古学术语，指古代人类活动遗留下来的痕迹，包括居室、墓葬、岩画等。

**议会**
和国会相似，是实行三权分立原则的资本主义国家（如英国）的最高立法机关。

**游牧民族**
带着畜群逐水草迁徙，过着游动放牧生活的民族。

**直立人**
灭绝的早期人类，出现在大约 200 万年前。

**殖民**
一个国家在另一个国家或地区侵占土地并大批移民的行为，通常会对当地居民进行政治控制，并剥削当地自然资源。世界上许多地方都曾有过被殖民的经历，由此带来的影响至今依然存在。

**殖民地**
指一个国家在国外所侵占并大量移民的地区，殖民地通常处于另一国家的政治、经济控制下。

**智人**
即现代人类。分早期智人和晚期智人。

**中美洲**
指墨西哥以南、哥伦比亚以北的美洲中部地区。在 16 世纪西班牙人到来以前，中美洲诞生了许多文明，如阿兹特克文明和玛雅文明。

**种植园**

通常专指 16—19 世纪，欧洲殖民者到美洲、非洲、东南亚等地，在掠夺的土地上强迫奴隶或劳工种植棉花、烟草、咖啡、甘蔗等经济作物的农场或庄园。

**种族隔离**

历史上一些国家依据种族歧视原则设立的隔离制度和措施。在南非，政府实行的种族隔离政策一直持续到 1994 年。

**轴心国**

第二次世界大战时结成侵略同盟的法西斯国家，包括德国、日本和意大利。

**专利**

法律保障创造发明者在一定时期内独自享有的创造发明权益。

**资本主义**

以资本家占有生产资料和剥削雇佣劳动者为基础的社会制度。

**总理**

政府首脑之一，通常负责中央政府的行政工作。各个国家政治制度不同，总理的权力也有所不同。

**总统**

一些国家的国家元首名称，通常由选举产生。

# 索引

加粗页码为主条目所在页。

# T



# W



# X

# 致谢

**出版方向以下人员表示感谢:**
负责索引的伊丽莎白·怀斯,参与校对的黑兹尔·贝农,协助处理地图的西蒙·芒福德,编辑文稿的巴蒂·贝迪、黑兹尔·贝农、卡伦·布朗、普丽扬卡·卡尔班达、阿什温·库拉纳、安妮·摩斯、利兹·芒赛,设计师克丽丝·巴纳德,给予了宝贵的建议和支持的伊芙·安德森,曾通读全文的张追宁,对平安时代的日本相关篇章给出建议的町田洋子。

出版方也要感谢以下人员协助搜寻图片,并给出宝贵建议:伊利诺伊大学文学、文化与语言系教授瑞恩·肖思特和斯蒂芬妮·陈提供楔形文字图版;天使岛州立公园的凯赛·德克斯特-李提供了手提箱;南安普顿大学的詹姆斯·迪雷博士提供青铜时代铸造工艺组图;瑞典考古所的路易斯·伊凡尼提供了圣德维达矿藏;东盎格利亚大学的圣兹伯里研究中心主任斯蒂文·胡珀教授提供了波利尼西亚双体船;加拿大多伦多阿加汗博物馆馆长助理碧塔·波瓦什,提供了星盘。

对提供本书照片使用权的以下人员,出版方表示由衷感谢:

a=上方、b=下方、c=中间、cl=中间偏左、fcl=中间最左、cr=中间偏右、cra=上方中右、clb=下方中左、crb=下方中右、tc=顶部中间、br=下方偏右、f=最远处、l=左侧、r=右侧、t=顶部、tl=顶部偏左、tr=顶部偏右

**1 Alamy Stock Photo:** funkyfood London - Paul Williams. **Dreamstime.com:** Mario Lopes / Malopes (background). **2 Dreamstime.com:** Jaroslav Moravcik. **2-3 Dreamstime.com:** Mario Lopes / Malopes (background). **3 Alamy Stock Photo:** Jeff Morgan 06. **4 Getty Images:** DEA / G. Dagli Orti (tr). **John Gurche:** (tl). **5 Getty Images:** Brent Stirton (t). **6 Alamy Stock Photo:** David Massey (tr). **Courtesy of The Washington Map Society www.washmapsociety.org:** (tl). **6-7 Dreamstime.com:** Mario Lopes / Malopes. **7 Alamy Stock Photo:** Andy Gibson (t). **9 John Gurche. 10 akg-images:** Bible Land Pictures / Jerusalem Photo by Z.Radovan (bl). **Alamy Stock Photo:** Sabena Jane Blackbird (tr). **Dorling Kindersley:** Lynton Gardiner / American Museum of Natural History (cr). **11 Alamy Stock Photo:** Lamax (br); Svintage Archive (cr); Science History Images (bl). **Dorling Kindersley:** Dave King / Natural History Museum, London (tl). **12 Alamy Stock Photo:** Sabena Jane Blackbird (r). **John Gurche:** (l). **13 Alamy Stock Photo:** RM Flavio Massari (br). **John Gurche:** (tr, cr). **Science Photo Library:** Natural History Museum, London (l). **15 Alamy Stock Photo:** The Natural History Museum (tr, cr). **Getty Images:** DEA / G. Dagli Orti (br). **16-17 Michael Amendolia. 18 Shutterstock.com:** DevonJenkin Photography (l). **19 Alamy Stock Photo:** imageBROKER (tr); Jamie Pham (l); tbkmedia.de (br). **20 Getty Images:** Universal History Archive (l). **21 Alamy Stock Photo:** Jon Arnold Images Ltd (l). **22 © The Trustees of the British Museum. All rights reserved:** (tl). **Getty Images:** CM Dixon / Print Collector (cl); Gustavo Tomsich / Corbis (bl). **Museum Ulm:** Photo O. Kuchar (c). **23 Museum Ulm:** Photo O. Kuchar. **25 Alamy Stock Photo:** LH Images (tc); Realimage (tl). **Shutterstock.com:** lydiarei (tr). **26-27 Shutterstock.com:** TSpider. **27 Alamy Stock Photo:** Arthur Greenberg (tc); PCJones (tl). **National Museums & Galleries Of Wales:** Giovanni Caselli (tr). **28 akg-images:** Bible Land Pictures / Jerusalem Photo by Z.Radovan (bc). **Alamy Stock Photo:** Dmitriy Moroz (br). **29 akg-images:** Balage Balogh / archaeologyillustrated.com (tl). **Alamy Stock Photo:** BibleLandPictures.com (bl); funkyfood London - Paul Williams (cr, br). **30-31 Alamy Stock Photo:** funkyfood London - Paul Williams. **32-33 Getty Images:** DEA / G. Dagli Orti. **34 Alamy Stock Photo:** Glasshouse Images (crb). **Dreamstime.com:** Anyaivanova (b); Barna Tanko (cr); Jukka Palm (tl); Ron Chapple / Iofoto (cl). **35 Alamy Stock Photo:** Artokoloro (c); World History Archive (tl). **Dorling Kindersley:** National Museum, New Delhi (br). **Dreamstime.com:** William Perry (bl); Sergii Figurnyi / Bloodua (tr). **36 Alamy Stock Photo:** CPA Media Pte Ltd (cl); David Kilpatrick (bl). **Getty Images / iStock:** Freedoo (tl). **37 Getty Images:** Mary Catherine Messner / EyeEm. **38 Dr. James Dilley:** Photo: Emma Jones / Ancient Craft (bl). **38-39 Dr. James Dilley:** Photo: Emma Jones / Ancient Craft. **39 akg-images:** Interfoto / HERMANN HISTORICA GmbH (cr). **Alamy Stock Photo:** Royal Armouries Museum (bc); World History Archive (tr); Nik Wheeler (br). **Dr. James Dilley:** Photo: Emma Jones / Ancient Craft (tl, cla, cl). **40 Getty Images:** Science & Society Picture Library. **41 Bridgeman Images:** Boltin Picture Library (br). **Collection and Archive of Museum of Kotsanas Museum of Ancient Greek Technology:** (cr). **Shutterstock.com:** Martchan (tr). **42 Alamy Stock Photo:** INTERFOTO (t). **Getty Images:** Thaaer Al-Shewaily (b). **42-43 Getty Images / iStock:** DavorLovincic (t/background). **43 akg-images:** De Agostini Picture Lib. / G. Dagli Orti (tl). **Dorling Kindersley:** Gary Ombler / University of Pennsylvania Museum of Archaeology and Anthropology (tr). **44-45 Courtesy of Prof. Shosted and Stephanie Chen, University of Illinois. 45 akg-images:** Mondadori Portfolio (cr). **Alamy Stock Photo:** CPA Media Pte Ltd (br); Peter Horree (tr). **46 Alamy Stock Photo:** World History Archive (bc). **46-47 Alamy Stock Photo:** www.BibleLandPictures.com (c). **47 Getty Images:** Werner Forman / Universal Images Group (br). **49 akg-images:** Science Source (tr). **Dreamstime.com:** Jaroslav Moravcik (l). **50 akg-images:** Andrea Jemolo (bc). **Getty Images:** Universal History Archive / Universal Images Group (bl). **51 akg-images:** Andrea Jemolo (b). **© The Trustees of the British Museum. All rights reserved:** (tr). **52-53 akg-images:** Pictures From History. **54-55 Shutterstock.com:** McCarthy's PhotoWorks (c). **55 Alamy Stock Photo:** Artokoloro (cr); robertharding (tr); Prisma Archivo (crb). **Dreamstime.com:** Konstantin Sergeevich (br). **56 phoeniciansbeforecolumbus.com:** (cl). **56-57 Getty Images:** DEA / G. Dagli Orti (c). **57 Alamy Stock Photo:** Natalia Mamysheva (cra); MysticaLink (br). **58-59 Alamy Stock Photo:** BibleLandPictures.com. **58 Alamy Stock Photo:** BibleLandPictures.com (br); Lou-Foto (bl); The Print Collector (bc). **59 Alamy Stock Photo:** Artokoloro (bl); Ivy Close Images (br). **60 akg-images:** Suzanne Held (bl). **60-61 © The Trustees of the British Museum. All rights reserved:** (c). **61 Alamy Stock Photo:** Eric Lafforgue (tr). **62 Alamy Stock Photo:** World History Archive (cl). **© The Trustees of the British Museum. All rights reserved:** (bc). **62-63 Dreamstime.com:** Glub0x (bc). **63 Alamy Stock Photo:** Natallia Pershaj (tl). **Getty Images:** DEA / G. Dagli Orti (tr). **64 123RF.com:** sad?k Güleç (b). **65 Alamy Stock Photo:** andronosh (bc); Dimitris K. (tr). **Getty Images:** Stefano Bianchetti (br). **66 Alamy Stock Photo:** gezmen (b). **67 akg-images:** De Agostini Picture Lib. / G. Dagli Orti (cr). **Alamy Stock Photo:** Classic Image (cl). **68 Alamy Stock Photo:** Robert Kawka (clb). **68-69 Alamy Stock Photo:** Dinodia Photos (c). **69 Alamy Stock Photo:** Michael Seleznev (cr). **70 Alamy Stock Photo:** imageBROKER (r). **71 Alamy Stock Photo:** imageBROKER (l); Science History Images (br). **Getty Images:** MediaProduction (tc); Sovfoto (cr). **72 Alamy Stock Photo:** Avalon.red (bl). **72-73 Alamy Stock Photo:** Hemis (c). **73 akg-images:** (cl/bird); Erich Lessing (fcl); De Agostini Picture Lib. / M. Carrieri (ca/vase); Pictures From History (clb/coin); Heritage-Images / The Museum of East Asian Art (bc/tiger). **Alamy Stock Photo:** Dennis Cox (bc); Sharon Davis (br). **Bridgeman Images:** Pictures from History (fcr). **74 Alamy Stock Photo:** agefotostock (tr); Oneinchpunch (bl). **75 Alamy Stock Photo:** MB_Photo (r). **Getty Images:** Yuya Shino (cl). **76 Getty Images:** Manfred Gottschalk (bl). **Getty Images / iStock:** Starcevic (br). **76-77 Photo © Museum Associates/ LACMA:** The Proctor Stafford Collection, purchased with funds provided by Mr. and Mrs. Allan C. Balch (c). **78-79 Robert Clark. 80 Alamy Stock Photo:** IanDagnall Computing (bc); Skyscan Photolibrary (bl). **80-81 Photo Scala, Florence:** RMN-Grand Palais (t). **81 Getty Images:** Alain Le Toquin / Gamma-Rapho (br). **82 Alamy Stock Photo:** Jeff Morgan 06. **83 Alamy Stock Photo:** Heritage Image Partnership Ltd / Artist Philip Corke (cr); mauritius images GmbH (br). **Dorling Kindersley:** Gary Ombler / Ermine Street Guard (clb). **84 Getty Images:** DEA / Albert Ceolan. **85 akg-images:** De Agostini / S. Vannini (br). **Alamy Stock Photo:** Roger Hollingsworth (tr). **Getty Images / iStock:** Roberto Armocida (fcr). **Getty Images:** pvicens (cr). **87 Getty Images:** Brent Stirton. **88 Alamy Stock Photo:** Album (bc); Granger Historical Picture Archive (bl); Heritage Image Partnership Ltd (tr); CPA Media Pte Ltd (br). **89 © The Trustees of the British Museum. All rights reserved:** (bc). **Dreamstime.com:** Lucian Milasan / Miluxian (cr). **Getty Images:** De Agostini Picture Library (tr); Sepia Times / Universal Images Group (tl); DEA / G. Dagli Orti (c); Pakawat Thongcharoen (clb). **© The Metropolitan Museum of Art:** Gift of Robert E. Tod, 1937 (br). **90 Bridgeman Images:** (l). **© The Trustees of the British Museum. All rights reserved:** (r). **91 Alamy Stock Photo:** Album (br). **Bridgeman Images:** (c). **© The Trustees of the British**

**Museum. All rights reserved:** Reproduced by permission of the artist. (l). **92 Alamy Stock Photo:** Glasshouse Images (cra). **Bridgeman Images:** (b). **92-93 Bridgeman Images:** (c). **93 Bridgeman Images:** (cr); Photo Josse (br). **Getty Images:** DEA / A. Vergani (tr). **94-95 Alamy Stock Photo:** Sorin Colac. **96-97 Andy Crouch, Sainsbury Centre, University of East Anglia:** (c). **97 Alamy Stock Photo:** Scott Anderson (cr). **98 Alamy Stock Photo:** Cannon Photography LLC. **99 123RF.com:** Boris Philchev (tr). **Alamy Stock Photo:** Artokoloro (br); Lanmas (c). **100 Alamy Stock Photo:** The History Collection (bl). **Dorling Kindersley:** Angela Coppola / University of Pennsylvania Museum of Archaeology and Anthropology (r). **101 Alamy Stock Photo:** Imaginechina Limited (br). **Dorling Kindersley:** Angela Coppola / University of Pennsylvania Museum of Archaeology and Anthropology (cla, cra, cr). **Science & Society Picture Library:** © Science Museum (bc). **102 Getty Images:** Ian Forsyth (bl). **102-103 Powerhouse Museum / Museum of Applied Arts & Sciences. 103 Alamy Stock Photo:** North Wind Picture Archives (br). **Bridgeman Images:** Iberfoto (cr). **Getty Images:** Michal Fludra / NurPhoto (tl). **104 Alamy Stock Photo:** OJPHOTOS (bl). **Bridgeman Images:** National Museums Scotland (tr). **National Historical Museums Of Sweden:** Bengt A Lundberg (cl). **104-105 Getty Images:** Thos Robinson / Draken Harald Harfagre (b). **106 Alamy Stock Photo:** agefotostock (br). **Bridgeman Images:** Luisa Ricciarini (bl). **107 Bridgeman Images:** Fitzwilliam Museum (br). **108 Alamy Stock Photo:** Artokoloro. **109 Depositphotos Inc:** pugalenthi28 (cr). **Shutterstock.com:** photo-world (crb). **110-111 Alamy Stock Photo:** Science History Images. **112 akg-images:** De Agostini Picture Lib. / G. Nimatallah (r). **Getty Images:** Sepia Times / Universal Images Group (cl). **113 Alamy Stock Photo:** Lebrecht Music & Arts (tr); Uber Bilder (tl). **Bridgeman Images:** Michel Guillemot (cr). **Getty Images:** The Print Collector (br). **114 Bridgeman Images:** Royal Albert Memorial Museum (br). **© The Trustees of the British Museum. All rights reserved:** (l, ca). **115 Alamy Stock Photo:** Ivan Batinic (bl). **Bridgeman Images:** Heini Schneebeli (r). **116 Alamy Stock Photo:** Album (tr). **116-117 Swiss National Museum:** (c). **117 Alamy Stock Photo:** funkyfood London - Paul Williams (br). **Getty Images:** Heritage Art / Heritage Images (cr). **119 Bridgeman Images:** (tc); Tallandier (tr). **120-121 Getty Images:** Vyacheslav Argenberg (b). **121 Bridgeman Images:** (tc). **122 Alamy Stock Photo:** Kairi Aun (tr). **122-123 Getty Images:** Cyrus McCrimmon / The Denver Post (c). **123 akg-images:** Pictures From History (br). **124 Alamy Stock Photo:** agefotostock (cl); Heritage Image Partnership Ltd (bl). **Bridgeman Images:** Dirk Bakker (br). **125 Bridgeman Images:** Dirk Bakker (cl, r); Lebrecht History (tl). **126 Alamy Stock Photo:** Mauricio Abreu (bl); incamerastock (cl). **Gabriel Moss:** (tl). **126-127 Getty Images:** Brent Stirton. **128-129 Alamy Stock Photo:** Jan Wlodarczyk. **130 Alamy Stock Photo:** The History Collection (br). **Bridgeman Images:** National Museums Liverpool (cl). **Getty Images:** Jean-Pierre Courau / Gamma-Rapho (bc). **131 © The Trustees of the British Museum. All rights reserved. 132 Alamy Stock Photo:** Aleksandra Kossowska (tl); David Wall (bl). **132-133 Alamy Stock Photo:** Kult Heaton. **134 Alamy Stock Photo:** ART Collection (bl). **Getty Images:** Leemage / Universal Images Group (c). **134-135 Dorling Kindersley:** Peter Anderson / Saxon Village Crafts East Sussex (c). **135 Alamy Stock Photo:** imageBROKER (cr); mauritius images GmbH (tr); World History Archive (br). **136 Alamy Stock Photo:** petographer (bl). **136-137 Alamy Stock Photo:** adam eastland (c). **137 Bridgeman Images:** Art Museum of Estonia (tr). **Getty Images:** Science & Society Picture Library (br). **138 Alamy Stock Photo:** China Images (t). **138-139 Alamy Stock Photo:** J.Ellis Photography. **139 Alamy Stock Photo:** Chris Hellier (tc); travellinglight (tl). **© The Metropolitan Museum of Art:** Gift of Robert E. Tod, 1937 (tr). **140 Alamy Stock Photo:** Aytug Askin (c). **© The Trustees of the British Museum. All rights reserved:** (r). **TopFoto.co.uk:** Granger, NYC (bl). **141 Alamy Stock Photo:** Album (br). **Bridgeman Images:** Johnny Van Haeften Ltd., London (tr). **© The Trustees of the British Museum. All rights reserved:** (l). **143 Courtesy of The Washington Map Society www.washmapsociety.org. 144 Alamy Stock Photo:** The Picture Art Collection (br); Uber Bilder (tl). **Dorling Kindersley:** Gary Ombler / University of Aberdeen (tr). **Getty Images:** MPI (bl). **145 Alamy Stock Photo:** musk (cr). **Dorling Kindersley:** Angela Coppola / University of Pennsylvania Museum of Archaeology and Anthropology (cl). **Dreamstime.com:** Christianm (br). **Getty Images:** Sepia Times / Universal Images Group (t). **146 Alamy Stock Photo:** Bailey-Cooper Photography (tl); The Picture Art Collection (cl); Ted Horowitz (bl). **147 Alamy Stock Photo:** incamerastock (br). **Getty Images:** Thomas Samson / AFP (c). **148 Bridgeman Images:** Look and Learn (l). **Courtesy of The Washington Map Society www.washmapsociety.org:** (tr). **149 Alamy Stock Photo:** Lalith Herath (cra). **Science Photo Library:** Eye of Science (tr). **Courtesy of The Washington Map Society www.washmapsociety.org:** (c). **150 akg-images:** Roland and Sabrina Michaud (tl). **150-151 Alamy Stock Photo:** Stephen Bay (c). **151 akg-images:** Roland and Sabrina Michaud (tr). **Alamy Stock Photo:** Pavel Dudek (br); Jonathan ORourke (cr). **152 Alamy Stock Photo:** Peter Righteous (bl). **153 Alamy Stock Photo:** World History Archive (cr). **Bridgeman Images:** (br); Deutsches Historisches Museum / © DHM (tr). **154 Alamy Stock Photo:** H. Mark Weidman Photography (r). **155 Alamy Stock Photo:** FL Historical 1A (cr); Prisma Archivo (tr). **Kėdainiai Tourism and Business Information Centre:** (l). **156-157 Alamy Stock Photo:** Azoor Photo (c). **156 akg-images:** Album / Oronoz (br). **Bridgeman Images:** (bl). **157 Alamy Stock Photo:** Witold Skrypczak (br). **Bridgeman Images:** Archives Charmet (tr). **Shutterstock.com:** Everett Collection (bl). **158 Alamy Stock Photo:** CPA Media Pte Ltd (bl). **158-159 Photo Scala, Florence:** The Metropolitan Museum of Art / Art Resource (c). **159 Alamy Stock Photo:** CPA Media Pte Ltd (br). **© The Trustees of the British Museum. All rights reserved:** (bc). **160-161 Bridgeman Images:** (c). **161 Alamy Stock Photo:** Allison Bailey (tr); david pearson (cr); The Picture Art Collection (br). **162 Alamy Stock Photo:** GL Archive (tl). **162-163 Alamy Stock Photo:** Reuters. **163 Alamy Stock Photo:** Gina Rodgers (cr). **Bridgeman Images:** Ashmolean Museum (tr); Don Troiani (br). **164-165 Alamy Stock Photo:** Michel & Gabrielle Therin-Weise. **166 Bridgeman Images:** Pictures From History (bl). **166-167 Dreamstime.com:** Jasonjung (c). **167 akg-images:** Pictures From History (tr). **Bridgeman Images:** Pictures From History (bl, bc, br). **Getty Images:** Michael Nicholson / Corbis (cr). **168 akg-images:** van Ham / Saša Fuis, Köln (t). **Alamy Stock Photo:** CPA Media Pte Ltd (l). **Photo Scala, Florence:** (bc). **169 akg-images:** (tr); van Ham / Saša Fuis, Köln (l, tc, bc). **Bridgeman Images:** Pictures from History (cr). **170 Åland Maritime Museum Trust:** (cl). **Bridgeman Images:** (tl); Granger (tr). **171 Alamy Stock Photo:** Stuart Abraham (tr); Randy Duchaine (l). **Bridgeman Images:** New York Historical Society (cr); Prismatic Pictures (br). **172 Alamy Stock Photo:** Royal Armouries Museum (r). **Bridgeman Images:** The Stapleton Collection (l). **173 Alamy Stock Photo:** mauritius images GmbH (l). **Dreamstime.com:** Elenatur (br). **Getty Images:** Sepia Times / Universal Images Group (tr). **174 Alamy Stock Photo:** GL Archive (tr); World History Archive (cl, bl); The Granger Collection (cr). **175 Getty Images:** Science & Society Picture Library. **176-177 Bridgeman Images:** GraphicaArtis. **178 Alamy Stock Photo:** GL Archive (c). **Bridgeman Images:** Museumslandschaft Hessen Kassel (bl). **178-179 Royal Danish Collection:** Iben Kaufmann (c). **179 Alamy Stock Photo:** Granger Historical Picture Archive (br). **Getty Images:** Fine Art Images / Heritage Images (tr). **180 Alamy Stock Photo:** Niday Picture Library (l). **180-181 Alamy Stock Photo:** Granger Historical Picture Archive (c). **181 Alamy Stock Photo:** Album (br). **Shutterstock.com:** WindVector (cra). **182 Alamy Stock Photo:** Georgios Kollidas (t). **182-183 Alamy Stock Photo:** Chronicle of World History (c). **183 Alamy Stock Photo:** Artokoloro (tr/Fanmaking); Niday Picture Library (tl); Classic Image (tc); Florilegius (tc/Lion, tr/Fencing). **184 Alamy Stock Photo:** Pictorial Press Ltd (bl). **184-185 akg-images:** (c). **185 Alamy Stock Photo:** Nicolas De Corte (tr). **Bridgeman Images:** Leonard de Selva (br). **186 Alamy Stock Photo:** Album (cr). **Getty Images:** Joe Raedle (t). **187 Alamy Stock Photo:** B Christopher (bc); morten larsen (t); Ian Dagnall (br). **Getty Images:** Universal History Archive / Universal Images Group (bl). **188 Alamy Stock Photo:** agefotostock (bl); Science History Images (tl); Niday Picture Library (c); Chronicle (cr). **189 Getty Images:** Damien Meyer / AFP. **192 Alamy Stock Photo:** Chronicle (cla); Niday Picture Library (clb). **Dorling Kindersley:** Clive Streeter / The Science Museum, London (b). **Getty Images:** Science & Society Picture Library (cra). **193 Alamy Stock Photo:** Pictures Now (cla). **Dorling Kindersley:** Geoff Dann / Powell-Cotton Museum, Kent (tr); Martin Cameron / Shuttleworth Collection, Bedfordshire (crb). **Dreamstime.com:** Magnus Binnerstam (clb). **194 Alamy Stock Photo:** incamerastock (bl). **194-195 Alamy Stock Photo:** Jaubert Images (c). **195 Alamy Stock Photo:** GL Archive (tl). **Bridgeman Images:** (br); Giancarlo Costa (cr). **196 © The Trustees of the British Museum. All rights reserved:** (t). **196-197 © The Trustees of the British Museum. All rights reserved:** (c). **197 Alamy Stock Photo:** Christian B. (tr); incamerastock (cr); KGPA Ltd (bl); Doug Steley A (br). **198 Alamy Stock Photo:** Randy Duchaine (cl); Granger Historical Picture Archive (br). **Bridgeman Images:** Gerald Bloncourt (tl). **Getty Images:** Photo12 / Universal Images Group (tr). **199 Alamy Stock Photo:** Granger Historical Picture Archive (t); Universal Images Group North America LLC (cr); Science History Images (br). **200-201 Getty Images:** DEA / M. Seemuller (c). **201 Alamy Stock Photo:** Zoonar GmbH (tc). **Bridgeman Images:** (br); Look and Learn (cr). **202 Alamy Stock Photo:** Classic Image (cl); Granger Historical Picture Archive (bl, br). **202-203 Science & Society Picture Library:** © Science Museum (t). **203 Alamy Stock Photo:** Granger Historical Picture Archive (br). **204-205 Alamy Stock Photo:** World History Archive. **206 akg-images:** MPortfolio / Electa (cb). **Bridgeman Images:** Archives Charmet (tl). **206-207 Alamy Stock Photo:** Niday Picture Library (tc). **207 Alamy Stock Photo:** Nigel Cattlin (tr); GL Archive (cr); INTERFOTO (br). **Getty Images:** DEA / G. Dagli Orti (bl). **208 Alamy Stock Photo:** Georgiy Datsenko (bl); Science History Images (tl). **Getty Images:** Universal History Archive / Universal Images Group (cl). **208-209 Science & Society Picture Library:** © Science Museum (c). **209 Alamy Stock Photo:** North Wind Picture Archives (c); Science History Images (tr). **210 Alamy Stock Photo:** Album (l); Niday Picture Library (cr). **Bridgeman Images:** Heini Schneebeli (tr). **211 Alamy Stock Photo:** Universal Images Group North America LLC (br). **Dorling**

**Kindersley:** Gary Ombler / Board of Trustees of the Royal Armouries (c, cr); Geoff Dann / Powell-Cotton Museum, Kent (l). **213 Alamy Stock Photo:** ClassicStock (bl); FLHC11 (br). **Getty Images:** Bettmann (cr). **214-215 Courtesy of Smithsonian. ©2020 Smithsonian:** Department of Anthropology, Smithsonian Institution. **214 Alamy Stock Photo:** Granger Historical Picture Archive (cl). **215 Getty Images:** Fine Art Images / Heritage Images (br). **216 Bridgeman Images:** (tr). **216-217 Alamy Stock Photo:** CPA Media Pte Ltd (b). **217 Alamy Stock Photo:** CPA Media Pte Ltd (tr). **Bridgeman Images:** Look and Learn (tl). **218-219 Dorling Kindersley:** Gary Ombler / National Railway Museum, New Dehli (c). **219 Alamy Stock Photo:** Benjamin John (tr); Niday Picture Library (br). **Getty Images:** Apic (cr); Buyenlarge (bc). **220-221 Bridgeman Images:** Don Troiani (c). **220 Alamy Stock Photo:** Artokoloro (bl). **Bridgeman Images:** Don Troiani (t). **221 akg-images:** Science Source (cr). **Alamy Stock Photo:** Science History Images (br). **222 Alamy Stock Photo:** Chronicle (c). **Bridgeman Images:** Pictures from History (l). **222-223 © The Metropolitan Museum of Art:** Bequest of William S. Lieberman, 2005 (c). **223 akg-images:** Pictures From History (tr). **Alamy Stock Photo:** CPA Media Pte Ltd (cr); Sean Pavone (br). **224 Alamy Stock Photo:** Maurice Savage (l); Science History Images (br). **224-225 Science & Society Picture Library:** © Science Museum (c). **225 akg-images:** WHA / World History Archive (tr). **Alamy Stock Photo:** Heritage Image Partnership Ltd (cr); Zoonar GmbH (br). **226-227 Alamy Stock Photo:** David Massey. **228-229 Alamy Stock Photo:** Ian Shaw (c). **228 Bridgeman Images:** Pictures From History (bl). **229 Alamy Stock Photo:** colaimages (br); Alexander Tarassov (bc); Niday Picture Library (tr). **Bridgeman Images:** Pictures From History (bl, cr). **230-231 Alamy Stock Photo:** Photo 12 (c). **231 Alamy Stock Photo:** Sueddeutsche Zeitung Photo (br). **Getty Images:** Chris Hellier / Corbis (cr); Royal Geographical Society (tr). **232 Alamy Stock Photo:** Vintage Images (cra). **Getty Images:** Science & Society Picture Library (bl). **232-233 Bridgeman Images:** (c). **233 Alamy Stock Photo:** Retro AdArchives (br). **Bridgeman Images:** The Stapleton Collection (tr). **Getty Images:** Hulton Archive (cr). **234 Getty Images:** National Motor Museum / Heritage Images. **235 Alamy Stock Photo:** Imaginechina Limited (br). **Bridgeman Images:** Christie's Images (cr). **Getty Images:** National Motor Museum / Heritage Images (tr). **236-237 Angel Island State Park Immigration Center. 236 U.S. National Library of Medicine, History of Medicine Division:** Western Photo Company, (bl). **237 akg-images:** Science Source (cr). **Getty Images:** Maremagnum (br); Photo12 / Universal Images Group (tr). **238-239 Getty Images:** Fine Art Images / Heritage Images (c). **238 Alamy Stock Photo:** CPA Media Pte Ltd (br); History and Art Collection (bl); Marcus Harrison - adverts (cr); Lordprice Collection (tl). **Getty Images:** Popperfoto (tr). **239 Alamy Stock Photo:** Contraband Collection (cl); INTERFOTO (bc); Lordprice Collection (br); Danita Delimont (cr). **Getty Images:** Popperfoto (bl). **TopFoto.co.uk:** Granger, NYC (tr). **240-241 Alamy Stock Photo:** IanDagnall Computing. **242 Alamy Stock Photo:** Granger Historical Picture Archive (tl). **Getty Images:** William Gottlieb / Corbis (cl). **243 Alamy Stock Photo:** Pep Roig (t). **244 Alamy Stock Photo:** IanDagnall Computing (br). **National Coal Mining Museum:** Illustrator : Jane Peryer (bl). **244-245 Science & Society Picture Library:** © Museum of Science & Industry (c). **245 Alamy Stock Photo:** Avalon / Construction Photography (cr); Glasshouse Images (tr). **Getty Images:** Bettmann (br). **246 Alamy Stock Photo:** Everett Collection Inc (tl). **246-247 © Museum of London:** (c). **247 Alamy Stock Photo:** Chronicle (tr); robertharding (tl); Everett Collection Historical (cr). **Shutterstock.com:** Jorge Saenz / AP (br). **249 Alamy Stock Photo:** Andy Gibson. **250 Alamy Stock Photo:** colaimages (cr). **Dorling Kindersley:** NASA (br); The Tank Museum, Bovington (tr). **Getty Images:** AFP (bl). **251 Alamy Stock Photo:** Granger Historical Picture Archive (tr, bl). **Dreamstime.com:** Sdecoret (br). **252 Alamy Stock Photo:** Universal Art Archive (tr). **Bridgeman Images:** Tarker (bl). **253 Alamy Stock Photo:** Christopher Jones (b). **Bridgeman Images:** Peter Newark Military Pictures (tr). **Getty Images:** Lt. J W Brooke / Imperial War Museums (tl). **254-255 Alamy Stock Photo:** Granger Historical Picture Archive. **256 Alamy Stock Photo:** Chronicle (tl). **Getty Images:** Lt. Ernest Brooks / Imperial War Museums (cl). **Imperial War Museum:** (bc). **256-257 www.mediadrumworld.com:** Royston Leonard (c). **257 Getty Images:** Hulton-Deutsch Collection / Corbis (bc). **Science Photo Library:** Science Source (br). **258 Alamy Stock Photo:** Zoonar GmbH (bl). **Colourised by Olga Shirnina:** (cl, c). **258-259 Alamy Stock Photo:** Shawshots (c). **259 Alamy Stock Photo:** Glasshouse Images (br). **260 Alamy Stock Photo:** IanDagnall Computing (cl); Universal Images Group North America LLC (cr). **Getty Images:** General Photographic Agency / Hulton Archive (bc). **261 Alamy Stock Photo:** RBM Vintage Images (tl); Jim West (b). **262 Getty Images:** Hulton Archive (tr). **262-263 Alamy Stock Photo:** Shawshots (b). **263 Alamy Stock Photo:** IanDagnall Computing (tr); Shawshots (tl); Sueddeutsche Zeitung Photo (tc). **264 Alamy Stock Photo:** Shawshots (tl). **Shutterstock.com:** Eliot Elisofon / The LIFE Picture Collection (tc). **264-265 Getty Images:** Universal History Archive / Universal Images Group (c). **265 Alamy Stock Photo:** Granger Historical Picture Archive (br). **266 akg-images:** ullstein bild (bl). **Alamy Stock Photo:** ITAR-TASS News Agency (clb). **Getty Images:** Bettmann (br); Fred Ramage / Keystone Features (tl). **267 Alamy Stock Photo:** Maurice Savage (l). **Getty Images:** Photo12 / Universal Images Group (br). **268 Alamy Stock Photo:** Pictorial Press Ltd (cr). **268-269 Alamy Stock Photo:** David Harding (b). **269 Alamy Stock Photo:** Vintage_Space (tc). **Getty Images:** Anne Frank Fonds Basel (tr); Fine Art Images / Heritage Images (tl). **270 Alamy Stock Photo:** MeijiShowa (bl). **Science Photo Library:** Los Alamos National Laboratory (clb). **270-271 Getty Images:** Galerie Bilderwelt / Contributor / Hulton Archive (c). **271 Alamy Stock Photo:** aerial-photos.com (br). **Getty Images:** Rolls Press / Popperfoto (tr). **272-273 Getty Images:** Bettmann (b). **272 Alamy Stock Photo:** Stuart Forster India (tc). **273 Alamy Stock Photo:** Dinodia Photos (tl); Reuters (tr). **274 Getty Images:** AWAD AWAD / AFP (br). **274-275 Shutterstock.com:** JekLi (c). **275 Alamy Stock Photo:** CPA Media Pte Ltd (tc). **Getty Images:** Nick Brundle Photography (br); Dan Porges (tr); Artur Widak / NurPhoto (bl). **Shutterstock.com:** Dmitri Kessel / The LIFE Picture Collection (tl). **276-277 Getty Images:** Saul Loeb / AFP (tc). **276 Dorling Kindersley:** Gary Ombler / H Keith Melton Collection (br). **277 Alamy Stock Photo:** 2ebill (tr); Andrew Twort (cl); INTERFOTO (br). **Dorling Kindersley:** Andy Crawford / H Keith Melton Collection (bc). **Getty Images:** STR / AFP (cr). **278 Getty Images:** Carl Iwasaki (bl). **278-279 Getty Images:** Don Cravens (c). **279 Alamy Stock Photo:** Richard B. Levine / Sipa US (cr). **Getty Images:** Tony Savino / Corbis (br). **Shutterstock.com:** Francis Miller / The LIFE Picture Collection (tr); Hank Walker / The LIFE Picture Collection (bl). **280 Alamy Stock Photo:** Andy Gibson (c). **Getty Images:** Photo12 / Universal Images Group (tl). **281 Alamy Stock Photo:** Sueddeutsche Zeitung Photo (br). **Getty Images:** FPG (bc); GAB Archive / Redferns (tr); Michael Ochs Archives (cr). **282 Alamy Stock Photo:** Leonid Andronov (bc). **Dreamstime.com:** Aliaksei Kruhlenia (tr/blue sky background). **Getty Images:** Gianluigi Guercial / AFP (tr); Keystone / Hulton Archive (l). **283 Alamy Stock Photo:** Africa Media Online (br). **Shutterstock.com:** SIPA (cr). **284 Alamy Stock Photo:** Heritage Image Partnership Ltd (cb); Science Photo Library (tr). **284-285 Alamy Stock Photo:** AF archive (c). **285 Alamy Stock Photo:** Xinhua (cr). **Getty Images:** Smith Collection / Gado (tr). **286 Alamy Stock Photo:** Kim Karpeles (br); Science History Images (tl); Reuters (c). **286-287 Getty Images:** Science & Society Picture Library (c). **287 Alamy Stock Photo:** Ekkasit Keatsirikul (br); Kumar Sriskandan (bl). **288-289 Alamy Stock Photo:** David Cooper (c). **288 BMW AG:** Illustrator: Jan Stein (tl). **289 Alamy Stock Photo:** agencja FORUM (tr). **Getty Images:** Dirck Halstead (cr); Gerard Malie / AFP (br). **290 Getty Images:** Keystone (tr). **290-291 Getty Images:** Peter Turnley / Corbis / VCG (b). **291 Getty Images:** AFP (tl); Peter Turnley / Corbis / VCG (br); Oryx Media Archive / Gallo Images (tc). **Getty Images / iStock:** JohnnyGreig (tr). **292-293 Alamy Stock Photo:** Geopix. **294 Alamy Stock Photo:** Geoff Smith (t). **294-295 Alamy Stock Photo:** Aliaksei Skreidzeleu (b). **295 Alamy Stock Photo:** ifeelstock (cr). **Getty Images:** Artur Widak / NurPhoto (tr). **296 Getty Images / iStock:** (bl). **Getty Images:** Chen Xingyu / VCG (br). **Reuters. 297 Alamy Stock Photo:** Barry Lewis (bl); WENN Rights Ltd (t). **Getty Images:** guowei ying (c); Visual China Group (br). **298 Alamy Stock Photo:** Gary Blake (ca); Geoffrey Robinson (bl). **298-299 Alamy Stock Photo:** Geoffrey Robinson (c). **299 Alamy Stock Photo:** Friedrich Stark (br). **Dreamstime.com:** Antartis (tr). **Getty Images:** Miguel Candela / SOPA Images / LightRocket (tl); Mandy Hong (cr). **300 Alamy Stock Photo:** Anton Lebedev (l). **300-301 Reuters. 301 Alamy Stock Photo:** Cavan Images (cr); ZUMA Press, Inc. (tl). **Getty Images:** Steve Ramplin / EyeEm (br).

**Cover images:** *Front and Back:* **123RF.com:** Cobalt c/ (Inner circle), Nick8889 (Outer circle); **Dreamstime.com:** Christos Georghiou (Screws), Mario Lopes / Malopes (Metal texture); *Front:* **123RF.com:** Trezvuy (Text texture), (Rim rust texture); **Dreamstime.com:** Ilkin Guliyev cr, cl, Iben Kaufmann (The Royal Danish Collection, Rosenbory Castle) c; *Back:* **123RF.com:** Trezvuy (Text texture); **NASA:** c; *Spine:* **123RF.com:** Trezvuy (Text texture), (Rim rust texture); **Dreamstime.com:** Ilkin Guliyev cl, cr, Nejron cb.

**Endpaper images:** *Front:* **123RF.com:** Nick8889 (Outer circle); **Alamy Stock Photo:** J.Ellis Photography (Right), Jon Arnold Images Ltd (Left); **Dreamstime.com:** Christos Georghiou (Screws), Mario Lopes / Malopes (Metal texture); *Back:* **123RF.com:** Nick8889 (Outer circle); **Alamy Stock Photo:** Science History Images / Photo Researchers (Left); **Dreamstime.com:** Christos Georghiou (Screws), Mario Lopes / Malopes (Metal texture), Zoom-zoom (Left- sky); **Getty Images:** Galerie Bilderwelt / Contributor / Hulton Archive (Right).

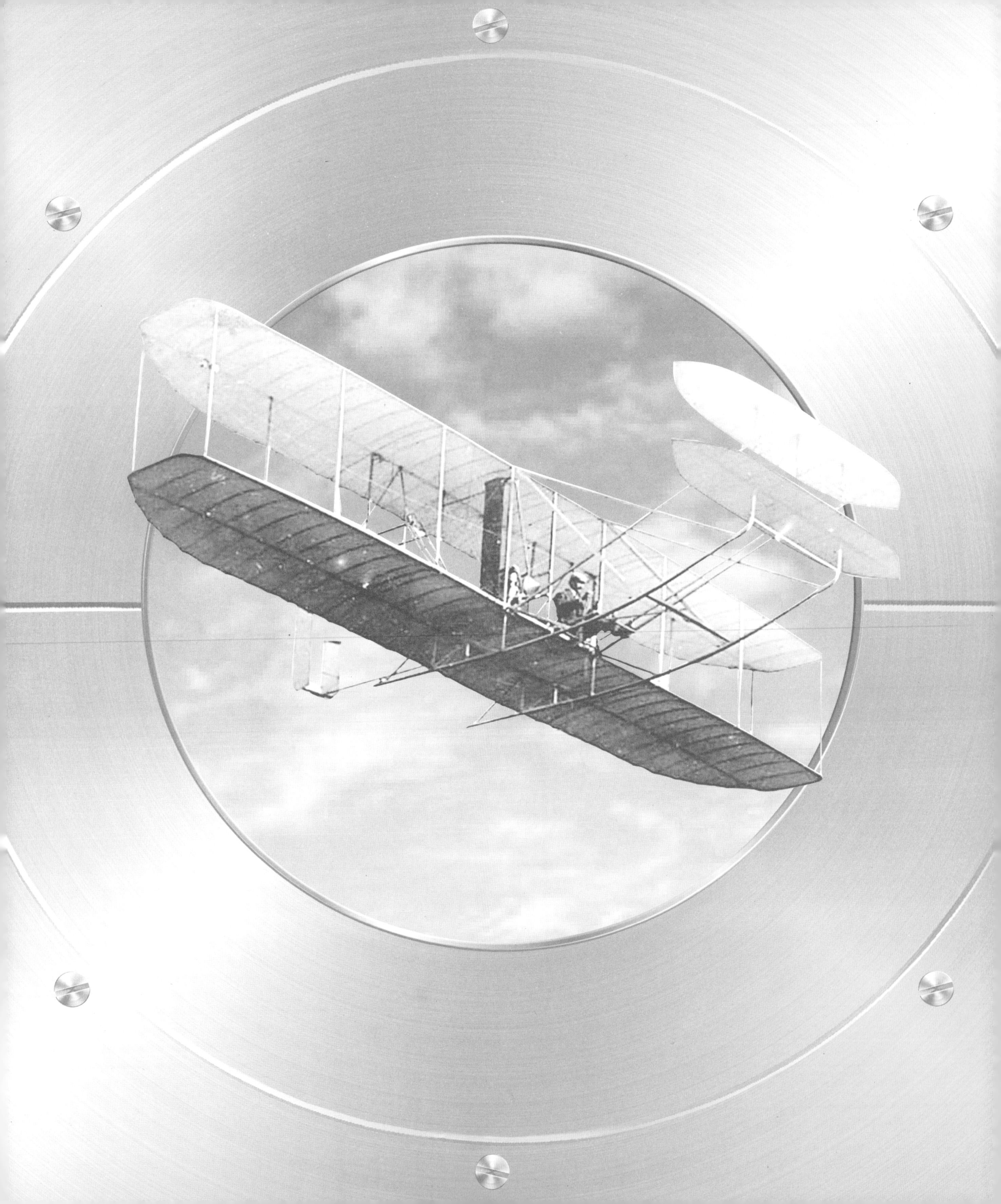